约旦现代化
进程研究

Jordan's
Modernization Research

李 茜 — 著

社会科学文献出版社
SOCIAL SCIENCES ACADEMIC PRESS (CHINA)

教育部人文社会科学研究西部青年基金项目"约旦现代化进程

中的民族国家构建研究"（批准号：15XJC770004）资助

西安外国语大学国际舆情与国际传播研究院资助

西安外国语大学约旦研究创新团队资助

摘　要

　　19 世纪末 20 世纪初，约旦地区民从仍过着半游牧的生活，经济基础薄弱，经济结构单一，以农牧业为主。约旦社会以部落为基本组织形式，部落长老是实际统治者。当时的约旦地区缺乏专门的政治制度，依靠部落习惯法实行统治，每个村镇的法律各不相同，军事制度、军事法、部落习惯法、专制和伊斯兰教协商制度（舒拉）等共存。1861 年，坦齐马特开始变革图强，奥斯曼帝国走上了发展现代化之路。约旦作为奥斯曼帝国版图的一部分，也卷入了现代化浪潮中。20 世纪初，该地区出现现代化萌芽。

　　1921 年，英国对外约旦实行委任统治后，阿卜杜拉组建了具有"顾问委员会"性质的第一届政府，标志着约旦现代化进程开启。此后，外约旦临时政府又组建了临时内阁、政府安全部队，颁布了一系列法律。外约旦在阿卜杜拉国王的带领下于 1946 年获得独立。

　　根据罗荣渠先生的现代化理论，约旦按意识形态划分属于混合型现代化，既不同于资本主义模式，也不同于社会主义模式，是在本国历史文化基础上对上述两种发展模式的综合。混合型模式是尚在发展中的不成熟的现代化模式，其特点是几种生产方式结合，奉行自由经济制度，由政府实施计划和进行调节。

根据布莱克的理论，约旦属于第六范型，该范型的国家经历过殖民主义。被殖民经历对国家现代化既有促进作用，又有阻碍作用，其发展模式倾向于从更现代的社会照搬现代观念和体制。同样，这类国家在最初阶段往往依靠原殖民国家为其提供政治内聚力，即使独立后其政治结构、领土划定和其他方面仍残存原殖民国家的政治权威。

如按照现代化起源划分，约旦属于外源型现代化国家，又称外诱性现代化或外诱变迁，其内部创新居于次要地位。约旦属于低度发展国家，现代化发展水平较低，传统结构受殖民主义破坏呈畸形化。在殖民主义的影响下，约旦社会受到外部冲击而引起内部思想和政治变革，进而推动经济变革，形成了政治、经济和社会领域的二元结构。但外源型现代化并非完全受制于外部条件，其发展战略可分为自主的非联系型发展战略，非自主的外向型联系发展战略，或两种战略交替使用。约旦充分利用外部条件，结合自身特点，走的是非联系型发展战略与外向型联系发展战略相结合的道路。这种非联系型发展战略与外向型联系发展战略相结合的外源型现代化，在政治现代化方面体现得更加彻底。

关键词：约旦　外源型现代化　混合型现代化　第六范型

目　录

绪　论

一　选题缘由与研究意义

现代化是近代以来波及全球的一种不可抗拒的时代潮流，是人类社会追求进步的必由之路，也是世界各国文明演进的方向。① 约旦哈希姆王国（简称约旦）作为中东君主制国家，经济基础薄弱，社会结构以部落家族为单位，20世纪初才开启现代化进程。

约旦克服领土面积狭小、资源缺乏等不利因素，发挥其独特的地理优势，利用外援、侨汇、旅游等资源，从一个小国发展成中东独具特色的国家，完成了由传统社会向现代多元社会的转变。约旦作为中东君主制非产油国，权衡与海合会成员国、巴勒斯坦、中东其他国家以及欧美西方国家的关系，在夹缝中求生存，逐步实现现代化。

2010年，约旦避免了"阿拉伯之春"的冲击。2011年，海合会将约旦纳为新成员国，约旦政治、经济的发展促成社会局势的相对稳定。约旦作为中东的桥头堡，在以色列、伊朗及周边阿拉伯国家中起到斡旋、平衡的作用。2015年，约旦还作为中阿合作论坛阿方主宾

---

① 王铁铮主编《世界现代化历程》（中东卷），江苏人民出版社，2010，第1页。

国，阿卜杜拉国王也对中国进行了国事访问，中约双方达成战略合作伙伴关系。

随着中阿合作论坛及"一带一路"共建的逐步深化，约旦必将在新的国际格局与中阿合作发展中发挥更加积极有效的作用。为此，笔者拟从历史学的角度分析约旦现代化进程的阶段与特点，这为我国人民全方位了解约旦、更好地发展与约旦及海湾国家关系、制定对其战略方针提供参考。

世界现代化进程首先发端于西欧，然后传播到欧洲其他地区和北美地区。20世纪50年代，美国一批社会学家、经济学家和政治学家相继开展了现代化研究。1951年6月，在美国社会科学研究会经济增长委员会主办的学术刊物《文化变迁》杂志编辑部举办的学术讨论会上，与会学者讨论了贫困、经济发展不平衡等问题，首先使用"现代化"一词来描述从农业社会向工业社会的转变特征。1958年，丹尼尔·勒纳出版《传统社会的消逝：中东现代化》① 一书，作者认为从传统社会向现代社会的转变就是现代化。1959年，美国社会科学研究会比较政治委员会召开了政治现代化讨论会，随后出版了《发展中地区的政治学》②。

20世纪五六十年代，现代化理论逐渐发展成主导世界发展理论的主流学派，其核心理念也得到当时东西方社会的普遍认同。无论从现代化研究的理论层面还是方法论的层面来看，此阶段的现代化理论可称为早期现代化理论，它与目前国际上的现代化理论研究存在较大差异。60年代西方陆续出版了一批有影响的现代化研究专著，现代化理论基本形成；七八十年代，现代化理论面临诸多挑战，90年代最终形成经典现代化理论体系。

经典现代化理论可分为政治现代化、经济现代化、社会现代化、

---

① Daniel Lerner, *The Passing of Traditional Society*: *Modernizing the Middle East*, New York: Free Press, 1958.

② Gabriel A. Almond, James S. Coleman, Eds., *The Politics of the Developing Areas*, New Jersey: Princeton University Press, 1960.

个人现代化和文化现代化理论等；根据研究特点不同，此理论分为六个学派：结构学派、过程学派、行为学派、实证学派、综合学派、未来学派。总体来看，现代化理论主要分为马克思主义学派，认为经济、政治和文化紧密联系，经济发展决定社会的政治、文化特征；韦伯主义学派则认为文化塑造经济和政治生活。①

我国经典现代化研究始于 20 世纪 90 年代，涌现出一批知名学者，如罗荣渠教授、林被甸教授、孙立平教授、钱乘旦教授、许纪霖教授、朱庆芳研究员等。对于中东现代化的研究上述学者涉及不多，西北大学中东研究所填补了此方面的空白，做了深入全面的研究。

二　学术史回顾与文献综述

（一）国内研究现状

约旦作为中东地区的十字路口，因其独特的战略地位而日益在国际社会发挥作用。我国学者对约旦的研究分别涉及政治、外交、经济、文化等方面，但关于约旦现代化的研究只在中东现代化研究的宏观框架中零星提起，包括约旦民族主义，巴勒斯坦与约旦关系，约旦与以色列、英国关系，约旦"黑九月"事件以及约旦的教育问题等方面。这些论文只涉及某个点或某一方面，研究零散、不具连贯性与统一性，仅就一个现象或问题阐述，且国内学者大部分使用二手文献，直接运用阿拉伯文等原始文献的较少。

我国学者对约旦的关注始于 20 世纪 50 年代，出版了《伊拉克·黎巴嫩·约旦》②、《约旦人民在斗争中》③ 和《约旦》④ 等书籍。60 年代也出版了一些介绍性的读物，70 年代翻译了一些相关书籍。

---

① 〔美〕罗纳德·英格尔哈特：《现代化与后现代化：43 个国家的文化、经济与政治变迁》，严挺译，社会科学文献出版社，2013，第 73 页。
② 《伊拉克·黎巴嫩·约旦》，商务印书馆，1958。
③ 吕祐编著《约旦人民在斗争中》，世界知识出版社，1958。
④ 薛华明等：《约旦》，科学普及出版社，1959。

1973 年，由苏联学者列·尼·科特洛夫著、北京大学历史系翻译小组译的《现代约旦》^① 出版。此书主要阐述自第一次世界大战起至 20 世纪 60 年代约旦概况，包括外约旦酋长国的形成、现代约旦的形成、约旦人民民族解放斗争以及 1957 年的反动政变军事独裁统治，具有一定的学术参考价值。

1980 年，约旦国王侯赛因的自传《我的职务是国王——哈希姆约旦王国国王侯赛因》^② 出版。该书以问答体的形式写成，作家佛雷东·撒西布·杰姆提出问题，侯赛因回答。该书除叙述国王的人生轨迹外，还描述了侯赛因为维护约旦独立、自主、国家进步以及防御和抵抗外来侵略、粉碎外国阴谋进行的一系列斗争。该书还叙述了自第一次世界大战至 20 世纪 70 年代中期，中东地区和约旦国内发生的重大事件，阐述了侯赛因本人对这些重大问题的观点、立场以及他采取的方针政策。此书是笔者研究约旦现代化问题中使用的重要第一手资料，具有重要的参考价值。但侯赛因不加分析地把共产党和"共产主义集团"等同于苏联霸权主义，这种观点是错误的。侯赛因在书中对纳赛尔的评价也有失公允。

自 20 世纪 90 年代起，中国学者开始系统研究世界现代化进程，研究趋向于从整体到局部、从区域到具体国别，相关译著、专著问世，奠定了现代化理论基础。1993 年，罗荣渠先生的著作《现代化新论：世界与中国的现代化进程》^③ 解释了现代化的含义，从宏观史学视角，把现代化作为全球性大转变过程，进行整体研究，首次提出了以生产力为社会中轴的一元多线历史发展观，依次论述世界现代化发展的总趋势和近代中国社会的巨变，提出现代化不等同于西方化，现代化分为资本主义类型、社会主义类型、混合型。作者还介绍了第

---

① 〔苏联〕列·尼·科特洛夫：《现代约旦》，北京大学历史系翻译小组译，北京人民出版社，1973。
② 〔约旦〕侯赛因：《我的职务是国王——哈希姆约旦王国国王侯赛因》，孟早译，外语教学与研究出版社，1980。
③ 罗荣渠：《现代化新论：世界与中国的现代化进程》（增订本），商务印书馆，2009。

三世界的现代化发展，强调了文化因素对现代化进程的影响。

彭树智先生主编的《伊斯兰教与中东现代化进程》① 诠释了中东现代化的一大特色——现代化与伊斯兰教的关系。他认为伊斯兰教与现代化不是一个新问题，也不是孤立的，它的实质是"传统与现代化"的问题，提出了重新解释伊斯兰教的传统问题，用文明交往论的观点总结了中东现代化的 3 个阶段：艰难的序幕（1719~1908年），成功的突破（1908~1945 年），历史性的转折（1945 年至 20 世纪末），分别分析了奥斯曼帝国时期的早期现代化探索，两次世界大战期间土耳其、伊朗、阿富汗、沙特的现代化改革，二战后中东国家民族民主运动期间的君主制国家和产油国现代化改革，伊斯兰复兴运动背景下现代化的停滞与反复及对中东现代化发展趋势的推断。

2000 年，陈德成先生主编的《中东政治现代化：理论与历史经验的探索》② 出版。此书分上、下两编，上编从宏观方面论述政治现代化的含义、内容和类型，分析中东政治现代化的历程、特征及前途，论述中东主要政治现代化思潮与中东国家政治发展、伊斯兰教与政治现代化的关系等；下编具体分析土耳其、埃及、伊朗、沙特阿拉伯、阿尔及利亚、叙利亚、伊拉克与以色列的政治现代化模式、过程。此书上编中关于政治现代化的理论和分析给予笔者很大的启发，可在其他国家的政治现代化历程中找到普遍规律，以此分析约旦政治现代化。

2002 年，彭树智先生主编的《阿拉伯国家史》③ 阐述了 22 个阿拉伯国家从远古到 20 世纪末的历史。该书的纵向脉络为阿拉伯半岛—阿拉伯帝国—阿拉伯民族独立国家体系三个发展时期，横向脉络为经济、政治、社会、宗教、民族、文化、思想、军事和国际关系诸领域之演变。作者以约旦的复兴为一个小节，简要论述英国委任统治

---

① 彭树智主编《伊斯兰教与中东现代化进程》，西北大学出版社，1997。

② 陈德成主编《中东政治现代化：理论与历史经验的探索》，社会科学文献出版社，2000。

③ 彭树智主编《阿拉伯国家史》，高等教育出版社，2002。

下外约旦的独立、现代约旦的发展、约旦王权的更迭。在该书绪论中，彭树智先生关于《阿拉伯国家、文明和文明交往》的著述，尤其是"文明交往论"，对笔者从宏观上理解中东问题、从事中东研究有很大的启示。

中东现代化研究在诸位前辈的努力下日趋深入，理论化越来越强，国别现代化研究更加细化、深入。涉及约旦的著作主要分为两类，第一类为关于约旦社会、文化、历史方面通史性的著作。

2003年，梁国诗先生编著了《当代约旦哈希姆王国社会与文化》一书①，此书是一部小百科全书，涉及约旦的政治、经济、司法、军事、旅游、外贸、教育、新闻、劳务、婚姻、家庭、工程承包、医疗卫生等。此书最大的特点是对约旦哈希姆王室家族与伊斯兰教关系的阐述、分析清楚，使读者深刻地理解了国家与宗教、世俗政权与"真主主权"间的关系。该书附录中总结了国内对约旦的研究成果，包括专著、译著与论文，为笔者的资料收集工作和研究提供了很大便利。

2004年，冀开运先生的著作《二十世纪约旦史》② 出版，该书是通史，第一章叙述了约旦的古代史，第二章至第九章叙述并分析了奥斯曼帝国统治时期约旦的政治经济历史，第十章总结约旦的百年历史经验，概括了20世纪的约旦历史、经济、政治与社会文化的综合演进。

王铁铮先生在《中东国家通史·约旦卷》③ 中详细叙述了约旦的地理、历史、现代约旦王国的诞生、约旦王国民族国家构建、经济发展、政治外交、社会文化发展、约旦与中国关系等内容，是以通史的观点和方法研究约旦，总结了约旦的现代化特点，给笔者带来了很大的启发。

唐志超先生编著的《列国志·约旦》④ 从约旦地理、历史民族、

① 梁国诗：《当代约旦哈希姆王国社会与文化》，上海外语教育出版社，2003。
② 冀开运：《二十世纪约旦史》，甘肃人民出版社，2004。
③ 王铁铮：《中东国家通史·约旦卷》，商务印书馆，2005。
④ 唐志超编著《列国志·约旦》，社会科学文献出版社，2006。

宗教、政治、经济、军事、教育、科技、文艺、卫生、新闻与对外关系等方面全面介绍了约旦，为笔者的研究提供了重要的参考。

约旦王妃努尔·侯赛因著、刘冰等翻译的《信仰的飞跃：约旦王后的传奇生活》① 为约旦王后努尔·侯赛因的自传。作者以翔实的笔触描述其婚姻、家庭、宫廷以及社会文化生活，还描述了约旦发生的一些重大事件，分析了侯赛因国王对一些事件的看法和处理方法的初衷。但该书作者出于王室立场，著述并不客观，有美化国王、王后之嫌，译者在翻译时也有一些明显的错误，如费萨尔应为侯赛因的堂兄，而非表兄等。该书作为传记，大量引述约旦王国、重要人物的话语，为笔者提供了第一手资料。

第二类为我国学者对阿拉伯国家、约旦的研究著述，分别涉及政治、经济、外交等方面。2006 年，王三义先生的著作《工业文明的挑战与中东近代经济的转型》② 对中东近代社会经济的转型进行了系统、全面、细致的梳理，讨论了近代中东国家遭遇的挑战、中东的社会经济条件与基础、近代的西化改革、近代中东经济的整体变动、早期近代工业和城市化的发展、近代经济转型的动力和条件、改造传统经济模式的难度、转型时期的中东各经济区域及近代经济转型的跨地区比较等方面。约旦在二战前处于前资本主义时期的半游牧半农业国家阶段，工业基础薄弱，自然、矿产资源不丰富，发展经济的环境较差，在工业文明到来时，约旦也面临书中提及的问题。因此，此书对学者研究约旦在工业化时代经济的发展、转型具有参考价值。

2008 年，黄民兴教授的著作《中东历史与现状十八讲》③ 以讲座的形式分专题论述中东系列问题，书中第二讲《中东近现代和当代历史的演变》、第六讲《伊斯兰教在阿拉伯现代民族国家形成中的作用》、第七讲《20 世纪以来阿拉伯民族主义的特点及其演变》、第十

---

① 〔美〕努尔·侯赛因：《信仰的飞跃：约旦王后的传奇生活》，刘冰、张培芳、刘娟译，东方出版社，2006。

② 王三义：《工业文明的挑战与中东近代经济的转型》，中国社会科学出版社，2006。

③ 黄民兴：《中东历史与现状十八讲》，陕西人民出版社，2008。

五讲《中东石油经济的崛起及产油国经济的发展》以及第十七讲《中东现代化的特点》对中东国家问题具有普遍适用性，对于约旦的社会结构、民族主义、民族国家构建、社会分层以及现代化特点同样适用。

2008 年，冯璐璐的著作《中东经济现代化的现实与理论探讨：全球化的视角》①从全局性和全球化视角出发，分析中东经济现代化模式与国际交往的影响因素、中东国际经济交往与经济现代化溯源、中东经济现代化的发展现状、全球化带给中东经济现代化的挑战等，最后作者对中东经济现代化发展做了评估与展望。该书提出的中东国家经济现代化观点与特点具有普遍性，同样适用于约旦经济现代化发展历程，第五章专门分析了约旦所达到的现代化水平。

2010 年，王铁铮先生主编的《世界现代化历程》（中东卷）②分析了埃及、土耳其、伊朗、海湾六国、利比亚、摩洛哥、以色列等国家的现代化历程，总结了中东国家现代化发展及社会嬗变面临的主要难题，预测了其未来走向。该书指出，在历史上，中东地区轮番出现过诸多彪炳史册的庞大帝国和盛世王朝，它们曾为人类创造出璀璨的文化，亦曾在科学技术上独领风骚。但自近代以来，在内外合力的挤压和冲击下，中东国家全面式微，因此，中东国家成为现代化运动的后来者。中东国家的现代化具有外源型、后发性的基本特点。中东国家启动现代化的原始动力、经济结构、社会基础、价值取向和文化诉求同样有别于西方，中东国家现代化因其固有的宗教地域性而显露分野和独具特色。该书还对中东现代化未来的趋势进行了分析预测，著作中的观点以及对现代化模式的总结为笔者的研究提供借鉴。

2011 年，程皖的博士论文《美国对约旦外交政策研究（1946~1969）》③出版。此书是国内唯一一本运用国际关系理论分析美国与约旦自 1946 年至 1969 年关系的专著，概述了现代约旦王国的形成过

---

① 冯璐璐：《中东经济现代化的现实与理论探讨：全球化的视角》，人民出版社，2009。
② 王铁铮主编《世界现代化历程》（中东卷），江苏人民出版社，2010。
③ 程皖：《美国对约旦外交政策研究（1946~1969）》，江西人民出版社，2011。

程、约旦与巴勒斯坦的密切关系以及杜鲁门时期、艾森豪威尔时期、肯尼迪时期、约翰逊时期美国对约旦外交政策，作者通过剖析美国对约旦外交政策，分析了冷战时期大国与其扶持的"代理国""伙伴国"之间的关系。此书从历史角度探究美国中东政策之得失，从现实需要理解中东复杂的民族国家关系之根源，具有一定的现实意义和参考价值。

（二）国外研究现状

比较而言，国外研究更深入，涉及约旦历史、政治、经济现代化、民族国家构建、部落、殖民主义、约旦的巴勒斯坦挑战以及2010 年"阿拉伯之春"中约旦改革等，时间跨度大，内容广，为笔者的研究提供许多参考与借鉴。现就掌握的主要文献分析如下。

第一，现代化理论方面的著作与译著。

2004 年，由英国作者柏纳德·路易斯（Bernard Lewis）著、郑之书翻译的《中东：激荡在辉煌的历史中》①出版。这部专著在大量翔实史料的基础上，作者从政治、文化、经济、历史人物、军事、宗教等各方面入手，以浑厚的历史研究功力和新颖开阔的历史视野，客观地展现了一部中东地区两千年来的兴衰、荣辱和发展的史诗。郑之书先生准确、生动的翻译，使这部历史著作文字流畅，叙述生动，实为一部研究、了解中东历史的经典之作。书中作者对于民族、国家、民族认同的观点，为笔者分析约旦民族国家构建提供了理论支撑；作者关于阿拉伯人起义、早期外约旦形成的论述，也是本人研究的重要论据。

2008 年，塞缪尔·P. 亨廷顿的著作《变化社会中的政治秩序》②出版。作者提出"强大政府论"，即政治秩序论，根据此理论，作者把第三世界发展中国家大致分为传统君主制政体、军人左右局势的普

---

① 〔英〕柏纳德·路易斯：《中东：激荡在辉煌的历史中》，郑之书译，中国友谊出版公司，2000。

② 〔美〕塞缪尔·P. 亨廷顿：《变化社会中的政治秩序》，王冠华、刘为等译，上海人民出版社，2008。

力夺政体及革命政体，进而对这几种政体在现代化改革过程中如何克服不同的困难进行分析。书中特别分析了约旦的君主政体模式，指出嬗变与共存模式对约旦而言都不是可行的选择。

2010 年，亨廷顿的另一本专著《文明的冲突与世界秩序的重建》（修订版）① 出版。此书是亨廷顿对文化和文化认同（文明认同）的观点，他认为文化和文明认同形成了冷战后世界上的结合、分裂和冲突模式；冷战后世界冲突的基本根源不再是意识形态，而是文化方面的差异，主宰全球的将是"文明的冲突"。他认为目前世界上有 7 种或 8 种文明，文明之间在信仰、价值观上明显的差异以及各文明对自己的理解和对方的误解是冲突的根源，这些分析为我们提供了一幅新"国际地缘政治地图"。他的这种划分，似乎被"9·11"事件所证实。但亨廷顿的这种观点值得商榷，世界上各种文明之间的融合、交往远远超过冲突，冲突、战争本身也是文明交往的一种形式。相比之下，彭树智先生的"文明交往论"更能体现、概括全球化背景下世界各种文明间的互动关系。

2011 年，美国人戴维·E. 阿普特（David E. Apter）著、陈尧翻译的《现代化的政治》② 是 20 世纪 60 年代西方政治现代化理论的代表性著作。此书分析了发展中国家的政治现代化道路，研究了实现政治现代化的过程中影响政治变革的一些因素，旨在构建一种政治现代化的理论。作者运用功能方法对现代化进程中的国家进行比较研究，强调从道德内容开始分析，认为在政治生活中重要的事物只能从道德的角度来理解。作为一部重要的理论巨著，此书涉及现代化理论、特征，对传统的分析，变化中的社会分层模式、革新，专业精神和职业的形成，作为现代工具的政党，政府的必要条件，政治价值的形成，现代化社会中的意识形态，作为一种现代化原型的动员体系以及民主社会的未来等内容。此书是笔者所做的约旦现代化进程研究中的重要

---

① 〔美〕塞缪尔·亨廷顿：《文明的冲突与世界秩序的重建》（修订版），周琪等译，新华出版社，2010。

② 〔美〕戴维·E. 阿普特：《现代化的政治》，陈尧译，上海人民出版社，2011。

理论参考资料。

2013 年，由美国人罗纳德·英格尔哈特著、严挺等翻译的《现代化与后现代化：43 个国家的文化、经济和政治变迁》① 出版。此书是一部现代化与后现代化的理论巨著，附有大量抽样、问卷调查结果和数据分析。此书的研究主题论证了"物质主义价值观"（强调把经济和物质安全放在第一位）向"后物质主义价值观"（强调自我表现和生活质量）的优先目标逐渐转变这一宏大主题。此书涵盖 43 个国家，包括主导市场经济的西方民主国家、威权政治国家以及前社会主义国家，全面地论述了经济发展、文化转型以及政治转变这三者在时间上的复杂关系。英格尔哈特通过运用成分因子分析（Factor Analysis）这一统计工具，提取了两个维度来解释各国的文化差异：（1）传统权威（Traditional Authority）与世俗－理性权威（Secular-Rational Authority）的维度；（2）生存价值观（Survival Values）与幸福价值观（Well-Being Values）的维度。

第二，关于约旦历史、部落及民族国家构建的研究。这类研究成果大多以约旦历史发展为线索，以统治的国王为阶段划分，论述了不同阶段约旦政府和社会结构、重大事件和对外关系等。

美国学者劳里·A. 布朗德的《约旦与阿拉伯国家间关系——政治经济同盟的形成》② 论述了约旦的政治、经济政策，约旦与沙特、科威特、叙利亚、伊拉克、埃及的关系，是当代约旦与阿拉伯主要国家间的外交史。美国学者保罗·A. 朱迪尼和 R.D. 迈克林的著作《约旦：社会变化对部落作用的影响》③ 从历史的视角阐述约旦部落在国家中的作用和不断变化的社会对部落的影响，并分析了这些变化对约旦政治的影响和约旦哈希姆王国的前景。该书对研究约旦国家的

① 〔美〕罗纳德·英格尔哈特：《现代化与后现代化：43 个国家的文化、经济和政治变迁》。

② Laurie A. Brand, *Jordan's Inter-Arab Relations：The Political Economy of Alliance Making*, New York：Columbia University Press, 1994.

③ Paul A. Jureidini, R. D. McLaurin, *Jordan：The impact of social change on the role of the tribes*, New York：Praeger, 1984.

建立和社会现代化有一定参考价值。

马安·阿布·努沃对约旦历史有深入系统的研究，著有约旦哈希姆王国历史系列专著，包括《约旦与以色列战争 1948~1951：约旦哈希姆王国历史》[①]、《外约旦酋长国的发展 1929~1939：约旦哈希姆王国历史》[②]、《约旦哈希姆王国历史第一卷：外约旦的形成与发展 1920~1929》[③]，这些著作系统地论述了约旦自 1920 年起国家形成的历史，兼述约旦政治、经济、社会、文化等各方面情况，堪称约旦的百科全书。

柯蒂斯·R. 如炎的著作《过渡中的约旦：从侯赛因到阿卜杜拉二世》[④]（是作者分别于 1992 年、1993 年、1997 年、1999 年和 2001 年的数次田野调查研究报告，用第一手资料和数据论述了现代约旦的形成、约旦政治自由化的选择、经济调整与政治稳定、外交政策以及从侯赛因到阿卜杜拉二世政权过渡的成功，书中内容虽少，但价值很大。

以色列教授犹阿夫·阿隆的著作《约旦的形成：部落、殖民主义与现代国家》[⑤] 分别论述了约旦部落、英国殖民主义力量对现代约旦形成的影响。其新作《谢赫中的谢赫：现代约旦的米切尔·法伊兹部落领导》[⑥] 主要论述了法伊兹部落家族在现代约旦政治中的发展演变历程及影响。

以色列学者约瑟夫·尼禄以及伊兰·佩普在著作《中东的约旦：

① Maan Abu Nowar, *The Jordanian-Israeli War, 1948-1951: A History of the Hashmite Kingdom of Jordan*, England: Ithaca Press, 2002.

② Maan Abu Nowar, *The Development of Trans-Jordan 1929-1939: A History of the Hashemite Kingdom of Jordan*, England: Ithaca Press, 2006.

③ Maan Abu Nowar, *The History of the Hashemite Kingdom of Jordan Vol. 1: The Creation and Development of Transjordan 1920-1929*, England: Ithaca Press, 1989.

④ Curtis. R. Ryan, *Jordan In Transition: From Hussein To Abdullah*, Boulder: Lynne Rienner Pub, 2002.

⑤ Yoav Alon, *The Making of Jordan Tribes, Colonialism and the Modern State*, London and New York: I. B.Tauris, 2009.

⑥ Yoav Alon, *The Shaykh of Shaykhs: Mithqal al-Fayiz and Tribal Leadership in Modern, Jardon*, Redwood: Stanford University Press, 2016.

一个关键国家的形成（1948~1988）》① 中主要论述了 1990 年以前约旦哈希姆王国在不同阶段的民族国家构建情况。此书是 1988 年以色列海法大学阿拉伯-犹太中心举办的研讨会论文集，分别论述约旦的变化、民族国家构建问题、约旦君主制政体的合法性、约旦与阿拉伯国家及以色列间的关系等，并将约旦置于国际政治格局中，分析其面临的挑战。

玛丽·C.威尔逊主编的《阿卜杜拉国王，英国与约旦的形成》② 论述了一战后中东的局势、阿拉伯大革命、外约旦酋长国的建立、1921~1939 年外约旦与巴勒斯坦的关系以及阿卜杜拉与英国相互利用、制约的关系等，是研究早期外约旦民族国家构建的重要参考资料。

安德鲁·史优克的著作《民族主义与谱系想象力：部落约旦的口述历史和文本的权威》③ 探讨了以部落为基础的约旦从口头到书面的历史，揭示了其在当代中东过渡时期的现代性、文化的历史性和国家认同的发展。由于传统的贝都因说书人居有丰富的口头传承历史的方法，安德鲁巧妙融合人类学和历史，用贝都因人的眼光记录部落历史的实质内容。该书的重点内容是"家谱民族主义"的发展以及部落和国家之间的紧张局势。

拉斯·瓦哈林的著作《约旦北部阿尔·巴阿卡的部落社会：一项社会地理调查》④ 从社会学和地理学的角度阐了述约旦阿尔·巴阿卡地区部落的形成、发展和与国家的关系，对笔者研究约旦早期社会有参考价值。

---

① Joseph Nevo, Ilan Pappe, *Jordan in the Middle East: The making of a pivotal state, 1948-1988*, New York: Routledge, 1994.

② Mary C. Wilson, *King Abdullah, Britain and the Making of Jordan*, London: Cambridge University Press, 1990.

③ Andrew Shryock, *Nationalism and the genealogical imagination: Oral history and textual authority in tribal Jordan*, New York: University of California Press, 1997.

④ Lars Wåhlin, *Tribal society in northern Al-Balqa', Jordan: An historical geographical survey*, Stockholm: Stockholm University, 1993.

约旦皇家法庭出版的《约旦·历史·奥斯曼帝国》① 对研究约旦早期形成及其与奥斯曼帝国的关系有重要参考价值。奥斯曼帝国统治（1516~1918 年行政长官）时期约旦发展总体上处于停滞阶段，该帝国管理薄弱，不能有效地控制贝都因部落，许多城镇和村庄被遗弃，农业倒退，家庭和部族经常迁徙，但贝都因人仍然是沙漠的主人。这一时期，人口持续萎缩，直到 19 世纪后期，约旦迎来移民潮，叙利亚人和巴勒斯坦人为躲避税收和斗争迁徙到约旦，切尔克斯穆斯林与车臣穆斯林也为了躲避沙俄的迫害，定居在约旦、叙利亚、伊拉克等地区。奥斯曼帝国统治时期较有影响力的事件是修建了汉志铁路，该铁路将奥斯曼帝国的军队和物资运送进阿拉伯心脏地带，在第一次世界大战和阿拉伯大起义中发挥了重要作用。

美国国会图书馆联邦研究部发行的《国家概况：约旦》② 以百科全书的形式介绍约旦的各个方面，对初步了解约旦及美国对约旦的态度有一定参考价值。

第三，关于约旦与巴勒斯坦关系等问题的研究。这类成果主要论述巴勒斯坦并入约旦的历史、约旦对巴勒斯坦的统治、约旦民族国家认同、巴勒斯坦分离运动等问题。

赛米·哈兹德尔的《约旦与巴勒斯坦问题：伊斯兰左翼力量在外交政策形成中的作用》论述欧洲与中东、北非的政治经济关系、新兴地区与海湾国家间关系、当代伊斯兰的困境以及伊斯兰与约旦政治现代性的关系等，分析了约旦发生的历次运动、事件中的巴勒斯坦力量及伊斯兰因素的影响。

埃韦·帕拉斯卡的著作《约旦的巴勒斯坦难民（1948~1957）》③ 论述约旦"逐渐吞并"的政策与巴勒斯坦人对此的反应、约旦巴勒斯坦难民的组织结构与领导模式、"大棒与金元"外交政策下的约旦河东西两岸矛盾、约旦河西岸巴勒斯坦人归属、认同问题以

---

① The Royal Hashemite, *Court Jordan-History-The Ottoman Empire*, 9 November, 2009.

② Library of Congress-Federal Research Division, *Country Profile: Jordan*, September 2006.

③ Avi Plascov, *The Palestinian refugees in Jordan 1948-1957*, New York: Routledge, 1981.

及耶路撒冷国际化问题，该书对约旦巴勒斯坦难民问题的研究深入全面，为笔者更好地理解、把握约旦与巴勒斯坦关系提供了参考。

克林顿·贝利的著作《约旦的巴勒斯坦挑战（1948～1983）》[①]，分阶段论述了1948～1967年、六五战争后的约旦和巴勒斯坦关系，涉及巴勒斯坦解放组织被驱逐、1973年战争中约旦与巴勒斯坦政治组织的关系、萨达特和平政策背景下的巴勒斯坦分离计划以及里根计划背景下巴勒斯坦被占领土的处置等问题，最后作者得出结论，国家政权的合法性优先于一切事务，对35年间约旦与巴勒斯坦民族主义力量的斗争下了结论。

第四，关于约旦政治、经济的研究。

美国学者罗素·E.卢克斯的著作《约旦生存政治与制度：应对外部挑战（1988～2001）》[②] 分析了约旦1989年选举的结果、约旦政党合法化、出版自由等政治问题，将1989年选举结果与1993年选举结果相对比，从政治经济学的角度分析政治稳定对经济的积极影响。但作者所用的制度分析法具有片面性，不能全面、清晰的分析约旦这个以伊斯兰教为主要信仰的多元化君主立宪制国家的政治。

美国学者华威·孔勒斯的著作《1989年后的约旦：一项政治经济学的研究》[③] 从政治经济学的角度分析约旦经济的支柱之一外援对经济的影响与作用方式，也分析了国际货币基金组织（IMF）在约旦的实验、约旦自1921年至1988年产生的债务以及1989年后应对经济危机的措施等，是一部较全面的著作，附有大量有参考价值的图表与数据，为研究约旦经济现代化提供参考。

迈克尔·菲尔德的著作《阿拉伯经济现代化》[④] 提到阿拉伯社会经济结构复杂，海湾国家因盛产石油经济增长较快，形成"绝对福

① Clinton Bailey, *Jordan's Palestinian Challenge 1948-1983*, Boulder: Westview Press, 1984.

② Russell E. Lucas, *Institutions and the Politics of Survival in Jordan: Domestic Responses to External Challenges, 1988-2001*, New York: SUNY Press, 2005.

③ Warwick Konwles, *Jordan Since 1989: A Study in Political Economy*, New York: I. B. Tauris, 2005.

④ Michael Field, *Modernizing the Arab Economies*, Electronic ed., Bonn: FES-Library, 1998.

利"的社会制度，但该地区经济疲软，政府管制严重，排斥外国投资者，腐败加剧，应加快经济变革实现中东和平。同时一些贫穷的阿拉伯国家一直进行金融改革以减少偿债比率、预算赤字和抑制通货膨胀，且相当成功。另外，一些国家开始私有化、扩大对外投资。

第五，关于约旦研究的英语论文资料。这些资料涉及经济、政治改革等方面，笔者只选取主要内容。

詹·艾瑞克·兰的论文《宗教或传统：阿拉伯世界现代化的缺失》① 指出19世纪阿拉伯世界不可避免的衰落时阿拉伯文明的现代化如火如荼地进行，但阿拉伯的现代化暂时被威权政治和政治伊斯兰取代，但《古兰经》从未限制民主和从市场经济中获取财富。该论文使用大量图表和统计数字，是定量分析的典范。

萨夫瓦特·阿尔·如姗的文章《身份问题中我们在何处：约旦青年模式》② 通过抽样调查、统计分析的方法研究约旦青年观念中的国家认同问题，得出如下结论：第一，约旦青年认为身份认同如约旦、部落和为之奉献的政治制度般重要，它与生活地点和教养方式相关；第二，身份认同构建首先是区域层面（62%），其次是国家层面（21%），最后是宗教层面（17%）；第三，约旦青年在涉及身份认同以及它的本地性、国家性时面临困惑，约旦应加强青年认同，强调国家集体感。

区域年度报告中心发布的《国家统计概况》③ 以图表形式用定性研究方法分析了人口动态、年龄分布、抚养比总生育率、成人识字率、15岁以上国民入学率、人口与可持续改善水源比率、人口获得先进的卫生设施比率、15岁以上失业成年人吸烟率、人均国内生产总值、人均卫生总支出、人均政府开支、卫生总支出占国内生产总值

---

① Jan-Erik Lane, "Religion or Tradition: The Lack of Modernization in the Arab World", *International Journal of Politics and Good Governance*, Volume 2, No. 2. 2, Quarter II 2011.

② Safwat Al-Rousan, "Where are we in the question of identity: Jordanian youth as a Model", *Journal of Sociological Research*, Vol. 4, No. 2, 2013.

③ "Country Statistical Profiles", *Annual Report of the Regional Director*, 2011.

比率等，对了解约旦社会现代化有参考价值。

美国商业服务中心发布的《在约旦经商：2014 年美国公司国家商业指南》① 详细分析了约旦经济环境、政策，政治经济发展状况，投资环境，市场调研等内容，为笔者了解当前约旦经济现代化提供了参考。

吉哈纳·塔贝特的论文《个人身份法中的女性：伊拉克、约旦、黎巴嫩、叙利亚》② 研究了上述国家穆斯林女性的婚姻、离异、社会地位、受教育程度、儿童监护权等内容，对了解约旦社会现代化有一定参考价值。

英国研究服务中心中东事务研究专家杰里米·M. 莎尔发布的报告《约旦：背景及其与美国关系》③ 提供了约旦当前政治问题，是对美国和约旦关系的概述。美约关系主要体现在外援，涉及约旦政权稳定性及其在阿以和平进程中的作用、美约核能合作的可能性、军事与情报合作等。

日本学者吉川拓郎的论文《约旦政府与穆斯林兄弟会动荡的十年》④ 论述自 1999 年至 2009 年约旦政府与穆兄会的关系，这种关系在 2006 年前一度缓和，但自 2006 年后约旦穆兄会作为其境内最大的伊斯兰组织，公开批评约旦政府对以色列的绥靖政策，制衡国内政治，大有监督政权之势。

第六，约旦本国的阿拉伯语研究文献。约旦学者对本国的研究涉及历史、政治、经济、与巴勒斯坦关系、与阿拉伯国家间关系及与以色列、英美等国关系，也涉及其国内伊斯兰力量以及政党政治，因资

---

① "Doing Business in Jordan: 2014 Country Commercial Guide for U. S. Companies", *US Commercial Service*, 2014.

② Gihane Tabet, "Women in Personal Status Laws: Iraq, Jordan, Lebanon, Palestine, Syria", *Social and Human Sciences Sector*, July, 2005.

③ Jeremy M. Sharp, "Jordan: Background and U. S. Relations", *Congressional Research Service*, October 3, 2012.

④ KIKKAWA Takuro, "A Turbulent Decade between the Jordanian Government and the Muslim Brotherhood", *Kyoto Bulletin of Islamic Area Studies*, 5-1&2 (February 2012), pp. 61-77.

料众多，笔者只选取有代表性的著作与论文进行分析。

1. 著作

阿萨姆·穆罕默德的著作《约旦的爱国主义运动（1921~1946）》① 主要论述了外约旦酋长国的民族主义运动以及民族国家认同问题，在人民的爱国主义运动中，国家、民族意识被激发，形成国家民族认同。但这种民族国家意识具有狭隘性，只包括约旦河东岸，不包括巴勒斯坦被占地区。

马哈纳·优素福·哈达德的著作《例证与现实倾向间的约旦政党与政治文化》② 通过田野调查研究的数据论述约旦的政党党派及国内的选举制度，分析约旦君主制下的多元社会结构。此书主要集中于两个概念：第一，在现代君主制国家约旦历史框架下的政党含义是什么？第二，产生这些政党的文化框架体系是什么？

阿里夫·穆罕默德·撒勒黑德的著作《约旦国家安全与内外挑战》③ 指出，在国际与区域不稳定的环境中，约旦国家安全面临着来自国内外的巨大挑战。作者首先解释了安全的概念，强调国家安全对确保政权合法性和继续通过决策与民主化增加政治参与的重要性。国家安全包括维护民族团结、处理好水资源问题、反恐和维护国际关系、保证获得外援等。此外，国家安全观包括创建本土安全稳定的环境和构建地区安全，具体包括军事安全边界、经济安全、政治安全、社会安全、粮食安全、文化安全、供水安全和农业安全等。

纳伊姆·易卜拉辛·扎西尔的著作《约旦当代社会事务》④ 主要

① 〔约旦〕阿萨姆·穆罕默德：《约旦的爱国主义运动（1921~1946）》（阿文版），危机出版发行社，2011。

② 〔约旦〕马哈纳·优素福·哈达德：《例证与现实倾向间的约旦政党与政治文化》（阿文版），约旦 Majdalawi 出版社，2007。

③ 〔约旦〕阿里夫·穆罕默德·撒勒黑德：《约旦国家安全与内外挑战》（阿文版），学术出版社，2008。

④ 〔约旦〕纳伊姆·易卜拉辛·扎西尔：《约旦当代社会事务》（阿文版），阿拉伯研究出版社，2010。

论述当代约旦的社会变化、社会分层、社会特质、出现的问题、传统与现代的矛盾以及全球化浪潮对约旦政治、经济、社会的影响。约旦社会同样面临不婚、离婚、家暴、失业、雇用童工、教育回报低等问题。

苏莱曼·穆萨的著作《约旦当代政治史（1967～1995）》[①] 论述此阶段侯赛因国王统治下的约旦政治发展历程，1967 年战争开始一直到两伊战争、海湾战争以及约以最终签署《和平协定》，其中也论述约旦的政党政治以及其与阿拉伯国家、以色列的关系。该作者的另一本著作《外约旦：四分之一世纪中的产生与发展（1921～1946）》[②] 主要论述英国委任统治期间国家机器、政治机构、安全机构的初步建立与发展过程。

尼多勒·阿达伊拉的著作《约旦政治史：爱国主义教育的现代化与发展（1920～2004）》[③] 纵向地论述了从 1920 年至 2004 年约旦哈希姆家族、大革命、外约旦的建立、英国委任统治等重要事件，横向地剖析了几十年间约旦的政治结构、政治生活、民主历程、选举制度、政党政治、宪法、对外关系与政策、约旦对巴勒斯坦问题以及阿拉伯统一问题的态度、约旦和以色列和平协定的签署、阿卜杜拉二世时期的发展计划、经济政治问题等重要议题，最后作者得出应该构建一种不断创新的、适合于约旦内外政治状况的爱国主义文化的结论。

阿卜杜·哈里木在其著作《约旦的民主转变》[④] 中认为约旦虽实施宪法、选举、取消党禁、实施媒体自由，但也存在政治腐败、道德滑坡、政治参与不足等问题，约旦仍然处在通往民主的道路上。鉴于

---

① 〔约旦〕苏莱曼·穆萨：《约旦当代政治史（1967～1995）》（阿文版），约旦历史委员会，2011。

② 〔约旦〕苏莱曼·穆萨：《外约旦：四分之一世纪中的产生与发展（1921～1946）》（阿文版），合作出版社，2009。

③ 〔约旦〕尼多勒·阿达伊拉：《约旦政治史：爱国主义教育的现代化与发展（1920～2004）》（阿文版），叶齐德发行社，2005。

④ 〔约旦〕阿卜杜·哈里木：《约旦的民主转变》（阿文版），Sail 出版发行社，2012。

民主对国家、社会发展的重要性，约旦应逐步使一些合格的爱国人士取代家族世袭合法性，发展公民社会。

阿萨努·杜阿尔·穆罕默德的著作《约旦河西岸的犹太定居点：对人民与领土的侵略》① 主要论述了以色列在联合国分治决议之下占领了巴勒斯坦的土地，使巴勒斯坦人民沦为难民。

法推那·巴达德的著作《约旦与巴勒斯坦的关系》② 从历史的角度论述了约旦河东岸的外约旦兼并西岸的巴勒斯坦、巴勒斯坦在约旦建立国中国对约旦政权的威胁以及巴勒斯坦难民与东部本土部落间的关系等。

鲁巴巴阿·阿绥姆的著作《"阿拉伯之春"中约旦青年对待改革的趋势：一项调查研究》③，主要论述青年在"阿拉伯之春"中的作用和约旦的政治改革，以及青年对国家改革的态度等，描述约旦当代社会中的诸多方面。

阿里·穆哈发扎的著作《阿拉伯大革命至外约旦结束期间的约旦政治思想（1916～1946）》④ 主要论述当时约旦各种政治力量的博弈，以及泛阿拉伯主义、约旦君主民族主义的萌芽与兴起，此阶段是约旦民族国家意识的觉醒与发展阶段。

阿卜杜·马吉德·扎伊德的著作《约旦历史与文化》⑤ 是一部约旦百科全书，涉及约旦多方面的历史，它是研究约旦历史文化的重要参考资料。

① 〔约旦〕阿萨努·杜阿尔·穆罕默德：《约旦河西岸的犹太定居点：对人民与领土的侵略》（阿文版），Zaytuna 咨询研究中心，2012。
② 〔约旦〕法推那·巴达德：《约旦与巴勒斯坦的关系》（阿文版），Zamzam 出版社，2011。
③ 〔约旦〕鲁巴巴阿·阿绥姆：《"阿拉伯之春"中约旦青年对待改革的趋势：一项调查研究》（阿文版），Dala 人权研究中心，2012。
④ 〔约旦〕阿里·穆哈发扎：《阿拉伯大革命至外约旦结束期间的约旦政治思想（1916～1946）》（阿文版），约旦皇家出版社，2011。
⑤ 〔约旦〕阿卜杜·马吉德·扎伊德：《约旦历史与文化》（阿文版），约旦皇家出版社，2012。

阿卜杜·拉赫曼·阿瓦德·福瓦兹的著作《约旦社会》① 从社会学的角度分析了约旦以伊斯兰教为主流价值观念、兼具多元文化的社会特点。

阿布·沙阿尔在《约旦村庄与都会历史研究（1890~1946）》② 一书中通过描述奥斯曼帝国统治末期至外约旦酋长国解体阶段约旦农村与社会的变迁，反映了约旦现代化进程以及约旦的发展历史，该书是研究约旦国家形成的重要参考资料。

穆罕默德·阿布·拉马努的著作《约旦的伊斯兰解决：伊斯兰主义者、国家、民主与安全》③ 分别论述了约旦的世俗主义、保守主义之争、约旦穆斯林兄弟会与国家间的关系、哈马斯对约旦政权的威胁、萨拉菲主义的崛起、"圣战"萨拉菲主义在约旦的发展以及国家与其之间的关系、约旦第一大党解放党的相关内容、伊斯兰力量对约旦政权的影响等，也分析了约旦对上述力量的包容性政策。在当前"伊斯兰国"势力不断蔓延的趋势下，约旦政治伊斯兰问题值得研究。

艾哈迈德·阿维迪·阿巴迪的著作《古代与中世纪约旦历史及其部落：公元前 3400 年至公元 1910 年》④ 论述了五千多年间约旦部落的产生、发展状况。作者认为部落是约旦社会的基础，稳定是部落存在与发展的有利因素，部落在各时期均对社会与政治产生作用。

2. 论文

穆罕默德·阿卜杜拉·加里比阿在《国家认同研究初探——约

① 〔约旦〕阿卜杜·拉赫曼·阿瓦德·福瓦兹：《约旦社会》（阿文版），哈米德出版发行社，2012。
② 〔约旦〕阿布·沙阿尔：《约旦村庄与都会历史研究（1890~1946）》（阿文版），沃尔德出版发行社，2013。
③ 〔约旦〕穆罕默德·阿布·拉马努：《约旦的伊斯兰解决：伊斯兰主义者、国家、民主与安全》（阿文版），约旦大学战略研究中心，2013。
④ 〔约旦〕艾哈迈德·阿维迪·阿巴迪：《古代与中世纪约旦历史及其部落：公元前 3400 年至公元 1910 年》（阿文版），Majdalawi 出版发行社，2015。

旦国家认同的研究：社会学的角度》一文中①以独特的视角分析了约旦民族认同与国家认同的现状，从宗教、政治、文化、教育等层面对约旦民族与国家认同做了量化分析。

阿拉·阿扎在《巴勒斯坦与约旦国家构建解读》②一文中分析了殖民语境下约旦的爱国主义意识，认为不能把阿拉伯认同从约旦或巴勒斯坦国家认同中分离出来，约旦和巴勒斯坦首先都具有阿拉伯属性其次才有区域划分。约旦自 1928 年协定签订后开始构建阿拉伯认同和政治忠诚，东部的外约旦酋长国是一个在其自然疆界内拥有主权的、独立的阿拉伯国家。不断的殖民冲突和犹太复国主义运动形成了约旦和巴勒斯坦国家，约旦牺牲巴勒斯坦认同构建约旦认同并使其扩大。此书观点客观公正。

阿卜杜拉·萨巴黑那在《约旦国家认同》一文中主要分析了约旦巴勒斯坦裔的约旦国家认同，不同时期，人们的认同程度不同。

1995 年，约旦大学皇家战略研究中心发布了报告，题为《约旦与巴勒斯坦的"内部层面"关系》③，文中指出约旦的人口结构在 1948 年和 1967 年战争后发生巨大变化；由于约旦河两岸人口的迁徙、融合以及巴勒斯坦难民的涌入，引发了社会和政治隐患，对该地区的政治发展造成负面影响。

尽管存在文化差异，但生活与在同一国家的约旦、巴勒斯坦人民不再互相对峙，高度融合。政治敌对或联盟的关系多数只建立在意识形态的基础上，统一的社会政治思想连接了约旦河两岸的居民，约巴关系经历了合作、加强、裂隙、修复和正常化的阶段，巴勒斯坦难民也经历了从难民到公民的身份转换。

---

① 〔约旦〕穆罕默德·阿卜杜拉·加里比阿：《国家认同研究初探——约旦国家认同的研究：社会学的角度》（阿文版），http：//www. thoriacenter. org/projects. asp？id = 10&orderby = 1&by = &page = 3。

② 〔约旦〕阿拉·阿扎：《巴勒斯坦与约旦国家构建解读》（阿文版），http：//palestine. assafir. com/Article. aspx？ArticleID = 1975。

③ 〔约旦〕约旦大学皇家战略研究中心：《约旦与巴勒斯坦的"内部层面"关系》（阿文版），1995。

2006 年，穆勒万努·沙赫德在《约旦政治改革的机制与障碍（2001~2006）》① 一文中指出，约旦在 2001~2006 年改革时期面临着伊斯兰政治运动、党派运动、经济衰退造成的失业和贫困多发等问题，约旦国内同样出现世俗主义、自由主义和政治伊斯兰思潮，这些因素均对政治改革形成挑战。

穆罕默德·萨利赫在《约旦女性的议会参与（2003~2007）》② 一文中以翔实的数据资料分析了约旦女性政治参与的方式、程度、存在的问题等。总体而言，约旦女性的政治、社会地位逐步提高。

穆罕默德·阿布·拉马努在《约旦穆斯林兄弟会与国家的红线游戏》③ 一文中论述了约旦穆兄会与国家间的关系，此组织渐趋政治伊斯兰化，逐步走上政治伊斯兰道路，成为国家的合法组织。

阿里·穆哈发扎在《约旦：通往改革的艰难之路》④ 论文中分析了约旦在"阿拉伯之春"中面临的挑战，认为约旦政治改革的道路艰难，保守力量阻力太大，君主制度下的国王改革决心有限，难以实现政治现代化，论文评述客观深刻。

纳伊夫·艾哈迈德·巴黑特在题为《约旦国民对部落特质相关问题的观点》⑤ 的论文中使用大量图表、数据，论述了约旦部落对维护国家安全稳定、公共制度方面以及部落成员在警察部门的重要作用。部落参与上述部门活动时公正透明，财务清晰，有助于维护社会制度的权威，也有助于社会阶层间的流动与社会稳定。

侯赛因·欧麦尔·哈扎阿在《约旦临时选举法的积极性与消极

① 〔约旦〕穆勒万努·沙赫德：《约旦政治改革的机制与障碍（2001~2006）》（阿文版），2006。

② 〔约旦〕穆罕默德·萨利赫：《约旦女性的议会参与（2003~2007）》（阿文版），《光明》2009 年第 1 期。

③ 〔约旦〕穆罕默德·阿布·拉马努：《约旦穆斯林兄弟会与国家的红线游戏》（阿文版），https：//www.facebook.com。

④ 〔约旦〕阿里·穆哈发扎：《约旦：通往改革的艰难之路》（阿文版），半岛研究中心，2012 年 12 月。

⑤ 〔约旦〕纳伊夫·艾哈迈德·巴黑特：《约旦国民对部落特质相关问题的观点》（阿文版），《安全研究》2011 年第 5 期。

性：社会实践研究》① 一文中认为无论是理论和普遍原则方面抑或是管理和国家机构、政治活动的高效运作方面，选举法案都是民主化进程最重要的保障之一。作者还就选举法给出一些细节性的建议。

加齐·萨利赫·班尼·穆勒黑穆在《伊斯兰运动对约旦政治改革的影响（1989~2009）》② 一文中指出伊斯兰运动与政治党派在过去70年间出现在了约旦的政治舞台上，其在政治改革方面促进了民主化，扩大了教育及政治工业化方面的讨论。侯赛因国王及阿卜杜拉二世的政治改革在面对国内外的诸多挑战时，仍以维护约旦稳定为首要任务。

米勒万·沙哈达在《约旦变革的前景与阻力》③ 一文中提到"阿拉伯之春"亦将约旦卷入其中，作者用比较法和历史分析法研究约旦王国政治体制变革的前景与问题、复杂的国内环境和外部势力对体制改革的影响以及伊斯兰政党在改革进程中的地位。作者在文中深度讨论了以下问题：确立约旦领导人政治制度并确立起在国家制度中的地位；伊斯兰教与约旦王权间的复杂关系；伊斯兰教作为邻国的革命动力在约旦的地位；在革命中求得生存的策略。

穆罕默德·艾哈迈德·米噶达德在《约旦的改革倡议及与政府政策关系的形式：政治经济稳定指数（2001~2010）》④ 一文中认为2001~2010年约旦政府拒绝、抵制改革，权力机构通过拖延改革方式抵制人民的呼声，但约旦人民认为改革应始于内部并终于内部，外部干涉对民众无益。这十年间的改革主要体现在经济领域进程缓慢。改革使约旦从国家主导的经济模式变为贸易、财政自由、私有化占主导

① 〔约旦〕侯赛因·欧麦尔·哈扎阿：《约旦临时选举法的积极性与消极性：社会实践研究》（阿文版），《政治与法律书籍》2011年4月特刊。

② 〔约旦〕加齐·萨利赫·班尼·穆勒黑穆：《伊斯兰运动对约旦政治改革的影响（1989~2009）》（阿文版），《光明》2011年第4期。

③ 〔约旦〕米勒万·沙哈达：《约旦变革的前景与阻力》（阿文版）。

④ 〔约旦〕穆罕默德·艾哈迈德·米噶达德：《约旦的改革倡议及与政府政策关系的形式：政治经济稳定指数（2001~2010）》（阿文版），《阿拉伯大学文学协会》2012年第12期。

的模式。但改革同时也导致失业率上升,国家对外援更加依赖。在社会改革方面,民众要求政治方面实现更大的民主化与扩大政治参与。

法伊兹·扎里噶图发表《约旦参议院及其在其政治制度中的作用(立法比较研究)》① 一文,他分析了参议院的重要性及其在约旦政治制度中的作用。此论文的信息和资料主要依据 1952 年约旦宪法及与立法权相关的著作、作者与一些参议院议员的会谈资料以及会议记录。作者认为参议院不仅代表一个群体、一个社会阶层或某种确定的制度,还执行与众议院相似的职能。

法里斯·巴里扎图发表《状况评估:约旦选举——没有民主的权力集中》② 一文,他分析了约旦当前选举的形式、组织机构、选民来源等,认为选举只是没有民主的权力集中,君主政体下的宪法与选举制度都为国王统治服务。

中东大学的哈利勒·穆斯塔法·巴扎伊阿发表了学位论文《伊拉克难民对约旦的影响(2003~2011)》③,他在文中指出自 2003 年美国占领伊拉克后,大量难民涌入约旦,对约旦国内环境、资源、就业机会、治安与国家安全均造成影响,加重了其负担。

2012 年,约旦颁布的新宪法也是笔者研究约旦现代化与民族国家构建的重要参考资料,此宪法进一步限制了国王、政府的权力,议会、法院的权力得到加强,强调保护公民权利和私有财产,是约旦政治现代化的阶段性成功。

巴斯玛·凯利姆·苏瓦伊旦·扎纳比在《约旦加入海湾合作委员会的成功与挑战》④ 文中认为约旦和海合会国家在安全、政治、

---

① 〔约旦〕法伊兹·扎里噶图:《约旦参议院及其在其政治制度中的作用(立法比较研究)》(阿文版),《光明》2009 年第 3 期。

② 〔约旦〕法里斯·巴里扎图:《状况评估:约旦选举——没有民主的权力集中》(阿文版),阿拉伯政治研究中心 2012 年 4 月。

③ 〔约旦〕哈利勒·穆斯塔法·巴扎伊阿:《伊拉克难民对约旦的影响(2003~2011)》(阿文版),中东大学学位论文,2012。

④ 〔约旦〕巴斯玛·凯利姆·苏瓦伊旦·扎纳比:《约旦加入海湾合作委员会的成功与挑战》(阿文版),《阿拉伯政治》2012 年第 39~40 期。

经济上的合作都有着很长的历史，约旦对海合会的作用超越了政治结盟的概念，双方是合作伙伴关系。同样，社会和人口结构是推动约旦加入海合会的因素之一，海湾国家人民和约旦劳务人员的同质化也是合作的强有力因素。约旦和海合会国家的合作领域是无限的，涉及经济、农业、旅游业、国家安全等，这也相应地要求重新构建一个与投资相关的法律机构，以迎合海湾国家意欲进入约旦市场的要求，从而将海湾与沙姆地区包括欧洲连接起来，构建长远战略格局。

2014 年，约旦"认同中心"发布《"阿拉伯之春"对约旦的影响：变化与政治改革及政治选举》① 一文。"阿拉伯之春"后，阿卜杜拉二世对改革呼声做出回应，修正了宪法和其他重要法律，涉及选举、政党、新闻业和公众自由等方面，其中选举的诚信度得到公开讨论。"阿拉伯之春"客观上促进了约旦政治现代化的发展。

哈桑·艾布·哈尼亚在《状况评估：ISIS 对约旦构成威胁了吗?》② 一文中指出 2014 年 6 月以来，"伊斯兰国"占领了伊拉克和沙姆地区，并向伊拉克西部及叙利亚北部延伸，逼近约旦东北部地区，这对约旦的安全与稳定造成很大威胁。约旦的首要任务是阻止伊斯兰国向其境内扩张，为此采取排斥和遏制战略，通过安全措施和相关的法律应对国内外激进组织的威胁，积极与国际反恐行动合作。

哈立德·易卜拉辛·哈利勒·哈比忒在《约旦在阿以冲突解决中的作用》③ 一文中强调地理因素在划定约旦国界时的重要作用。作者指出以色列侵占巴勒斯坦初期，约旦的立场使得阿拉伯人对此持谨慎小心的态度。约旦对以色列的态度从对抗到和解，最终走向相互保障国家安全的阶段。约旦对和平解决巴以问题、推动中东和平进程起到积极作用。

---

① 约旦"认同中心"：《"阿拉伯之春"对约旦的影响：变化与政治改革及政治选举》（阿文版），"国际民主报告组织"研究报告，2012 年 1 月 19 日。

② 〔约旦〕哈桑·艾布·哈尼亚：《状况评估：ISIS 对约旦构成威胁了吗?》（阿文版），阿拉伯政治研究中心，2014。

③ 〔约旦〕哈立德·易卜拉辛·哈利勒·哈比忒：《约旦在阿以冲突解决中的作用》（阿文版），区域研究中心，2015。

三　研究方法与理论

独特的历史文化以及不同的具体国情使每个国家具有不同的发展模式，世界各国的现代化理论家们也只能概括出某一个地区的大概模式，不同国家绝不存在完全相同的发展模式。约旦的现代化尤其是其政治现代化既不同于世界其他第三世界发展中国家，也不同于中东南层与北层国家。

笔者在前人研究的基础上，坚持历史唯物主义的研究方法，以时间段为纵轴，以全球现代化进程发展为横轴，采取横向、纵向结合的方法，将约旦置于全球现代化发展的坐标中进行研究，以布莱克、罗荣渠的经典现代化理论进行深度研究。

本书研究重点如下：（1）在总结约旦政治、经济、社会现代化的类型、进程与特点；（2）分析此进程中的成就与问题；（3）分析约旦东部传统部落与难民对现代化进程的解构与威胁；（4）探究约旦社会政治转型面临的困境。

本书拟解决的问题是：（1）在现代化背景下，约旦作为中东君主制、非产油国如何处理好伊斯兰教、部落传统与现代化，君主制政体与民主，现代化和社会稳定之间的关系，如何实现人的现代化和国家转型，从而实现社会政治经济发展，从传统游牧民社会发展为多元现代国家；（2）当国家的现代化达到一定程度后，人民会拥护君主制吗？彼时，哈希姆家族如何应对此"国王的困境"稳固君主制政权？（3）约旦政治与社会现代化的前景究竟是走纯粹的西式民主社会道路还是结合其特点与状况走一条介于世俗化与伊斯兰教之间、但偏向于世俗化的保守性道路？

此书大量使用阿拉伯文资料，用历史文献分析法进行论述；笔者还赴约旦、巴勒斯坦地区进行田野调查研究，对约旦著名的史学家阿里·穆哈发扎做了专访，通过对第一手资料的掌握和田野调查得出客观的结论。

1. 约旦现代化整体模式

美国现代化理论家布莱克认为现代化是传统社会向现代社会的转变过程，是多层面同步转变的过程，是涉及人类生活所有方面的深刻变化。概括起来，现代化可以看作是经济领域的工业化，政治领域的民主化，社会领域的城市化及价值观念领域的理性化的互动过程。[①]

布莱克把现代化进程分为现代性的挑战、现代化领导阶层权力的巩固、经济与社会的转变及社会的整合四个阶段；他以社会结构与政治现代化为轴心，把全世界的国家分为七类，排名越靠前则现代化程度越高。尽管该理论在现在看来已相当落后，但该理论应用于现代化程度并不高的约旦则有可行性，现代化进程是一个动态演进过程，该理论符合当时的时代特征与约旦现实。

就此标准，布莱克认为约旦属于第六范型，[②] 该范型的国家经历了殖民主义，这种殖民经历对现代化既有激发作用又有阻碍作用，其发展模式倾向于从更现代的社会中照搬现代观念和体制。同样，这类国家在最初的阶段往往依靠殖民国家为其提供政治内聚力，即使独立后其政治结构、领土划定和其他方面仍然残存殖民国家的政治权威。[③]

我国历史学家罗荣渠先生从宏观史学视角把现代化作为全球性大转变过程进行整体研究，首次提出以社会生产力为社会中轴的一元多线历史发展观，依次论述世界现代化发展的总趋势和近代中国社会的巨变，提出现代化不等同于西方化，分为资本主义类型、社会主义类型、混合型，文化因素对现代化进程有巨大影响。

根据创新性变革和传导性变革方式不同，罗荣渠先生认为现代化过程分为内源的现代化（Modernization From Within）和外源的现代化（Modernization From Without），这二者又称为内源性变迁（Endogenous

---

① 〔美〕西里尔·E. 布莱克：《比较现代化》，杨豫、陈祖洲译，上海译文出版社，1996，译者前言第 7 页。

② 〔美〕西里尔·E. 布莱克：《比较现代化》，杨豫、陈祖洲译，第 127 页。

③ 〔美〕西里尔·E. 布莱克：《比较现代化》，杨豫、陈祖洲译，第 171～173 页。

Change）和外诱变迁（Exogenous Change）。同时根据结构功能主义理论观点，约旦先通过民族国家理论构建整合建立一个国家，再用国家政权力量来推动社会分化。

如按意识形态划分，约旦属于混合型现代化，[①] 既不同于资本主义模式，又不同于社会主义模式，是在本国历史、文化特征的基础上对上述两种发展模式的结合。这种混合型模式是处在发展中的不成熟的现代化模式，其特点是几种生产方式结合，基本上是自由经济制度，由政府对其进行计划和调节。

落后得益（The Advantage of Backwardness，又称正面效应或后发优势）观点认为西方殖民主义在一定条件下可加速对前现代的旧制度和自然经济的破坏，用强制方式传播现代化因素，打破传统社会自身无力克服的封闭性与停滞性。[②]

约旦是典型的晚近现代化国家，它的建立本就是英国和阿卜杜拉利益交换的产物。它充分利用了现代化的现有成就，以西方现代政治体制为模板，借用西方民主政治制度的外壳，结合哈希姆家族固有的统治力量，建立了二元制的君主议会制度，但议会只对国王和王室负责，国王拥有绝对的至高无上的权力；立法机构是国王的驯服工具，总理仍然主要是对国王而不是国会负责。[③] 总之，君主制的现代化，其根本目的在于巩固王室家族的统治。

从建立之初，约旦就善于走中间路线，巧妙利用国内外因素迂回制胜。这种混合型发展模式的形成与社会内部的二元结构有联系，协调了伊斯兰传统、贝都因部落力量与西方殖民势力的矛盾，是内外斗争的某种妥协。在协调过程中，约旦传统因素，特别是由部落组成的军队在稳定经济与社会秩序中起到重要作用。

---

① 罗荣渠先生认为各国现代化按其经济形态可分为资本主义类型、社会主义类型以及混合类型。第一种类型自发形成，已趋于成熟；第二种类型是自上而下的定向发展，至今只具雏形；第三种类型则是前两种发展形式的结合，尚处在成形中。参见罗荣渠《现代化新论：世界与中国的现代化进程》（增订本），商务印书馆，2009，第161页。
② 罗荣渠：《现代化新论：世界与中国的现代化进程》（增订本），第219页。
③ 〔美〕塞缪尔·P. 亨廷顿：《变化社会中的政治秩序》，王冠华、刘为等译，第148页。

混合型现代化其运作模式是混合经济+自由市场+集权或分权型现代国家机构。二战后美苏争霸在中东愈演愈烈，约旦处在资本主义和社会主义两大阵营的争夺之中。此时的约旦开始以独立的民族国家为后盾，对已建立的中央集权政府进行完善，完全开放国内市场，借助于英美的援助，发展半食利经济[①]。同时约旦也利用其独特的地缘政治优势，游走于西方国家、阿拉伯国家和以色列之间，充分利用外交红利，不仅在夹缝中求得了生存，还实现了一定程度的现代化。

早期约旦属于低度开发国家，社会发展水平较低，传统结构受到殖民主义破坏呈现畸形化。在殖民主义的影响下，约旦社会受到外部冲击而引起内部思潮的变化和政治变革，进而推动经济改革，形成政治、经济和社会的二元结构。

但外源型现代化并非完全受制于外部条件，其发展战略可分为自主的非联系型发展战略（Dissociative Development），非自主的外向型联系发展战略（Associative Development），或两种战略交替使用。[②]很显然，约旦充分利用外部条件，结合自身特点，走的是非联系型发展战略与外向型联系发展战略相结合的道路，即自主型发展道路。这种自主型、外源式现代化在政治现代化方面体现得更彻底。

2. 现代化的重要组成部分——政治现代化的概念

就政治现代化的概念问题，经典现代化理论的实证派代表人物亨廷顿认为各国现代化都具有不同特点，强调应开展现代化的实证研究。亨廷顿认为政治现代化包括三方面：第一是权威的理性化，即由单一、世俗化、全国性的政治权威取代各种传统、宗教、家族或种族的政治权威。理性化的权威对外坚持民族国家的主权，对内坚持中央集权政府的主权。在这一层面，政治现代化意味着整合国家，把权力

---

① 半食利经济指一个国家的经济收入主要部分不是来自经济生产部门，而来自其他方面，如租金收入、有价证券收入、国外援助和贷款、劳务支付和因特殊地理位置而获得的收入（运河、石油管道）。

② 参见〔美〕森哈斯《欧洲的经验：发展理论的历史评判》（Dieter Senghaas, *The European Experience, A Historical Critique of Development Theory*, 1985），转引自罗荣渠《现代化新论：世界与中国的现代化进程》（增订本），第155页。

集中于公共机构。第二是政治现代化包含政治功能专门化，各专职部门，如立法、军事、行政和科学，都应由专门机关去执行，科层组织更精密、复杂、更有纪律性。职位和权力的分配越来越以个人成就为标准。第三是政治现代化包含广泛的政治参与。

布莱克就政治现代化问题也提出五项标准，分别是社会中政治权力从传统人物转入现代化的领导手中的过程早晚；现代性挑战的来源是内在的还是外部的；此社会近代是否拥有领土和人口的历史延续性；是否经历了基本的人口和土地重组；该社会是否经历殖民统治；社会内部是否发展出能适应现代性功能的制度等。他把这五项标准作为划分政治现代化进程的标准，认为现代化会经历四个阶段，即现代性的挑战阶段、现代化领导的强固阶段、经济和社会转变阶段以及社会的整合阶段，他还根据这五种标准提出"七种政治现代化模式"，[①]对世界上大部分国家进行分类。约旦属于第六范型国家。

罗伯特·E.沃德和拉斯托认为现代政治体和传统政治体的差异为：理性化的权威、差异性的结构，大众参与以及由此产生的一种能够实现各种广泛目标的能力。[②]虽然他们界定的对象是政治体，但鉴于政治现代化的最主要实施媒介便是政治体，因而这种对传统和现代政治体的对比实际是对政治现代化目标的界定。这种界定与亨廷顿对政治现代化的认识异曲同工。

就如何实现政治现代化问题，丹克瓦特·拉斯托认为政治现代化

---

① 〔美〕C.E.布莱克：《现代化的动力》，段小光译，四川人民出版社，1988，第87～120页。

② 罗伯特·E.沃德和拉斯托认为现代政治体与传统政治体的区别体系在八个方面：（1）一个有高度差异和功能专门化政府组织体制；（2）政府结构内部的高度一体化；（3）理性的和世俗化的政治决策程序；（4）政治决策和行政决策数量多、范围广、效率高；（5）人们对本国的历史、领土和民族性有广泛和有效的认同；（6）人民怀有广泛的兴趣积极参与政治体制，虽然他们未必参与决策；（7）政治角色的分配是依据个人的成就而不是归属关系；（8）司法和制定条例主要以世俗的而非某一人的法律制度为基础。更概括地说，现代政治体和传统政治体的差异为：理性化的权威、差异性的结构，大众参与以及由此产生的一种能够实现各种广泛目标的能力。〔美〕西里尔·E.布莱克：《比较现代化》，杨豫、陈祖洲译，第44页。

有三个必要条件：认同、权威和平等，"认同对民族来说是必要的，权威对国家来说是必要的，平等对现代来说是必要的"。① 亨廷顿也认为实现政治现代化必须满足两个前提：一是国家适应能力增强，不断地推动社会的经济改革；二是国家有能力将新生的社会力量纳入制度之内。

而就政治现代化的具体实施问题，美国社会科学研究院比较历史委员会认为政治现代化过程中要应对五种危机：认同、合法化、渗透、参与和分配。② 这种观点实际上是亨廷顿与布莱克观点的综合，既界定了政治现代化的范畴，又阐明了政治现代化的任务与挑战。

综合上述学者观点，无论是国外学者还是国内学者，都认为政治现代化包含的基本元素是民族国家、权威，承认外部挑战、殖民主义和内部因素共同作用于政治现代化，政治现代化的实现需要强有力的国家和中央集权制度保障和推动，也需要民众的政治参与。一战时期外约旦现代化萌芽出现后，来自外部的影响以及内部的发展因素互相作用，教育、社会结构及军事方面的现代化萌芽为政治现代化的发展创造了条件，外约旦政权的建立既是政治现代化全面开启的标志，也是政治现代化顺利实施的保障。

在殖民主义与半殖民主义国家中，一个国家发展现代化的首要任务是开启政治现代化，构建一个独立的民族国家，继而完善行政、立法、司法和执法机构与程序，推动其他方面的现代化进程。政治现代化既是现代化的结果，也是现代化的原因，在不断变革的政府制度中得到体现。③

3. 约旦现代化的发展阶段

约旦现代化进程独具特色，恰当处理了传统伊斯兰教与现代化的

① 〔美〕丹克瓦特·拉斯托：《世界大同》，第36页，转引自〔美〕西里尔·E. 布莱克《比较现代化》，杨豫、陈祖洲译，第77页。

② 〔美〕西里尔·E. 布莱克：《比较现代化》，杨豫、陈祖洲译，第45页。

③ 〔美〕戴维·E. 阿普特：《现代化的政治》，陈尧译，上海人民出版社，2011，第40页。

关系，具有模仿性、被动性、制约性、复杂性的特点。约旦现代化进程包括政治、经济、社会、文化、教育、医疗等方面的现代化，与中东其他阿拉伯国家相比，约旦国土面积虽小，但政治形态、社会发展水平、教育水平均较高，国家相对稳定，现代化进程相对较成功，其进程分为三个阶段。

第一阶段自1921年外约旦酋长国建立到1946年外约旦独立，此阶段为约旦现代化早期萌芽阶段，主要体现为民族国家初步构建和争取独立，政治、社会现代化初步展开。

第二阶段自1946年至1999年是约旦整合国家、巩固王权和大力发展现代化的时期，政治上实行改革，经济现代化方面进行了数次五年计划，依靠外援、侨汇、旅游收入完成国家经济建设，带动其他方面的发展。

第三阶段自1999年至今，约旦面临着巨大的社会、经济危机，国王阿卜杜拉二世通过政治、经济改革等措施，促进政治现代化。2010年，"阿拉伯之春"后国家转型问题成为约旦发展的重中之重。

第一章

约旦现代化的开启

19 世纪末 20 世纪初，素有"中东桥梁"之称的约旦尚处于传统的半游牧社会，经济形式单一，经济基础薄弱，主要依靠农牧业。约旦社会主要以部落为基本组织形式，部落谢赫是实际统治者。该地区没有专门的政治制度，统治依靠部落习惯法，每个村镇的法律都各不相同，法律、军事制度、军事法、部落习惯法、专制和伊斯兰教舒拉同时存在。① 20 世纪初，该地区开始出现现代化萌芽。

第一节　约旦人文地理及其地缘政治影响

约旦哈希姆王国国名源于境内的约旦河，位于亚洲西部、阿拉伯半岛西北部，是沙姆地区部落生活的地方。1921 年，英国以约旦河为界，将巴勒斯坦一分为二，约旦河以东为外约旦，约旦河西岸为巴勒斯坦。1921 年以前，外约旦地区与叙利亚、巴勒斯坦、黎巴嫩共同构成一个地理区域，归叙利亚管辖，不属于独立的政治实体。1921 年以前，该地区称为"约旦地区"，1921~1946 年外约旦酋长国称为"外约旦"，1946 年至今称为"约旦"。

---

① 〔埃及〕哈伊勒丁·扎尔卡里：《在约旦的两年》（阿文版），爱赫利亚出版社，1925，第 41 页。

一　地理位置与自然条件

约旦全国分为 12 个省，分别是安曼省、拜勒加省、扎尔卡省、马达巴省、伊尔比德省、马弗拉克省、贾拉什省、阿吉隆省、卡拉克省、塔菲拉省、马安省、亚喀巴省，首都为安曼。约旦最重要的地理特征便是其地理位置的独特性，它北临叙利亚，东临伊拉克，东南临沙特阿拉伯，西临以色列和巴勒斯坦。该地区成为叙利亚与汉志、叙利亚与巴勒斯坦、伊拉克与巴勒斯坦的枢纽。

自公元 1516 年起约旦被奥斯曼帝国征服，归大马士革行省管辖，[①] 直至第一次世界大战结束。一战后，约旦由英国代国际联盟管理。1921 年，英国以约旦河为界，把巴勒斯坦分为东西两部分，英国在东部设立了一个半自主的酋长国，立汉志国王侯赛因次子阿卜杜拉一世为该酋长国的埃米尔。

约旦是个较小的国家，国土面积仅为 8.9 万平方公里，大部分地区是高原，海拔较高。约旦西部有约旦河谷，东部和东南部是沙漠，亚巴琳山脉贯穿其境内，西南临亚喀巴湾，约旦在该地区开设了自由贸易区。

约旦西部举世闻名的死海，是其与以色列边境的一部分。约旦多谷地，从北到南依次是约旦河谷、死海和阿拉伯山谷。约旦河谷位于约旦西部，长约 100 千米，宽约 5 千米至 10 千米，约旦河流经其中，北接太巴列湖，南流入死海。[②]

约旦西部地区属亚热带地中海型气候，夏季炎热干燥少雨，冬季温暖潮湿，1 月份平均气温为 0℃ ~ 16℃；8 月份平均气温为 14℃ ~ 37℃。东部地区大多属热带沙漠性气候，气候常年炎热干燥，昼夜温差大，年降水低于 50 毫米。[③]

---

① 参见〔巴勒斯坦〕哈伊里亚·卡西姆《大马士革的阿拉伯政府（1918~1920）》（阿文版），知识出版社，1971。

② 参见约旦国家统计局，http://www.dos.gov.jo/sdb_pop/sdb_pop_e/index.htm。

③ 参见〔约旦〕马哈穆德·扎伊卜·阿卡仑《约旦地理》（阿文版）。

该国可耕地面积较少，80%的国土为沙漠，[①] 水资源缺乏，土地贫瘠，不适合大规模农耕。约旦石油资源匮乏，主要矿产仅有磷酸盐、钾盐、铜、锰、铀、油页岩和少量天然气。整体而言，约旦经济基础薄弱，人们依靠原始的放牧业和简单的农耕活动生存。

二　人文历史概况

依据考古发现，约旦拥有许多史前时代人类生活遗迹，是人类文明的发祥地之一。该地区历史悠久，是远古时期中东地区的核心国家。约旦河东岸与西岸早在距今一万年前就已有人类活动，从那时起直到现在，一直有人类定居。[②]

早在公元前 1200 年至公元前 330 年生活在此地的人们就已使用铁器。约旦地处中东的十字路口，闪族人、腓力斯丁人、波斯人、希腊人、罗马人先后占领此地，腓力斯丁人占领包括约旦在内的地区之后将其命名为腓力斯丁安，意即腓力斯丁人的土地，之后希腊历史学家希罗多德用希腊语将其读为巴勒斯坦。

经历了罗马人几个世纪的统治之后伊斯兰教兴起，约旦于公元633~640 年成为阿拉伯帝国的一部分。[③] 此后该地历经倭马亚王朝、阿拔斯王朝、伊赫什德王朝、法蒂玛王朝、塞尔柱突厥王朝、十字军、阿尤布与马木留克王朝的统治之后，1516 年被奥斯曼帝国征服，归属大马士革行省管辖。

1916 年，阿拉伯大起义后，受 19 世纪的阿拉伯民族主义影响，具有泛阿拉伯民族主义思想的麦加谢里夫和先知直系后裔、麦加古莱氏部落哈希姆家族首领侯赛因·本·阿里试图摆脱腐朽专制的奥斯曼帝国统治，建立独立的大阿拉伯王国。当时，侯赛因将阿拉伯民族独立的理想建立在借助英法帝国主义势力支持的基础上，这为以后该地

---

① 参见〔约旦〕马哈穆德·扎伊卜·阿卡仑《约旦地理》（阿文版）。

② Paul A. Jureidini, R. D. McLaurin, *Jordan: The impact of social change on the role of the tribes*, p. 9.

③ 参见约旦国家统计局，http://www.dos.gov.jo/sdb_ pop/sdb_ pop_ e/index. htm。

区成为英国委任统治国埋下伏笔。一战初期，身陷战争困境的英国为牵制奥斯曼帝国，对侯赛因许诺支持阿拉伯独立，并在战后帮助他建立大阿拉伯国，以此为诱饵积极鼓动侯赛因反对奥斯曼帝国。

1916 年 6 月，侯赛因领导发动了阿拉伯大起义，起义获得胜利，10 月侯赛因宣布成立阿拉伯王国并自任国王。1916 年，《赛克斯－皮科协定》签订后英法开始在奥斯曼帝国版图内瓜分势力范围。一战后，英法在伦敦签订了关于阿拉伯东方占领制度的协定，协定对被占阿拉伯领土的民政管理进行了分割，包括大马士革在内的东叙利亚和约旦归费萨尔管辖（汉志作为阿拉伯人自己解放的领土仍被置于侯赛因的权力之下）。[1]

一战结束后，英国背信弃义，拒不承认阿拉伯民族独立。国际联盟反而将叙利亚和黎巴嫩交由法国委任统治，将伊拉克和巴勒斯坦划归英国委任统治。1920 年英国根据《圣雷莫协定》开始在巴勒斯坦和约旦建立委任统治政权，英军进入约旦。1921 年 3 月，侯赛因次子阿卜杜拉率军占领安曼及附近地区。在此形势下，英国与阿卜杜拉达成协议，以约旦河为界，把巴勒斯坦一分为二，贫瘠、定居文明甚少的沙漠地区，即约旦河以东为外约旦，阿卜杜拉出任该酋长国的埃米尔；相对富庶、城市化程度较高的约旦河西岸为巴勒斯坦。

1921 年 3 月，阿卜杜拉和丘吉尔在耶路撒冷达成协议，阿卜杜拉承认巴勒斯坦英国高级专员的权力，接受英国的援助。此协议为英国委任统治下的外约旦酋长国的诞生奠定了基础。[2] 此时建立的外约旦酋长国是英国与阿卜杜拉利益交换的产物，英国可谓是外约旦成立的策划者和实施者。

1921 年，外约旦酋长国成立，制定了基本法律。尽管约旦当时的领土划分仍不清晰，与叙利亚、沙特汉志仍有领土纠纷，一个北边独立于叙利亚、东北边独立于伊拉克、西边独立于巴勒斯坦、东南边

---

① 王铁铮：《中东国家通史·约旦卷》，第 90 页。
② 王铁铮：《中东国家通史·约旦卷》，第 99 页。

独立于阿拉伯半岛的国家出现了，这便是外约旦。[①]

1923 年，阿卜杜拉国王宣布外约旦酋长国"独立"，成为英国委任统治下半独立的酋长国。二战期间，阿卜杜拉坚定地支持英国，成为英国在中东地区的忠实盟友。第二次世界大战后，阿卜杜拉亲率代表团赴伦敦与英国商讨独立事宜。1946 年 3 月 22 日，英国根据双方签署的《英约同盟条约》被迫承认外约旦独立，5 月外约旦宣布完全独立，成立君主立宪制的国家，拥立阿卜杜拉为国王，改国名为外约旦哈希姆王国。

约旦是单一族群（Single Ethnic Group）国家。自 1948 年以来巴勒斯坦人已占多数，但约旦国家构建仍以本土约旦人为主，国家仍具有约旦属性。[②] 约旦民众以伊斯兰教逊尼派为主，部分人是基督教和什叶派信徒。约旦巴勒斯坦人虽获得国籍，在议会拥有席位，但未获得自治，因而不属于法律上的族体，[③] 是"跨界族群"（Cross-Border Ethnic Group）。

此外，约旦还有部分切尔克斯人、车臣人、非约旦籍的阿拉伯人、叙利亚人、内志游牧部落等，以及其他少数民族，如德鲁兹人、库尔德人等，所有这些族群（Ethnic Group）都对约旦的发展做出了贡献。

约旦社会组织的主要形式是部落，无论是在罗马帝国还是在奥斯曼帝国时期，贝都因人都过着居无定所的游牧生活。20 世纪初，尽管约旦河西岸的一些人开始城市生活，大部分东部约旦人仍然过着游牧、半游牧的生活，定居者甚少。[④]

① Paul A. Jureidini, R. D. McLaurin, *Jordan: The impact of social change on the role of the tribes*, p. 12.

② Paul A. Jureidini, R. D. McLaurin, *Jordan: The impact of social change on the role of the tribes*, Foreword, p. 6.

③ 黄民兴：《从民族国家构建的视角析当代中东国家的社会整合》，《西亚非洲》2013 年第 4 期。

④ See Philip K. Hitti, *History of the Arabs: From the Earliest Times to the Present*, 6th ed., New York: St. Martin's, 1956.

三 地缘政治影响

地理位置是研究一个国家十分重要的因素之一,[①] 对国家政治、战略价值而言具有相对稳定性。地理位置直接关系到国家安全,国土是国家的基础,保卫国土安全是国际关系的中心任务。列宁也曾提到"地理环境的特性决定生产力的发展,而生产力的发展又决定经济关系以及随在经济关系后面的所有其他社会关系的发展"。[②] 根据瑞典地理学家克节伦的观点,"地缘政治"观点指国家所处的地理环境与国际政治的关系。约旦基本上是个内陆国家,仅亚喀巴湾有一段出海口,邻海面积为45001平方公里。[③] 从地缘政治的角度看,约旦陆路、海路地理位置的重要性主要体现在商业和军事方面。

第一,在商业方面。约旦商业贸易历史悠久,早在公元前1200年至公元前330年约旦地区就已使用铁器,该地区当时分为四个王国,分别是马安南部的以东王国,首都为巴士尔;摩押王国,首都分别为扎伊班和拉巴;北部的亚摩利王国,首都为哈萨班;阿蒙王国,首都为安曼。[④] 上述王国繁荣了一千年左右,约旦地区成为当时著名的交通要道和贸易往来中心。

此外,以下两点也是约旦成为交通要道的关键:从纵向上看,亚喀巴湾从海上连接阿拉伯半岛、东非、印度、地中海,陆上连接从哈达拉毛、也门、汉志和马丹·萨利赫,从北部而来的驼队也经过这里到达沙姆地区,再通往西部的加沙地带和巴勒斯坦港口。从横向上

① 〔埃及〕阿卜杜拉·艾敏·马哈穆德:《地缘政治根源》(阿文版),埃及复兴出版社,1984,第43页。

② 〔苏〕列宁:《哲学笔记》,人民出版社,1993,第446页。

③ 〔约旦〕巴海尔·萨拉丁:《约旦地理》(阿文版),侯赛因清真寺出版社,1991,第20页。

④ B. G. Jones, "International Relationships in Jordan", See A. Hadidi, ed., *Studies in the History and Archaeology of Jordan*, Part 11, Dept. of Antiquities, Amman, 1986, pp.304-305.

看，该地区连接阿拉伯半岛、海湾地区、沙姆地区、地中海沿岸港口。①

近现代以来，约旦成为过境贸易的中转站，成为西亚、东地中海和北非地区的贸易通道，尤其是现代约旦建立后，亚喀巴湾的商业地位逐渐凸显出来。约旦积极建设该地区，使其发展为中转过境港口，对其邻国的石油和非洲的原材料输出有重要作用。亚喀巴湾在与伊拉克、沙特北部过境贸易中的影响力也日益增加，1986 年，苏伊士运河停运时，该海港成为连接伊拉克、叙利亚、黎巴嫩与埃及、北非的交通枢纽。② 此后，该地区成为自由贸易区，吸引外国投资，促进、带动本国经济发展，约旦领导人还实施了完善的海洋地缘政治战略。

约旦是一个小国，但在阿拉伯地区的地位很高，③ 周边邻国纷纷与其保持友好关系，签署协议。1946 年 8 月 8 日，Tapline 石油管道公司与约旦签署了协议，同意经约旦境内铺设从沙特到黎巴嫩的管道。随后伊拉克石油管道公司经约旦、巴勒斯坦境内铺设从基尔库克到海法的管道。④ 1985 年，埃及和约旦政府共同执行了一个项目，将亚喀巴港口与埃及努韦巴地区连接起来，构建一条新的连接西亚和非洲的通道。1999 年，埃及还与约旦共同搭建电网，随后陆续连通叙利亚、黎巴嫩、伊拉克和土耳其，进而与欧洲电网连通。⑤ 约旦重要的地理位置使其扩大了战略辐射范围，获得巨大的经济利益。

在与中国合作方面，作为丝绸之路上重要的支点国家，约旦自西汉时期便与中国有往来，但随后因商路改变等因素，奈伯特商业中心地位不再，两地交往经历长久空白。新中国成立后，两国民间交往开始。1977 年，两国正式建交，此后两国在政治、经济、军事、文化、

① 〔约旦〕发哈里·艾哈迈德：《奈伯特历史研究的现代趋势》（阿文版），约旦大学文学院，1969，第 28~29 页。
② 〔约旦〕巴海尔·萨拉丁：《约旦地理》（阿文版），第 20 页。
③ Paul A. Jureidini, R. D. McLaurin, *Jordan: The impact of social change on the role of the tribes*, Foreword, p. 7.
④ 〔约旦〕苏莱曼·穆萨：《约旦现代史》（阿文版），观点出版社，1992，第 31 页。
⑤ 〔约旦〕巴海尔·萨拉丁：《约旦地理》（阿文版），第 135 页。

社会等各方面的关系稳步发展，友好往来不断增加。近五十年来，两国在各个领域的合作取得丰硕成果，两国间良好、稳定的关系为实现共赢奠定基础，中约两国人民民心相通、热爱和平，在平等的基础上发展两国关系。

2004年1月，时任中国国家主席胡锦涛提出成立"中阿合作论坛"，中阿之间开启全面合作，中国与约旦合作层面扩大。2014年6月，习近平主席在中阿合作论坛第六届部长级会议上提出要弘扬丝路精神，深化中阿合作，提出一系列增加政治互信、推进战略合作，拓宽经贸合作领域、深化务实合作，提出未来10年，中阿将共建"一带一路"，构建"1+2+3"合作格局，系统确立了中阿在能源、基础建设、高新领域以及文化领域的合作。[①] 素有中东桥头堡之称、位于"一带一路"交汇处的约旦是共建"一带一路"的重要支点国家，在我国整体战略规划中扮演着重要角色，中约关系在此战略框架下取得了新发展。

第二，在军事方面。约旦作为中东地区的枢纽，位于冲突不断的地区，正如美国人保罗·A. 朱迪尼（Paul A. Jureidini）所说："约旦在中东的意义源于其重要的地理位置，它在面对极端言论和行为时的适度性行为，它在一个反对西方的区域内传统的亲西方的态度以及它在解决阿以冲突中的实质性和潜在的作用。"因此，约旦在中东的重要性主要源于其地理位置和政治环境。[②]

20世纪初，英国、法国和犹太复国主义者均觊觎这块土地，其地缘政治的重要性在第一次世界大战后凸显出来。每个国家应当根据自己的自然禀赋来选择海权与陆权的发展，[③] 约旦允分利用陆路、海路资源，将亚喀巴建设成为具有军事、政治战略意义的港口城市。一

---

① 《中国与约旦关系》，人民网，http：//politics. people. com. cn/GB/8198/243322/243325/17856764. html，2012年5月10日。

② Paul A. Jureidini, R. D. McLaurin, *Jordan: The impact of social change on the role of the tribes*, Foreword pp. 1, 7.

③ 叶自成：《从大历史观看地缘政治》，《现代国际关系》2007年第6期。

战中，英国军队可在约旦内陆地区集合开往巴勒斯坦和叙利亚；[①] 二战中，英国在亚喀巴湾建立了空中中转站用以卸货，此港口在后来约旦采矿业及磷酸盐工业发展起来后日益重要，代替了叙利亚和黎巴嫩的其他港口。[②]

二战后，由于约旦与以色列接壤，美国大力对约旦提供援助，以防其加入苏联阵营，因此约旦无形中卷入美苏争霸，扮演沟通各方力量和传播东西方文明的角色。同时，约旦作为阿拉伯国家的重要一员，是对抗以色列的第一道防线，其安全关乎整个阿拉伯地区的安全。

约旦地理位置重要的另一个原因是它充当了黎凡特与东地中海、海湾地区的缓冲带。[③] 对于约旦周边国家来说，亚喀巴湾是海湾地区的天然屏障，其重要性正如约旦是历次阿以战争中的屏障，"在历次阿以冲突中都发挥了不可或缺的作用"。[④] 犹太人曾试图通过亚喀巴湾进入红海，均受到约旦阻止，于是被迫从离亚喀巴湾仅 5 英里的埃及沿海村庄进入红海，由此可见，亚喀巴湾在复杂的国际与区域关系中具有重要的地缘政治作用。

约旦与巴勒斯坦有 560 千米的共同边境线，与叙利亚有 455 千米的共同边境线，与伊拉克有 133 千米的共同边境线，与沙特有 726 千米的共同边境线。[⑤] 约旦在与以色列接壤的阿拉伯国家中，拥有与以色列最长的边境线，约旦具有独一无二的地缘政治意义，在解决阿以问题中，起到牵制、协调与推动作用。作为冲突频发的中东地区少有的稳定国家，约旦君主制的政治稳定性的终结无论是在 20 世纪六七十年代还是今日都将对区域安全构成长期不良影响，正因约旦的稳定

---

① 〔黎巴嫩〕乔治·安东尼、纳赛尔·阿萨德：《阿拉伯人的觉醒》（阿文版），伊哈桑·阿巴斯译，贝鲁特出版社，1962，第 324 页。

② 〔伊拉克〕盖斯·阿卜杜·哈姆德、阿卜杜·哈发夫：《红海及其战略、经济重要性》（阿文版），巴士拉大学，1986，第 67~68 页。

③ Paul A. Jureidini, R. D. McLaurin, *Jordan: The impact of social change on the role of the tribes*, p. 2.

④ 〔卡塔尔〕扎尔达特·瓦利德：《古今红海的战略重要性》（阿文版），文化出版社，1986 年版，第 26 页。

⑤ 〔约旦〕巴海尔·萨拉丁：《约旦地理》（阿文版），第 20 页。

被国际社会所接受和承认，相应的，它的影响力也增加了。①

当今社会是合作、共赢的社会，约旦充分利用其地理人文资源，发挥地缘政治的辐射作用，实行"小国大外交"的务实政治策略，不仅在复杂多变的中东局势中保全自己，还积极参与地区事务，发挥调停、斡旋作用，推动了中东和平进程，取得了国家政治经济方面的发展。约旦虽石油资源匮乏，国力不强，但依靠安全稳定的局势吸引了许多国际投资。

在阿拉伯区域内，约旦积极参与地区和国际组织，除加入阿拉伯国家联盟（LAS）外，也加入了大阿拉伯自由贸易区（GAFTA），"阿拉伯之春"后又加入海湾阿拉伯国家合作委员会（简称海合会），构筑共同防御体系打击恐怖主义。约旦高素质的人才为海湾国家的发展提供了优质劳动力，也为约旦带来大量侨汇，反哺本国经济。在整个中东范围内，约旦接近以沙特为首的伊斯兰教逊尼派国家，该国加入海合会，有助于海湾国家构建共同意识形态，对抗以伊朗为首的"什叶派新月地带"。

在世界范围内，约旦早已加入了国际货币基金组织（IMF），由该组织为其经济发展把脉，并采纳该组织的建议，在20世纪七八十年代搭上石油经济的顺风车。1999年约旦也加入了世界贸易组织（WTO），改善了进出口政策、海关关税、贸易法律等方面，②推动约旦加入世界一体化进程。

2010年，约旦加入国际铁路运输政府间组织（OTIF），成为该组织第46个会员国。OTIF旨在通过制定统一的铁路交通管理规范，使欧洲、中东和北非地区的货物和人员实现顺畅流动。截至2010年，约旦改造和新建950千米的国家铁路网，北与叙利亚、土耳其以及欧洲相连，东南与沙特、伊拉克和其他海湾国家相连，由此成为中东地

---

① Paul A. Jureidini, R. D. McLaurin, *Jordan: The impact of social change on the role of the tribes*, p. 2.

② 《约旦对外贸易及进出口政策简介》，内蒙古自治区商务厅网站，http://www.nmgswt.gov.cn/publicServiceNews-88bb87de-76ac-4fca-a78e-9dc5fc4d34ee.shtml。

区的铁路交通枢纽。①

2013年，在达沃斯论坛召开期间，阿卜杜拉国王出席并发表演讲，分析了难民接收、国家转型、地区核心作用、政治经济改革、参与国际事务等方面阐述了其观点，表明阿卜杜拉国王深刻意识到全球化对约旦的影响，约旦也愿意加入全球化，走国际化道路。②

2015年2月7日，约旦积极响应中国倡议，正式成为亚洲基础设施投资银行（AIIB）意向创始成员国。它在各个领域也积极与我国提出的"一带一路"倡议对接，致力于发展本国经济政治，提高其国际地位和影响力，发挥地区辐射功能，利用其地缘政治优势共同推动世界发展。

然而，约旦在获得地缘政治红利的同时，也面临许多风险与挑战。中东局势仍然风云变幻，叙利亚内战持续胶着，"伊斯兰国"不断制造恐怖袭击，约旦夹在这两国之间既要自保，防止恐怖势力渗透至其境内，又要接收大量难民，发展国家经济，保持局势稳定，可谓任重道远。未来，约旦应积极构建范围更广、更深的国际战略，继续发挥中东桥头堡的作用。

第二节　奥斯曼帝国统治时期
约旦现代化萌芽

19世纪末20世纪初，外约旦地区是一个典型的部落社会。大约17世纪中期，巴尼·萨克哈（Beni Sakhr）部落来到外约旦。③ 该部落最初生活在汉志（Hijaz）地区的南部，后北迁至外约旦地区的马安，最后到了巴拉卡地区，与当地的阿德旺（Adwan）部落展开争

---

① 《约旦加入世界铁路运输组织》，中华人民共和国商务部网站，http://www.mofcom.gov.cn/aarticle/i/jyjl/k/201008/20100807064344.html。

② 《约旦国王参加达沃斯论坛发言实录》，和讯网，http://copy.hexun.com/150602189.html。

③ Benjamin Shwadran, *Jordan: A State of Tension*, New York: Council for Middle Eastern Affairs Press, 1959, p. 84.

斗,最后巴尼·萨克哈（Beni Sakhr）部落实际控制了阿杰隆地区。外约旦的卡拉克地区则处于马贾利（Majali）部落控制之下。

一 前现代化时期外约旦的社会状况

外约旦社会组织的主要形式是部落,无论是罗马帝国还是奥斯曼帝国统治时期,游牧民族的贝都因人几乎没有被宣布主权。[①] 19世纪初期,外约旦实际仍然被当地的贝都因人控制着,处于前现代化时期。易卜拉辛帕夏离开后,外约旦地区处于极度混乱之中,当时的外约旦地区人口稀少,没有真正意义上的城市,除沙漠通道外没有其他的贸易中心,不具备成为一个国家的条件。外约旦"前现代社会结构是封闭的、板结的和停滞的,其农业生产力水平大多处于原始的发展阶段"。[②]

外约旦地区制度混乱,部落冲突时有发生,人们以游牧半游牧生活为主,自然资源匮乏,土地贫瘠,劳动力不充足,交通极度落后,不具备资本流通的条件。在社会与基础设施方面,只有清真寺、浴室、简单的医院和孤儿院。奥斯曼帝国统治后期还对外约旦地区施以重税以填补财政亏空,税种包括财产税[③]（الويركو والمسقفات）、什一税[④]（عشر）、实物税[⑤]

---

① Paul A. Jureidini, R. D. McLaurin, *Jordan: The impact of social change on the role of the tribes*, p. 9; Philip K. Hitti, *History of the Arabs: From the Earliest Times to the Present*, 6th ed, 1956.

② 罗荣渠:《现代化新论:世界与中国的现代化进程》（增订本）,第 187 页。

③ 根据奥斯曼帝国 1886 年颁布的法律,土地财产要上缴其价值的 4‰,自住房屋财产须上缴其价值的 5‰,出租、商业用房屋财产须缴纳其价值的 10‰;1908 年宪法又规定还须缴纳 6% 的军事机构税,1912 年后土地税又增加了 5%。参见〔约旦〕哈尼布·马盾、苏莱曼·穆萨《20 世纪约旦史》（阿文版）,穆哈塔斯布图书公司,1959,第 12 页。

④ 此税种须缴纳粮食或其他收货物品的 10%,之后此税增加到 12.5%。政府将该税的 12% 分给农业银行,该银行承诺给农民提供 4% 的贷款用于修筑公路和基础设施,5% 用于普通税务。参见〔约旦〕哈尼布·马盾、苏莱曼·穆萨《20 世纪约旦史》（阿文版）,第 12 页。

⑤ 古代的一种税种,以牛、羊、骆驼数量为缴税基准,每头羊缴纳 4 吉尔什,1908 年涨到 25 巴拉,1912 年为 10 巴拉,运输的骆驼增加税费以后涨到 13 吉尔什和 20 巴拉。参见〔约旦〕哈尼布·马盾、苏莱曼·穆萨《20 世纪约旦史》（阿文版）,第 12 页。

(الإغنام)、塔玛图阿税① (التمتع)、壮丁税② (العمال المكلفون)、普通税费③ (المعارف) 和军税 (العسكرية)。在苛捐杂税繁重、内忧外患形势紧逼的状况下，导致民不聊生。

奥斯曼帝国后期政治腐败，统治黑暗，国力衰弱，在对外战争中连连失利。1699 年 1 月，奥斯曼帝国被迫与数国签订《卡尔洛维茨条约》，失去大片领土。该条约的签订是中东历史的转折点，奥斯曼帝国开始由盛转衰，此后欧洲列强开始瓜分、侵占奥斯曼帝国，干涉其国内事务。在此形势下，奥斯曼帝国内部的有识之士开始寻求改革之路以维持统治，奥斯曼帝国苏丹穆斯塔法二世于 1701~1703 年开始现代化改革。他改革的主要方式是对欧洲打开其大门，引进适合本国的欧洲制度；同时，奥斯曼库普鲁鲁家族的帕夏侯赛因将行政人员减半，降低对农民的税收，创建奥斯曼海军。④ 此次改革遭到伊斯兰教谢赫的强烈反对，但这标志着奥斯曼帝国统治下的中东开始觉醒，出现现代化萌芽。

此后，1703~1730 年奥斯曼帝国苏丹艾哈迈德三世也开始自上而下改革；1730~1754 年马哈穆德一世开始军事化改革，开办学校。随后，奥斯曼帝国的改革风起云涌，陆续出现了阿卜杜拉·哈米德一世改革（1774~1789 年）、谢里姆三世改革（1789~1807 年）、马哈穆德二世改革（1808~1839 年）、阿卜杜勒·麦吉德改革（1839~1861年）和阿卜杜·阿齐兹的"坦齐马特"改革（1861~1876 年）⑤，至

① 类似于当今的个人所得税，从经商、手工艺收入、工业利润中征收，其金额介于年收入的 2%~10%。参见〔约旦〕哈尼布·马盾、苏莱曼·穆萨《20 世纪约旦史》（阿文版），第 12、13 页。

② 奥斯曼土耳其帝国的人头税，所有 20 岁至 60 岁的人每年均须缴纳 16 吉尔什，并出工三天修路，参见〔约旦〕哈尼布·马盾、苏莱曼·穆萨《20 世纪约旦史》（阿文版），第 13 页。

③ 缴纳财产金额的 5%，参见〔约旦〕哈尼布·马盾、苏莱曼·穆萨《20 世纪约旦史》（阿文版），第 13 页。

④ 〔约旦〕阿里·穆哈发扎：《阿拉伯国家改革与创新运动及其面临的挑战》（阿文版），阿拉伯出版发行集团，2011，第 10 页。

⑤ 〔约旦〕阿里·穆哈发扎：《阿拉伯国家改革与创新运动及其面临的挑战》（阿文版），第 14~20 页。

此，奥斯曼帝国开始了变革图强的现代化改革之路，约旦作为奥斯曼帝国版图的一部分，也卷入现代化浪潮之中。

二 现代化萌芽的出现

伯纳德·路易斯说："中东地区的改变却大多是源自外部世界，来自与中东本地传统大大相异的各个社会和各种文明。"[1] 约旦现代化萌芽是在外部因素的催化下出现的，但该地区必须存在一定程度上的现代化的前提，并对外部影响有一定的接受能力才可在内外因共同作用下出现现代化萌芽。奥斯曼帝国自18世纪开始的现代化改革加强了帝国的军事力量，引入西方现代化的军事管理思想，某种程度上为中东地区注入活力。著名的"坦齐马特"改革从行政管理体制、法律、财政、税制和文化教育等多个领域进行了温和的改良，促进了资本主义因素的发展和新生社会阶层的产生，开辟了封建落后的奥斯曼帝国向现代国家转变的道路。[2] 在此背景下，外约旦地区出现现代化萌芽。

第一，数次行政区划为外约旦的国土奠定基础，将行政组织概念和体系引入外约旦。作为奥斯曼帝国版图的一部分，外约旦受大马士革省管辖，经历"坦齐马特"改革后的奥斯曼帝国开始用当时比较科学的行政划分法重新划分。奥斯曼帝国后期，外约旦地区主要划分为四个区域。1751年，奥斯曼帝国设立的阿杰隆区自北至南贯通雅尔穆克河（نهر اليرموك）和扎尔卡河（نهر الزرقاء）。1857年，克里米亚战争之后，奥斯曼帝国临时加强了对该地区的统治，在阿杰隆地区建立了一种新的制度"卡伊卡米亚"[3]（القائمية Qaimmaqam）的行政单位，设置了"卡伊卡姆"[4]（قائقام）职位。奥斯曼帝国随后又在巴拉卡的萨拉特设立"卡伊卡米亚"，1875年成为当地正式政府。拜尔喀区北

---

① 〔英〕伯纳德·路易斯：《中东：激荡在辉煌的历史中》，郑之书译，第3页。
② 王铁铮主编《世界现代化历程》（中东卷），第13页。
③ 类似于州。
④ 类似于州长。

起扎尔卡河，南至穆扎卜谷地。1894 年设立的卡拉克地区，东起撒勒哈谷地，西至约旦河、死海和阿拉伯洼地，北到扎尔卡河，南至马丹·萨利赫地区。[①] 当时外约旦最大的城市是萨拉特。

第二，汉志铁路的修建为外约旦带来先进的科学技术，提升了其地位。从大马士革起经由约旦通往麦地那的汉志铁路主要用于穆斯林朝觐，但该铁路对外约旦而言意义非凡，它成为奥斯曼帝国 400 年来在外约旦最重要的基础设施，[②] 带动其境内其他方面的发展。该铁路实际由德国人提供工程设计和指导，因而部分德国先进技术、设备进入外约旦地区，意味着现代化工业设施开始进入该地区，交通运输领域的现代化为贸易往来、新技术的流入提供了便利。

第三，现代化的学校和教育模式开始出现。现代化的前提之一便是对教育和知识的重视，[③] 不管是以学徒制形式还是以更正式的学校体制出现的教育，在刺激人们对现代性角色的兴趣方面是重要的，这些角色本身就附带权利和声望，是促进现代性的因素。[④] 奥斯曼帝国后期，外约旦地区出现公立学校，分为两类：第一类为正式小学，学制三年，用阿拉伯语讲授宗教事务、书法和数学；第二类为成人学校，学制三年，类似于现代完全小学，分别讲授工程、历史和自然等，授课语言为土耳其语、阿拉伯语。此外，该地区固有的私塾和宗教学院依然存在，但其数量已缩减，由教长讲授宗教课程。[⑤] 从学校学制、课程来看，西方的现代教育模式开始出现在外约旦，教育领域的现代化初具雏形。

第四，社会层面的现代化意识开始传播。首先，西方现代教育制度普及后，学校要求男生入校禁止穿阿拉伯传统服饰，改穿西式长裤和衬

---

① 〔约旦〕哈尼布·马盾、苏莱曼·穆萨：《20 世纪约旦史》（阿文版），第 8~9 页。

② 王铁铮：《中东国家通史·约旦卷》，第 41 页。

③ 〔美〕西里尔·E.布莱克：《比较现代化》，杨豫、陈祖洲译，第 156 页。

④ Lea A. Williams, *Overseas Chinese Nationalism: The Genesis of the Pan-Chinese Movement in Indonesia, 1900-1916* (Glencoe: Free Press of Glencoe, Ⅲ., 1960), pp.138-39. 转引自〔美〕戴维·E.阿普特《现代化的政治》，陈尧译，第 34 页。

⑤ 〔约旦〕哈尼布·马盾、苏莱曼·穆萨：《20 世纪约旦史》（阿文版），第 12 页。

衫；女生也有不同程度的改装易俗，但在衣着的西化和现代化一事上，占人口半数的妇女显然表现了强大的抗拒性。^①　其次，从人的意识层面上输入现代化的概念。学校同样要求学生按时上下课，具有严格的时间观念，使阿拉伯人从小形成守时的观念，这是社会现代化的根源。^②

第五，社会政府部门和其他工种场合也开始要求男士着西式服装，禁止蓄胡须，部分人士在与外国人的交往中主动使用英语、法语、德语等西方语言。电话、电报、报纸、印刷厂等新生事物纷纷出现，正如勒纳（Lerner）所言，"大众传媒及通信的发展，总体上使人们即使在许多现代性因素还匮乏的情况下也能够感受到现代性的降临"。^③ 外约旦社会开始从封闭、传统的部落氏族社会转向开放、文明的多元化社会。

第六，现代化政治制度开始出现。1908 年奥斯曼帝国政变后，外约旦地区举行第一次特使委员会选举，陶菲格·马扎力成为卡拉克地区的行政长官，他也是该委员会中唯一的约旦人，^④ 随后又进行了叙利亚公共理事会成员选举。这标志着外约旦政治制度迈入现代化，为实行君主立宪制奠定了基础。

第三节　阿拉伯大起义对现代化的
促进作用

一般说来，在 19 世纪到 20 世纪中叶，欠发达国家的现代化是在帝国主义和殖民主义的外部刺激下触发的……由于历史条件和时代的限制，这个时期的现代化过程主要表现为在原有的制度下进行的政

---

① 〔英〕伯纳德·路易斯：《中东：激荡在辉煌的历史中》，郑之书译，第 8 页。
② 源自 2015 年 7 月 22 日笔者与约旦大学文学院著名历史学家阿里·穆哈发扎访谈。
③ Daniel Lerner, *The Passing of Traditional Society*（Glencoe：Free Press of Glencoe，Ⅲ.，1958），转引自〔美〕戴维·E. 阿普特《现代化的政治》，陈尧译，第 34 页。
④ 〔约旦〕哈尼布·马盾、苏莱曼·穆萨：《20 世纪约旦史》（阿文版），第 12 页。

治、经济和军事的改革。① 军事现代化是中东最先展开，也是最重要的组成部分。② 19 世纪至 20 世纪，奥斯曼帝国经历了数次战争，英法军事力量在中东逐步渗透，但同时也带来了西方先进的武器、思想等。

在内忧外患的形势下，一些人认为只有武力强大才可在军事主宰的世界中生存下去，于是奥斯曼帝国进行了数次自上而下的改革，大多以器物层面的军事改革为主，尚武精神遍布整个奥斯曼帝国。当时中东诸国纷纷组建军队，大量购买武器，开办军校训练军人和培训军官，由此开启军事领域的现代化。现代军队需要受过教育的军官来指挥，于是进一步引发教育改革；现代军队需要由体制部门来维持，于是引发了行政改革；现代军队需要军饷，于是展开一系列影响深远的财政革新和财务冒险活动。③ 至此，中东兴起第一次现代化的浪潮。

一 阿拉伯大起义对现代化的促进

约旦地区在 19 世纪末 20 世纪初期属大马士革省管辖，1905 年和 1910 年分别在卡拉克爆发反对奥斯曼帝国的武装起义。此次起义是外约旦地区近代史上首次大规模起义，它一方面受外部形势影响；另一方面又是外约旦人抗争意识的觉醒所致。此后，从一战开始，外约旦卷入了不可避免的战争旋涡。一战前夕，为防止奥斯曼帝国发动反对英法的战争，英国急欲寻找代理人，借以反对奥斯曼帝国。麦加谢里夫·侯赛因也希望借英国势力寻求壮大，于是双方签订《大马士革议定书》，开始了外约旦地区与外国势力的正式接触。

1916 年，奥斯曼帝国为镇压国内的阿拉伯民族主义运动，公开

① 〔美〕丹尼尔·勒纳：《传统社会的消逝：中东现代化》，《国际社会科学百科全书》，（第 6 卷），第 386 页，转引自〔美〕西里尔·E. 布莱克《比较现代化》，杨豫、陈祖洲译，第 24~25 页。

② 黄民兴：《试析中东现代化的特点》，《西北大学学报》（哲学社会科学版）2003 年第 1 期。

③ 〔英〕伯纳德·路易斯：《中东：激荡在辉煌的历史中》，郑之书译，第 409 页。

处决了一些参与运动的民族主义者，这引起侯赛因的不满。奥斯曼帝国也开始怀疑侯赛因，意欲寻找代替者。在此形势下，侯赛因发动了阿拉伯起义，并在三个月之内迅速取得胜利，确立了侯赛因在汉志的实际统治。同年，《赛克斯-皮科协定》签订后英法开始在奥斯曼帝国版图内瓜分势力范围，一战后，英法在伦敦签订了《关于阿拉伯东方占领制度的协定》，协定对被占阿拉伯领土的民政管理进行了分割，包括大马士革在内的东叙利亚和约旦归费萨尔管辖（汉志被作为阿拉伯人自己解放的领土仍被置于侯赛因的权力之下）。①

1920 年，英国根据《圣雷莫协定》开始在巴勒斯坦和约旦地区建立委任统治政权，英军进入约旦地区。1921 年，英国以约旦河为界，把巴勒斯坦一分为二，同年 3 月阿卜杜拉和丘吉尔在耶路撒冷达成协议，阿卜杜拉承认巴勒斯坦英国高级专员的权力，并接受英国的援助。这一协议为英国委任统治下的外约旦酋长国的诞生奠定了基础，② 英国开始在外约旦实施委任统治。

在历次与奥斯曼帝国、英国的抗争中，约旦人民的斗争意识不断地加强，外界新兴事物的刺激不断促使他们学习、创新。英国的委任统治一方面开始了约旦半殖民地化统治；另一方面促进了约旦现代化进程的开启。英国在中东的委任统治有其自身战略目标，其中包括政治目标、涉及巴勒斯坦和约旦河东岸的军事目标等，这客观上促进了约旦民族国家的构建，加快了约旦现代化进程的开启。

二 军事领域的现代化

第一，约旦军事现代化最突出的特征是现代军队的建立。约旦是一个典型的部落国家，主要部落和部落联盟是该国建立的基础。一战结束时外约旦的军事、社会混乱无序，英国在外约旦建立委任统治后，地方上实际仍由部落控制，各部落之间因为利益纠纷争斗不断。

---

① 王铁铮：《中东国家通史·约旦卷》，第 90 页。
② 王铁铮：《中东国家通史·约旦卷》，第 99 页。

外约旦地区的萨勒特政府行政能力虽然相对较强，但当地的安德旺部落历史悠久，实力雄厚，经常抗税，制造事端，拒绝接受当地政府的统治，与政府的冲突时有发生。北部伊尔比德的阿杰隆政府商业贸易较发达，民众意识先进，但当地的伊尔比德部落谢赫们却为了利益听命于法国，非但不服从管辖，还建立了"独立王国"，公然抗税。卡拉克地区的穆布阿拉伯政府（Arab Government of Monb）过分依赖巴勒斯坦行政区，当地的贝都因部落也时常因利益起纷争，攻击政府警察，导致该地区大部分的农村处于无政府状态。[①]

在此形势下，英国无力实施直接统治，只能在该地区委任代理人，实行间接统治，并极力地希望尽快在外约旦建立符合其殖民地的"秩序"。1920年，英国军官佛雷德里克·G.皮克汇报这一地区形势时，建议组建一支后备军支援地方警察，至少可以支援镇上的警察，那里生活着一些英国人。后英国巴勒斯坦托管当局得到许可后，在该地区创建了一支军队。[②] 这支军队便是著名的约旦阿拉伯军团的前身——"后备军团"，它的建立标志着约旦军事现代化的开启。

"后备军团"军官均来自奥斯曼帝国军队和埃及军队，士兵均来自外约旦以外的地区。此军团的基本任务是镇压部落叛乱，反击来自南部的沙特瓦哈比的复仇，在外约旦地区收税。[③] 此后，阿卜杜拉带领约2000步兵到达马安，[④] 受到当地居民的欢迎，实际上1921年3月29日，在与丘吉尔签署的协议中，阿卜杜拉就已掌控整个约旦河东岸地带。经过几次不成功的行动和至少一次的部落叛乱后，英国政府承诺为阿卜杜拉组建一支750人的军事力量。[⑤] 1923年，在皮克的

---

① 王铁铮：《中东国家通史·约旦卷》，第94~95页。

② Peake, "Transjordan", *Journal of the Royal Central Asian Society*, No. 4, July 1939, pp. 375-396.

③ Benjamin Shwadran, *Jordan: A State of Tension*, p. 62.

④ Benjamin Shwadran, *Jordan: A State of Tension*, p. 19.

⑤ P. J. Vatikiotis, *Politics and the Military in Jordan: A Study of the Arab Legion 1921-1957*, New York: Frederick A. Praeger, 1967, p. 61.

命令之下，外约旦所有安全力量并入阿拉伯军团（英国人通常称之为 Al-jaysh，Al-arabi）。

第二，阿拉伯军团司令约翰·巴戈特·格拉布（John Bagot Glubb）在促进外约旦军事现代化方面功不可没。阿拉伯军团建立后，1926 年，英国巴勒斯坦高级委员会出于安全目的建立了外约旦边防军（TJFF），该军队直接向英国最高委员会汇报，而非向阿卜杜拉汇报，但外约旦边防军从未取得成功。随后外约旦地区又成立阿拉伯皇家空军军团（RAF），主要负责外约旦边境防务。阿拉伯军团则主要归属负责治安的警察部门，人员编制也减少约一半。① 当时一些阿拉伯军团的成员是叙利亚士兵，他们持续地在外约旦和法国委任统治下的叙利亚之间制造问题，贝都因各部落之间也不断互相寻仇。此时的阿拉伯军团已无力应对部落的袭击和抗争，因此，1930 年，在处理伊拉克贝都因人问题上有数十年经验的英国人格拉布将军被派往外约旦。

格拉布运用心理战术凝聚贝都因人，加强军队战斗力。外约旦是一个典型的部落国家，主要部落和部落联盟构成该国家建立的基础和阿拉伯军团的核心力量。② 格拉布到达外约旦后组建了沙漠流动军团（Desert Mobile Force），该军团主要力量来自贝都因部落。胡伟特（Huwaytat）部落是外约旦第一个臣服于沙漠流动军团的部落，部落成员成为军团骨干；其他部落也参加了该军团，如巴尼·萨克哈（Bani Sakhr）部落、斯尔汗（Sirhan）部落、沙马儿（Shammar）部落、巴尼·哈桑（Bani Hassan）部落等。总之，沙漠流动军团都主要由南方部落构成，直到二战时北方的部落和一些定居的居民才加入到该军团。

格拉布利用他在伊拉克的经验充分利用贝都因部落忠诚、荣誉感

① P. J. Vatikiotis, *Politics and the Military in Jordan: A Study of the Arab Legion 1921-1957*, pp. 70-73.

② P. J. Vatikiotis, *Politics and the Military in Jordan: A Study of the Arab Legion 1921-1957*, p. 7.

强、勇于牺牲以及可以在艰苦条件下战斗等优点，因势利导，根据每个部落的兴趣吸引之，使这些优点成为阿拉伯军团的精髓。在此威逼利诱的政策下，部落领袖们开始积极介入阿拉伯军团事务，以免军团被其他部落控制，这种制衡政策有利于平衡各部落间的势力，最终达到统治目的。

格拉布改造了贝都因人的部落意识，培养他们具有现代军队的纪律、原则等理念。格拉布的到来，客观上加速了约旦军事现代化的进程。沙漠流动军团中大部分为贝都因人，格拉布通过军事训练和教育将部落后代改造为国家的军事政治精英，使这些贝都因人完成了从游牧民到城市居民的转变，改变了传统贝都因人的部落意识。格拉布试图通过创造新文化重塑贝都因人的特性，试图使贝都因人屈服于这种新文化，逐步确立现代化的民族国家意识。事实证明他成功地用军事价值改造了贝都因人的观念，尤其是主要部落及其他部落的观念。① 衣着的转变，就和大部分的现代化层面一样，是从军队开始的。对于改革分子而言，西式军服对他们有着一种魔力。② 格拉布在训练贝都因人时强迫他们穿西式军服，剃除阿拉伯式胡须，保持军容整洁，从仪表着装改变开始逐步渗透到意识的改变。

颁布军事法律、开办军事基地、军校、军事医院等。随着阿拉伯军团的建立，军事领域的现代化逐步扩大。1921 年，外约旦设立了第一个阿拉伯军队基地。该基地共 450 人，一直存在到 1923 年。③ 1927 年，外约旦颁布了第一部军队法，该法规定外约旦军队由乡村警察、城市警察和狱警组成。④ 该法律的颁布标志着外约旦的军警体系迈向制度化，安全控制体系更完善。1944 年，外约旦还颁布了《军官退休法》，为退役军官提供生活保障。外约旦阿拉伯皇家空军

---

① Godfrey Lias, *Glubb's Legion*, London: Evans Brothers, 1956, p. 65.
② 〔英〕伯纳德·路易斯：《中东：激荡在辉煌的历史中》，郑之书译，第 5 页。
③ 参见〔约旦〕瓦迪阿·沙拉伊哈等《约旦百科全书》（阿文版），穆斯塔法·阿里·阿图姆出版社，1989。
④ 〔约旦〕萨阿德·艾布·迪亚：《外约旦时期阿拉伯军团历史（1921~1937）》（阿文版），阿米德·阿卜杜·马吉德出版社，1989，第 119 页。

军团成立后，1930 年英国在安曼地区援建了第一个军民两用机场。

此外，军事院校的开办为军事现代化输送了人才。创建新军队后不能只靠雇用教官和购买武器来解决训练和装备上的问题，还需要受过教育的军官来指挥，于是进一步引发了教育上的改革。[①] 1922 年，外约旦的第一家军事培训学校在安曼建立，该学校主要提供军事训练。同年，该地区又建立了警察学校，成为阿拉伯军队中第一所正规军事学校。[②] 自 1933 年起，该学校开始训练步兵，教授武器知识，逐步成为军事人才培训、储备中心，这为 20 世纪 50 年代驱逐格拉布之后约旦阿拉伯军团的军官本地化奠定了基础。外约旦军队也比较重视军事人员素质培养，于 1932 年建立了第一所军事文化学校"拜耳学校"（مدرسة باير），为贝都因士兵和部落成员教授文化知识；1933 年和 1934 年又分别在爱兹拉克、拉姆建立了另外两所类似的学校。

配套军事设施的建立与完善。随着军事现代化的推进，配套军事设施也开始完善。1923 年，外约旦军队中出现军医，一位名叫图顿吉（Tutunji）的军医成为 1946 年第一位代表约旦出席世界卫生组织成立筹备大会的人。1925 年，外约旦开始出现军官俱乐部。1932 年，外约旦军队中首次出现机械化部队，由三台汽车组成，约 120 名士兵。该部队主要用于提供安全支持，阻止部落侵袭。1938 年，外约旦又成立了车队，二战时该部队士兵数量一度达到 1600 名。这支机械化部队的组建意味着外约旦现代部队的组织编制和作战方式都得到极大提升，使部队朝着现代机械化迈进。

随着外约旦军事领域的完善和军事力量的强大，其军事现代化逐步推进，继而开启了其他领域的现代化建设。

---

① 〔英〕伯纳德·路易斯：《中东：激荡在辉煌的历史中》，郑之书译，第 409 页。
② 〔英〕萨利赫·沙拉阿：《一个士兵的日记》（阿文版），穆哈塔萨布出版社，1985，第 14 页。

本章小结

布莱克根据政治现代化的五项标准将现代化分为四个阶段，即现代性的挑战阶段、现代化领导的强固阶段、经济和社会转变阶段以及社会的整合阶段。[①] 外约旦现代化处于现代性的挑战阶段和现代化领导的强固阶段。受英国委任统治的外约旦其政治现代化具有鲜明的反殖民主义特征，其主要任务是构建独立的民族国家，新生政权建立起齐全的行政、立法、司法权力机构并加以完善，中央集权政治体制初步建立。

1921 年，英国确立对外约旦实行委任统治后，阿卜杜拉组建了具有"顾问委员会"性质的第一届政府，标志着约旦政治现代化全面开启。此后，外约旦临时政府又组建了临时内阁、政府安全部队，颁布了一系列法律，执行完备的施政纲领。约旦人在阿卜杜拉国王的带领下应对国内巴勒斯坦人的挑战和英国的殖民主义统治，并最终于1946 年实现了国家独立。

早期约旦现代化进程的成就主要体现在三个方面。第一，英国委任统治下的殖民地建立了司法、行政、军事机构，初步形成民族国家；国家法律、政府、公民意识也逐步形成，确立了疆界、国旗、官僚体系、税制系统，通过征兵使受殖民化思想影响的人士进入殖民军事机构。第二，反殖民统治取得巨大成就，打破旧的殖民体系，建立独立的新体系，唤醒了民众的民族国家意识。1946 年独立后，约旦开启了现代化的新篇章。第三，社会领域取得巨大进步，教育、医疗、社会等领域的进步加速人的现代性转变。

约旦早期现代化为二战后的全面现代化奠定了基础，实现了从器物文明向制度文明的过渡，从政治制度、军事机构、民族国家构建等

---

① 〔美〕西里尔·E. 布莱克：《比较现代化》，杨豫、陈祖洲译，第 95~120 页。

方面搭建起现代化的框架。约旦此阶段教育、军事、政治领域的发展也是此后几十年约旦混合型现代化模式的尝试。现代化是一个漫长的历史进程，其间会有倒退、中断，在实现现代化的道路上，约旦还面临着重重挑战和阻碍。

第二章
政治现代化进程

约旦的政治现代化进程从 20 世纪初期至今，在哈希姆家族的统治下，历经四位国王，完成从建国到独立后全面发展之路。该国的政治现代化经历了外界的挑战与回应、反殖民主义、建立独立的民族国家、从被动到主动的改革及全面发展阶段。安定的国家、稳定的政治、逐渐成熟的行政官僚体系、日益提高的执政能力以及多元化的参政元素共同为约旦社会、经济等全面现代化奠定了基础。本章主要论述约旦政治现代化的模式、阶段以及各阶段的特征与面临的问题等。

第一节　委任统治时期政治现代化的发展（1921～1946）

1921～1946 年是约旦政治现代化处于现代性的挑战阶段和现代化领导强固阶段的初期，也是民族民主运动高涨时期，政治现代化具有鲜明的反殖民主义特征；同时约旦的另一个任务是构建独立的民族国家，实施宪政改革，将现代化从器物层面发展到制度层面。

1921 年，英国确立对外约旦的委任统治后，阿卜杜拉组建了"顾问委员会"性质的第一届政府，这标志着约旦政治现代化全面开启。此后，外约旦临时政府又组建了临时内阁、政府安全部队，颁布了一系列法律，执行完备的施政纲领，在阿卜杜拉国王的带领下应对国内巴勒斯坦人的挑战和英国的殖民主义统治，于 1946 年赢得国家独立，建立现代约旦，这一时期可称之为"阿卜杜拉时代"，阿卜杜拉实施亲英、依靠哈希姆家族传统势力的治国方针。

1921～1946 年又可分为三个阶段：第一阶段是宗主国在殖民地建立殖民框架以代替旧有的秩序或建立一个新秩序。这一时期建立了司法、行政、军事机构，初步形成民族国家。国家法律、政府、公民意识也逐步形成，确定了疆界、国旗，官僚体系和税制系统建立，通过征兵使受殖民化思想影响的人士进入殖民军事机构；第二阶段是反殖民主义时期，该阶段主要是打破旧的殖民体系，建立独立的新体系，人们的民族国家意识得到唤醒；第三阶段是建立独立的民族国家，实施宪政改革，完善行政、军事、司法体系，实现制度层面的现代化。

一　殖民框架的建立

就殖民主义问题，马克思在《不列颠在印度统治的未来结果》一文中明确地提出英国在印度要完成双重的使命：一个是破坏的使命，即消灭旧的亚洲式的社会；另一个是重建的使命，即在亚洲为西方式的社会奠定物质基础。[①] 这种论断证明殖民主义具有双重性质，但并非否认殖民主义的非正义性。

外约旦政府自 1921～1946 年处于英国的委任统治之下，实际上是半殖民地与宗主国之间的关系。具体到政治现代化问题，美国学者戴维·E.阿普特认为"政治现代化在殖民地体系中具有双重含义：首先，它意味着产生一个积极参与政治生活的'西方化'世俗精英阶层；其次，存在一个代表精英的'西方化'政府形式"。[②] 上述模式是英国殖民地政治演进的典型特征，因此，外约旦在该阶段的政治现代化沿袭英国政治演进模式，从顶层设计到具体实施均具有殖民主

---

① 《马克思恩格斯全集》（第 12 卷），人民出版社，1998，第 246 页。
② 〔美〕戴维·E.阿普特：《现代化的政治》，陈尧译，第 39 页。

义特征。

英国殖民主义军事、法律、管理机构的建立与延续在约旦早期政治现代化中起推动与促进作用，殖民地制度只是现代化的最初工具，后发展国家最有利的便利是直接借鉴先发展国家的经验和制度。外约旦作为英国的委任统治地，其统治理念、机构设置都受西方影响，民族国家构建路径也沿袭西方的"民族的公民模式"，这个国家的产生和国家构建均受殖民主义的影响，也体现出部落主义的当地性和原生性特点。外约旦已具有领土，建立了君主制酋长国，实行议会君主制的二元政治体系，具备法律和政治实体。此外，英国委任统治当局还在外约旦建立军事、法律机构，通过严密的官僚司法机构形成国家政治认同，完成国家构建，无形中促进了约旦政治现代化的发展。

1. 殖民主义在军队和其他武装力量方面的作用

军事机构是殖民者在殖民地的核心机构，代替了原来的司法和军事结构，或将它们引入一个原本不存在该机构的国家。这些机构都仿照欧洲设立，以便控制殖民国家。①

早在 1920 年，英国为了使外约旦局势尽快符合其殖民地的"秩序"，便出钱建立殖民军警分队，对外约旦建立有效的管制。英国又通过经济援助、协助外约旦组建阿拉伯军团、任命格拉布为阿拉伯军团司令和约旦军团司令来实现其政治目标，设立了空军、陆军基地，完成国家构建中对暴力合法垄断的过程。这些殖民时期建立的军事机构、国家官僚体系在约旦独立后，甚至在格拉布被驱逐后仍然存在。虽然英国人走后约旦人进入这些机构，但这些机构无论从形式上、结构上都是殖民主义时期留下的，未做改变，具有西方民族国家构建路径的特点。

2. 殖民主义在法律领域的影响

刘易斯认为，"法律既是专制的国家机器，又是意识形态方面的

---

① Joseph A. Massad, *Colonial Effects: The Making of National Identity in Jordan*, New York: Golumbia University Press, 2011, p. 1.

国家机器,它发挥独一无二的双重作用"。① 法律的重要性在于它规范了国家政治认同,国籍法给予人们国籍,民族国家法律界定了国家的形成时间、疆域等。在阿卜杜拉的领导下,以部落社会为主的外约旦建立起一系列法律。

外约旦法律分为三部分。① 部落习惯法:只适用于贝都因人;② 属人法:适用于已婚妇女;③ 新法律:适用于国家社会、经济、公共领域。外约旦大部分新法律是英国法律,具有殖民主义的印记。即使约旦独立后有些法律被取代或随时代发展加入了新的条款,但英国法律或殖民法律的内容仍存在,仍对约旦国家构建起作用。约旦新法律体系的构建过程如下。

(1)法律体系的建立

1921 年 4 月 27 日,外约旦颁布《基本法》,外约旦的建立因而被认为始于 1921 年春。当时外约旦的领土范围尚不清晰,但国家雏形已具备,北边独立于叙利亚,东北边独立于伊拉克,西边独立于巴勒斯坦,东边独立于沙特阿拉伯。

1923 年 7 月 1 日,外约旦成立了选举法制定委员会,规定外约旦选举委员会的负责人为赛义德·哈利,其委员来自外约旦的六个省份。1928 年,在外约旦所有地区代表参加的基础上颁布了《选举法》(The Electoral Law),规定了立法委员会的选举方式和席位分配。

1928 年,阿卜杜拉颁布了《根本法》(The Organic Law),该法律规定建立一个由 16 人组成的立法委员会,提出司法独立,搭建起约旦现代法律的框架。该法律通过的提案必须得到英国委任统治代表和阿卜杜拉的同意,尽管它有一定的局限性,在约旦法治现代化方面具有重要的意义。

1928 年 4 月,阿卜杜拉政府公布外约旦宪法草案,草案对外约旦王位、政府权力、制宪会议和立法做了具体规定。根据宪法草案,

---

① Louis Althusser, *Ideology and Ideological State Apparatuses*, Lenin and Philosophy and Other Essays, Trans. by Ben Brewster, London: New Left Books, 1971, p. 143.

外约旦的立法权属于立法会议和埃米尔。1929 年 2 月，外约旦第一届立法会议诞生，[①] 标志着殖民主义体系下外约旦国家司法、立法体系的建立。英国委任统治政府还颁布了《外约旦国籍法》，从法律上界定了外约旦边界，限定了国名，外约旦领土扩大，南部从马安扩大至亚喀巴。因此在殖民主义国家或委任统治国，法律在界定任何存在于划定边界内的人是约旦人还是外国人方面起到基础性作用。

1933 年，外约旦颁布了《个人所得税法》，结束了该地区沿用奥斯曼帝国税务法的历史。该法律以奥斯曼帝国法律为基础，只按工资计税，工资之外的其他收入不计入征税范围。该法律于 1935 年进行了调整，豁免外约旦境内军人的个人所得税，1936 年又对外约旦政府的退休人员免征个人所得税。该法律的颁布标志着外约旦独立商业法律体系的建立。

1935 年，阿卜杜拉还颁布了《保卫法》（Defence Law），旨在保护外约旦的国家安全，主要针对内部异己人士和破坏国家安全的人士。

（2）司法机构的建立和完善

1921 年，外约旦建立之初便组建了法庭，设立法官职位，外约旦第一位法官为穆罕默德·哈多尔·珊基土（محمد خضر شنقيطي），[②] 当时外约旦还分别在安曼、马安、伊尔比德、卡拉克、萨拉特、杰尔什以及塔菲拉等 7 个地区设立正式法庭。这标志着外约旦现代司法体系的初步建立。

同年，外约旦建立了司法部，由马扎哈尔·拉斯兰担任首任司法部长。[③] 司法部主要监督法庭，为法庭配备法官和职员，提供日常经费，以保证刑事、法律和行政纠纷的解决，保障法律执行。此外，1921 年，外约旦颁布二号法律，即《法院组建法》。依据该法律，外

---

① 王铁铮：《中东国家通史·约旦卷》，第 116 页。

② 《约旦哈希姆王国》（阿文版），《约旦司法署年度统计报告》1995 年第 1 期。

③ 约旦各部委（1921~1936）：《约旦文献档案》（阿文版），约旦出版发行署，1990，第 10 页。

约旦的法庭分为普通法庭、部落法庭和军事法庭。普通法庭又分为初
级法庭和专门法庭，初级法庭仅在萨拉特、伊尔比德和卡拉克设立，
专门法庭在安曼设立。[①] 但在该法庭设立之初，外约旦尚未颁布相关
法律，具体裁决时遵照奥斯曼帝国时期的刑法、民法和商法。

外约旦在英国委任统治期间（1921～1946年），军事、政治、法
律、社会等方面均受到英国殖民主义的直接或间接影响，这种尴尬的
受监护、被殖民的地位使约旦人在很大程度上作为合作者参与了现代
化。奥斯曼帝国时期遗留的本土体制和外约旦从西方直接引入的体制
相互适应，产生了独创的、有效的形式和机构。外约旦在此期间发展
了军事、行政和教育系统，在国内外培训了领导干部，并能在受殖民
的框架下逐步承担起自治的责任。

英国委任统治下的殖民主义虽对约旦现代性具有刺激和传播作
用，但其最终目的是为英国委任统治服务，在政治、军事、法律机构
中安排了大量的英国人，监督外约旦国家体系运转。同时，在二战期
间，外约旦成为英国军事基地和原材料产地及供给中转站，完全牺牲
了外约旦的国家利益，为该地区政治经济发展带来不利影响。

二 殖民主义体系的打破与民族国家的构建

1. 外约旦意识的出现与强化

英国的委任统治和殖民不可避免地唤醒、强化了人们的民族国家
意识，不断爆发的反殖民运动和犹太复国主义运动促进了约旦民族国
家形成。关于约旦民族国家意识的产生与殖民主义的关系，一些阿拉
伯学者认为殖民主义的影响是构成约旦人国家意识的基础，约旦国家
的形成是殖民主义的直接产物，殖民时划定了区域边界，之后才开始
形成国家意识；另一部分阿拉伯学者认为殖民前国家意识已产生，人
们具有自发的民族国家意识。笔者认为约旦人在英国委任统治之前已
存在模糊的区域性民族国家意识和认同，约旦人从内心是拒绝委任统

[①] 〔约旦〕苏莱曼·穆萨：《外约旦酋长国（1921～1936）》（阿文版），1999，第299页。

治的，但在反对英国殖民主义统治时无形中唤醒、强化了这种意识和认同，促进了约旦民族主义的发展。

1920~1921年，即英国进入外约旦之前，这里曾经存在过一个短暂的过渡政权，之后英国代替奥斯曼帝国残存的赢弱的统治机构。随着外约旦的建立和1928年阿卜杜拉政府公布外约旦宪法草案，约旦人开始有具体的国家疆界领土意识，正式开启民族国家构建的历程，强调约旦民族国家认同，声称"东部的外约旦酋长国是一个在其自然疆界内拥有主权的、独立的阿拉伯国家"。①

自20世纪20年代起，外约旦的基本任务和政权统治的优先性是通过固定地理疆界实现社会、地理层面上的统一，加强和完善中央集权，并在数次反殖民斗争中强化民族国家意识和外约旦民族主义思想，加速了民族构建的过程。这一时期，排斥英国人、埃米尔、汉志人、叙利亚人、巴勒斯坦人和伊拉克官僚、政治家的外约旦本土意识形成。②

2. 外约旦国家认同模糊概念的出现

一般而言，认同的概念表示某一客体长时间保持不变，或在一定时间内维持某一特定样式。③ 国家认同主要体现为个体或群体在心理上认为自己归属于某一国家的政治共同体，意识到自己具有该国成员的身份资格，它是现代国家的合法性基础，为国家维系自身的统一性、独特性和连续性提供重要保障。④ 国家认同对规范政治社会有重要作用，影响到主要的社会政治事务，尤其是民族国家构建与社会资源整合或解构。因此，民族国家构建要求特定的国家认同，把原本分散的政治、国家认同统一起来，形成现代国家意识和民族意识，实现

---

① 〔巴勒斯坦〕阿拉·阿扎：《巴勒斯坦与约旦国家构建解读》（阿文版），《巴勒斯坦》2011年第16期。

② Joseph A. Massad, *Colonial Effects：The Making of National Identity in Jordan*, p. 11.

③ 〔英〕安东尼·史密斯：《民族主义：理论、意识形态、历史》（第二版），叶江译，上海人民出版社，2011，第29页。

④ 李智环：《民族认同与国家认同研究述论》，《西南科技大学学报》（哲学社会科学版）2012年第2期。

民族国家构建。

随着 1917 年奥斯曼帝国在沙姆地区的统治崩溃，根据《赛克斯-皮科协定》，该地区成为英国、法国的委任统治地，划分为四个区域，这些区域根据各自的历史、传说、政治、地域构建各自的民族国家，出现了四种不同的国家认同，但这些认同都归于同一种阿拉伯、伊斯兰认同。约旦是一条河的名字，分为约旦河西岸（巴勒斯坦）和约旦河东岸（外约旦），是沙姆地区部落生活的地方。约旦国家认同产生很晚，1921 年外约旦成立前不存在"约旦"或"约旦人"的概念，此时的认同没有任何国家意义，而是以阿拉伯大革命为基础，具有泛阿拉伯民族主义的印记，是一种模糊的初级认同。

3. 殖民主义体系的打破和民族国家的构建

民族国家构建（Nation-State Building）指"从各个方面打破国内各个地区、各个族体间的壁垒，建立和健全全国集中、统一的国家权力系统，建立和发展统一的国民经济体系和商品流通市场，在全国范围内推行和传播统一的语言以及能够促进社会、经济现代化的统一的文化模式"。[1] 民族国家构建也是"国家构建"和"民族构建"的双重进程，体现了"国家""民族"的构建特征以及民族国家的动态过程。[2] 它包括两方面内容，民族构建为"民族作为文化-政治共同体的构建过程和民族认同的形成过程"，[3] 国家构建指"国家政治结构、制度、法律的建设，包括行政资源的整合和集中，使国家能够对其主权范围内的领土实施统一的行政控制"，[4] 是国家获得行政、司法、税收及对暴力的合法垄断的过程。

外约旦真正意义上的民族国家构建自一战后才开始，其民族构建

---

[1] 宁骚：《民族与国家》，北京大学出版社，1995，第 203~204 页。

[2] 杨雪冬：《民族国家与国家构建：一个理论综述》，"世纪中国系列论坛"网，http://www.ccforum.org.cn/viewthread.php? tid=9274，上网时间：2003 年 11 月 7 日。

[3] 杨雪冬：《民族国家与国家构建：一个理论综述》，"世纪中国系列论坛"网，http://www.ccforum.org.cn/viewthread.php? tid=9274，上网时间：2003 年 11 月 7 日。

[4] 王建娥：《族际政治：20 世纪的理论与实践》，社会科学文献出版社，2011，第 59 页。

与国家构建是同步进行、相互补充的，二者共同构成民族国家的构建过程。① 民族国家构建最主要的方面便是建立一个国家政权，通过强势的现代化军事力量实现行政中央集权化，而其最终目的"在于恢复及维持政府的威权，借此在国内对付分离主义者和其他异己分子，在国外对付势力寝强的敌人"。② 此方面的内容包括如下层面。

（1）宪政改革促进民族国家构建

外约旦建立起君主立宪制的酋长国，有利于整合国家资源，确立中央集权制度下的哈希姆家族统治。这个统治仍然是以家族为核心的君主式统治，但羸弱的外约旦需要强势的力量对内整合各种力量，对外抵抗英国的殖民统治。此方面的内容具体体现在早期政府的建立过程包括确立君主立宪制度、建立立法委员会、组阁、任命拉希德为第一任"行政秘书"、颁布宪法等，由此具备了现代政府的雏形。1921 年，第一届政府组建后，拉希德在阿卜杜拉授权下于同一年对其进行改组，该内阁成员组成见表 2-1。

表 2-1　外约旦第一届立法委员会成员组成情况

姓名	职务	来源地
拉希德·巴卡·塔里	行政秘书兼国王顾问	黎巴嫩德鲁兹山区，独立党
沙基尔·本·扎伊德	部落代表	汉志谢里夫家族埃米尔
马扎尔·巴卡·拉斯兰	财务大臣	叙利亚霍姆斯地区，独立党
鲁士迪·巴卡·索夫迪	警务安全大臣	叙利亚
艾哈迈德·巴卡·马勒由德	部落代表助理	汉志部落
阿里布·巴卡·舒阿兰	司令部顾问	叙利亚
穆罕默德·哈多尔·珊基土谢赫	宗教法官	外约旦伊尔比德

资料来源：〔约旦〕穆罕默德·拉比阿·哈扎阿拉：《约旦现代历史上的首次（1920～2000）》（阿文版），安曼安全出版社，2003，第 22~23 页。

———————

① 黄民兴教授认为西方先有民族后有国家，东方在第三世界，第一类国家是通过改造传统国家（半殖民地）来确立民族国家，如中国、伊朗、印度这些国家原来已存在民族国家；第二类为国家从头构建（主要是殖民地）来确立民族国家体制，在这样一种情况下，民族构建和国家构建同步进行。约旦受英国委任统治，也可以认为是殖民地。

② 〔英〕伯纳德·路易斯：《中东：激荡在辉煌的历史中》，郑之书译，第 408 页。

由表 2-1 可知，第一届外约旦的内阁成员来源广泛，包括了叙利亚、外约旦、黎巴嫩、汉志、巴勒斯坦等地区，是阿卜杜拉泛阿拉伯主义的体现，其弊端是不利于中央集权的加强。

第一届立法委员会组建和改组结束后，外约旦于 1923 年颁布了委员会议案，其中包括：加强公共安全，严厉打击各种破坏外约旦和公共利益的行为和人员；关注经济状况，尽量降低工资和各项费用开支，裁减行政人员；改革税务分配方式，兼顾国库和人民的利益；在外约旦范围内选贤任能；致力于传播知识，大力兴建学校，改革教育。[①]

1931 年，第二届立法委员会成立，1934 年正式行使其权力；此后在 1934 年、1937 年又分别进行了第三次、第四次改组，标志着外约旦宪政体系逐步完善和建立。国家行政司法和军事机构建立后，国家开始注重施政能力的提升，从经济、公共安全、税务、教育等方面加强提升统治能力，有利于国家现代化职能的行使，推动了该地区的政治现代化发展。外约旦政府确立后，随着国家统治能力的加强，亚喀巴和马安地区也并入外约旦，国土面积扩大。但在该时期，外约旦政府中最大的弊端是受英国控制，无论从机构人员设置还是决策机制层面，外约旦的独立施政能力很弱。英国为了更好地控制外约旦，要求所有机构中的部分职员必须为英国人，即使是很小的事情或财务方面的问题也必须上报伦敦殖民秘书处决策。

作为外约旦宪政改革的标志，君主立宪制下 1929 年外约旦的立法委员会具有标志性意义。外约旦政体是君主立宪制，这种君主立宪制不同于英国，国王拥有至高无上的权力，国家是权力的源泉，人民只能间接行使立法、司法、执法权力。外约旦并非绝对的三权分立，立法、司法、执法权力必须在宪法和公共利益框架下行使，[②] 三个系

---

① 约旦各部委（1921~1936）:《约旦文献档案》（阿文版），第 16 页。

② 〔约旦〕欧麦尔·穆罕默德·穆尔西德·邵巴克:《约旦公共部门失业监督原则研究》（阿文版），公共部门学院，1981，第 3 页。

统互相制约。早期的立法委员会实际上相当于议会，虽有标志性意义，但实际对外约旦政治发展影响不大，在立法和执法监督方面只发挥了有限的作用。

（2）青年精英进入政府部门，民众参与扩大

早期外约旦立法委员会主要由外国人组成，他们均为政党领袖或部落首领，代表统治集团利益。一般地，第一批现代化者是那些意识到如果不改变自己的角色就会永远被排斥在政治权力之外的人们。[1]以阿卜杜拉为首的外约旦哈希姆家族宗教色彩强烈，但随着现代化浪潮的推进和社会发展，他们必将适应现代性以维持统治。随着国家政权和政府的成熟，统治者势必扩大政治参与，使精英人士进入政府机构和决策层，这既是国家发展的趋势，也是殖民政府的需要。此时受过教育的精英被殖民政府犹豫不决地挑选出来加以利用，这主要是因为一方面，殖民政府视这些精英为富有远见的殖民教育政策的产物；另一方面，殖民政府也将他们看作是不断制造麻烦和抗议活动的根源。[2]

截至1937年，外约旦政府职员中非英国职员为927人，其中539人是外约旦本土人，68人是出生在外约旦的切尔克斯人，313人来自外约旦以外的阿拉伯地区，剩余来源不详。在这313名外国人中，130人来自巴勒斯坦，75人来自黎巴嫩，60人来自叙利亚，17人来自土耳其，12人来自汉志，11人来自黎巴嫩的黎波里，8人来自埃及。[3] 1923年颁布的委员会议案也明确要求选贤任能，发展教育，使受过良好教育的精英参与到国家建设之中。在现代化初期，君主通过委任具有现代素质的人担任官职是其改革所需，也是君主减少依赖官僚体制中传统精英的重要手段，青年精英促使政府部门朝着现代化方向迈进。

1928年第一部宪法被颁布后，同年7月外约旦召开第一次全国

---

① 〔美〕戴维·E. 阿普特：《现代化的政治》，陈尧译，第36页。

② 〔美〕戴维·E. 阿普特：《现代化的政治》，陈尧译，第36页。

③ See Benjamin Shwadran, *Jordan: A State of Tension*, p. 186.

人民会议，约 150 位部落首领、宗教界谢赫和思想界人士参加，推选侯赛因·塔拉瓦纳（حسن الطراونة）为会议主席。[①] 此会议是外约旦成立后重要的政治活动，是国民政治参与扩大的标志。

推动现代化的首要条件是有效动员各种社会资源尤其是动员社会各阶层和群体，获得他们的支持。当社会发展到一定程度时，在外部思想的影响下势必出现一些先进的群体，这些群体通常是接受了良好教育的精英和知识分子。如果知识分子不被纳入官僚机器中去推进现代化君主的政改，必然会转入地下以推翻君主。[②] 阿卜杜拉作为一名有抱负的现代君主，充分认识到这一点，因而他对各种力量因势利导，给予先进群体适当的参与空间和渠道，将其整合在国家政权可控的范围内，即使是反对党在社会中发挥的作用也极其有限。

第二节 独立初期的政治现代化发展（1946~1967）

约旦自 1946 年独立后进入现代化领导的强固阶段的成熟期和社会经济的改革时期。此阶段在政治现代化方面的主要任务是政治改革、农业改革和加强民族国家构建，强化后的民族主义开始成为国家内聚力的威胁，如何整合资源，实现独立后的发展成为重中之重。

一 全国性政治权威取代其他权威

阿卜杜拉改良后的外约旦初步具备现代国家的雏形，但其政治机构与实际统治均受英国控制，具有殖民主义性质。不断向英国妥协的外约旦统治者阿卜杜拉其本质是封建君主统治者，其改革只为了稳固统治、延续权力而进行的自上而下的政治改良，具有局限性。1946

---

① 〔约旦〕拉那德·阿雅德·哈忒布：《约旦政治思潮》（阿文版），约旦国家文献档案，1991，第 10~11 页。

② 〔美〕塞缪尔·P. 亨廷顿：《变化社会中的政治秩序》，王冠华、刘为等译，第 153 页。

年，现代约旦建立后开始摆脱英国控制，走独立自主的发展道路。自第二任国王塔拉勒以及接受过现代西方教育的侯赛因继位后，约旦才开始真正的民主、宪政之路。但由于约旦国王始终代表的是哈希姆家族、君主、上层部落精英的利益，其政治现代化只是某种程度的进步，不可能从根本上改变君主立宪制的政体。这一时期政治现代化体现在以下方面。

1921～1946年英国委任统治本就是非正义的，是对他国的侵略。二战期间，英法又以外约旦为军事基地和供给中转站，以牺牲外约旦的利益换取英法的胜利，这引起外约旦人民的强烈抗议，早在1941年伊拉克起义时外约旦边防军就拒绝向该地进攻，公然违抗英国的命令。二战结束后，随着全世界民族民主运动的高涨，阿拉伯民族主义运动蓬勃发展，各国家要求独立的呼声高涨，外约旦人民的独立意识加强。同时，随着殖民地纷纷独立，英国殖民体系渐趋瓦解。英国国内财政负担沉重，开始收缩海外殖民势力，客观上为外约旦的独立提供了机遇。在此条件之下，外约旦开始走上寻求独立和"去殖民化"的道路。

1. 现代约旦建立

阿卜杜拉虽对英国言听计从，但也有自己的民族抱负和政治理想。早在二战尚未结束时，阿卜杜拉就曾向英国提出独立要求，英国初步同意废除委任统治。1946年1月，英国外交大臣欧内斯特·贝文在联合国大会上发表声明，同意外约旦独立。同年5月，阿卜杜拉在伦敦与英国签署《伦敦条约》，正式废除英国委任统治，外约旦取得独立。1946年5月25日，阿卜杜拉改国名为外约旦哈希姆王国，国家最高元首埃米尔改称国王，这标志着约旦政治现代化取得了里程碑式的进展。

英国并非无条件同意外约旦独立，仍在该地区保留了许多特权。军事上，英国可在约旦保留不限人数的驻军；可在该国任何地方建立军事基地；英国在长期租借土地、使用领土、领空、领海和港口、道路方面具有优惠待遇；约旦向英国军队特殊交通线提供保障，允许英国在其境内安装无线电报通信设备；英国军事与武装力量的全部财产免税。[①]独立后的约旦面临着去殖民化的任务。

2. "去殖民化"开始

阿卜杜拉的软弱性和妥协性使其不能彻底摆脱英国殖民主义的统治，自约旦第二任国王塔拉勒开始，约旦开始了去殖民化的历程。塔拉勒本人具有强烈的民族自决意识，反对其父的亲英政策和软弱妥协，他能顺利继位主要受美国的支持。塔拉勒继位后以美国为后盾，消除国内的英国殖民主义势力既符合民众独立自主的呼声，又符合美国在约旦的利益。在塔拉勒执政期间，受国际民族独立运动影响，约旦民众提出反对英国军事计划、取消英国军事基地的倡议，塔拉勒没有明确反对，这意味着这位开明的国王支持民众呼声。

塔拉勒在位时间很短，由其子侯赛因继位。1953年5月2日，侯赛因加冕，开始现代约旦大发展的时期。侯赛因是位接受过传统阿拉伯文化和现代西方文化教育的开明君主，幼年时期便陪同祖父阿卜杜拉摄政，具备政治家的优秀素质和潜力，早期执政相对民主开化。1955年9月，侯赛因在耶路撒冷主持的阿拉伯学校毕业生大会上做出决议，要求拒绝英美将约旦卷入其势力范围，抵制美国的"第四点计划"，创建独立的国家军队，摆脱英美外援。这是约旦官方层面第一次做出的去殖民化举措。

约旦去殖民化标志性的胜利是阿拉伯军团的阿拉伯化和格拉布被驱逐。赫赫有名的阿拉伯军团前身是1920年英国出资组建的殖民军警分队，旨在维护当地治安，建立殖民秩序。1923年，阿卜杜拉将殖民军警分队与外约旦联合安全部队改组，命名为"阿拉伯军团"，"其目的皆在于恢复及维持政府的权威，借此在国内对付分离主义者和其他异议分子，在国外对付势力寝强的敌人"。[②]但该军团的司令为英国人格拉布，致使阿拉伯军团乃至约旦军事受英国控制。1956

---

① 王铁铮：《中东国家通史·约旦卷》，第147页。

② 〔英〕伯纳德·路易斯：《中东：激荡在辉煌的历史中》，郑之书译，第408页。

年，侯赛因国王对格拉布革职并将其驱逐，标志着约旦在军队国防上彻底独立于英国。"那些怀着民族理想、盼望着建设一支约旦人自己的军队、代表着约旦未来的青年们"开始进入军队，实现军官本土化，有助于提高军队对国家忠诚度，维护民族国家统一。

1957年，纳布勒西政府向英国提出废除《伦敦条约》。随后两国经谈判商定该条约应在1957年4月1日失效，英国军队须在条约正式废除后6个月内完全撤离约旦。埃及抗击侵略者的胜利对约旦有极大的鼓舞作用，民众纷纷要求驱逐殖民者，纳布勒西政府还决定与法国断绝外交关系。1957年，侯赛因要求英国使用约旦军事基地的租金代替英国给予约旦的津贴，把英国对约旦的拨款直接纳入国库，而非提供给阿拉伯军团。此举使约旦获得了经济主动权，是去殖民化阶段性的成功。此后，约旦又陆续在国家机构削减或驱逐英国人，实现国家机构的本土化。

1949年约旦空军组建时，穆俩扎目·阿米勒·胡玛氏被送至英国初级航空学校接受培训，一年后这位飞行员学成回国，成为约旦历史上第一位本土飞行员。在1956年之前，约旦皇家空军都由英国人掌控，自英国军官被驱逐后，开始由约旦人担任高级军官。优秀的飞行员伊布拉欣·奥斯曼开始担任约旦皇家空军司令，空军将领本土化。1956年3月1日，具有历史标志意义的阿拉伯军团实现了本土化，自1949年至1956年担任阿拉伯军团司令的格拉布将军被免职，拉顿·阿南布少将接替他的职位。此后，阿拉伯军团中各个职位均由约旦人担任，实现了阿拉伯军团的本土化，彻底驱逐了英国人。

约旦在机构和人事方面的本土化并不意味着殖民主义彻底消失。自20世纪初期开始的英法殖民主义渗透早已在约旦人心中留下深刻印记，消除意识形态方面的殖民主义更难。此外，殖民国家文化入侵，包括约旦在内的殖民地国家人民崇洋媚外的心态也使意识形态方面的去殖民化不彻底。

二　利用地缘政治优势求发展

外约旦成立之初只包括安曼、萨勒特、卡拉克、外约旦北部部分城镇及靠近汉志铁路的贝都因部落。1924 年，沙特王国对汉志王国发动战争，在英国的斡旋下双方于 1925 年签署条约，将亚喀巴和马安并入外约旦。1947 年，联合国通过了《关于巴勒斯坦分治计划的决议》，第二年以色列建国，巴以问题急剧恶化。1948 年巴勒斯坦战争后，阿卜杜拉趁机兼并了约旦河西岸，扩大国土面积，实现了约旦河东西岸的统一。

但兼并之举招致其他阿拉伯国家的不满，约旦被认为是"出卖阿拉伯人的罪人"，[1] 和众多阿拉伯国家关系紧张尤其是与叙利亚和埃及的关系因政治体制不同而急转直下。在此情况下，侯赛因极力改善与其他阿拉伯国家的政治关系，并加强与其他阿拉伯国家的关系。1958 年 2 月，约旦与伊拉克谈判形成了"阿拉伯联邦"（简称阿联），3 月颁布宪法，合并两国军队，成立内阁。从形式上看，此联邦合作良好，也废除了与埃及、叙利亚的一些条约。但此联邦实际上受到英美控制，具有很强的殖民主义色彩，引起民众不满，7 月 14 日，伊拉克爱国军官的军事政变导致此联邦解体。阿联解体后，约旦和叙利亚的关系好转，相对缓解了约旦周边紧张的局势。

约旦与沙特因汉志归属问题历来有裂隙，但 20 世纪 50 年代末期，两国关系渐趋缓和，至少不再是敌对关系。一方面由于沙特与约旦均属君主制国家，均信奉伊斯兰教逊尼派，有共同的情感纽带；另一方面主要因为国家利益。约旦与沙特毗邻，是沙特抵抗叙利亚、黎巴嫩等世俗国家的第一道防线，也是其他海湾国家抵抗以色列的天然屏障。因此，包括沙特在内的海湾国家均对约旦持非敌非友的暧昧态度，在重大问题上不明确反对约旦立场，甚至默许其行为。

作为和以色列拥有共同边界的阿拉伯国家之一，约旦步履维艰，

---

① 王铁铮：《中东国家通史·约旦卷》，第 211 页。

既不能过分屈从以色列，避免引起阿拉伯国家的不满，又不能无视以色列的直接侵略和入境打击巴勒斯坦游击队造成的间接损失。整个50年代后期，约旦对以色列均持温和态度，不公开抵抗，也不主动示好，在保证国家安全为首要任务的前提下与以色列斡旋。但1967年六五战争使约以关系彻底破裂，约旦惨败后失去了约旦河西岸和东耶路撒冷地区。

三　扩大中央集权与细化职能机构

亨廷顿认为政治现代化的任务之一是把权力集中于公共机构和政治功能专门化，各专职部门，如立法、军事、行政和科学，都应由专门机关去执行，科层组织更精密、复杂、更有纪律性。[①] 随着阿卜杜拉时代的终结，之后上任的塔拉勒和侯赛因实施新政，改组政府部门，细化职能部门，推动了政治现代化的发展。

1. 中央集权政治体制的健全和完善

从18世纪末到20世纪中期……中东诸国政府重点致力于军事现代化和现代中央集权化。[②] 侯赛因逐步完善其祖父亲时期的政治、行政体制，实施基于民主、社会公正、法律主权原则基础上的政府政策，排除地理、族际因素构建国家机构，分别从以下几方面加强中央集权。

首先，国王、王室权力、继承制度的确立；王室在约旦国家决策和管理中发挥关键作用，[③] 设有宫廷办公室、王室典礼局、宫廷总管、宫廷大臣等机构和职位，以及诸位王后办公室和王储办公室。这些机构均对国王负责，受国王绝对领导，是君权的捍卫者。约旦实行长子继承制，保证了权力交接时的平稳过渡，有利于维护国家稳定。

其次，行政、立法、司法权力机构的完善和健全；外约旦建立之

---

① 参见〔美〕塞缪尔·P.亨廷顿《变化社会中的政治秩序》，王冠华、刘为等译。

② 〔美〕塞缪尔·P.亨廷顿：《变化社会中的政治秩序》，王冠华、刘为等译，第408页。

③ 唐志超编著《列国志·约旦》，第91页。

初便组建了内阁，埃米尔是行政首脑，内阁的行政管理权归首相，下属涵盖全国各个系统的诸多行政部门，掌控了国家大部分权力。约旦立法权归国民议会和国王，国民议会分为参议院和众议院，有完善的任命选举机制和特定的权力。约旦司法独立，但同时设有宗教法庭，与国家宪法共同发挥作用，大量乌里玛参与司法案件。

2. 细化组织和职能机构

"颁布一部宪法，设立一个议会，改革政体，引入西方近代政治制度的一些民主要素"是起步阶段宪政革命的主要内容。[①] 1947 年10 月，约旦颁布宪法后设立了参议院，设有 10 个席位。1948 年，约旦又成立了议会，这标志着现代约旦君主立宪制形式的完善。一旦一个国家实现了独立，将用新的行政机构取代殖民时期设立的旧机构。[②]

1952 年，约旦政府通过宪法又细化了参议院和众议院的职能。参议院包括议长在内，其席位不得超过众议院席位的半数；经国王核准后，该院在之后的四年内直接行使权力，参议员成员须年满 40 岁，为现任或前任首相或大臣，曾任众议院院长、上诉法院院长、法官、少将以上的军官、其他对民族、国家有功劳的人员。参议院成员必须为约旦籍，无犯罪前科，不得同时兼任两院议员，议员不得兼任其他公职。得到国王核准与首相签字任命的参议员，需按照宪法规定行使其职权，在核准行政法案时，需经全体国会议员 2/3 多数通过方可。此方式使众议院只能在参议院核准的情况下通过法律、法规的决议，防止国会长期受一方控制。众议院在四年内依照选举法以普遍、直接选举的方式选出议员，议员需年满 30 岁，此外大部分条件与参议院成员类似。

1956 年，约旦政府颁布了一项法律，将警察与宪兵从阿拉伯军团中分离出来，成立了独立的公安局，由扎伊姆·哈巴扎特·塔巴拉

---

① 陈德成主编《中东政治现代化：理论与历史经验的探索》，第 41 页。
② Frantz Fanon, *The Wretched of the Earth*, New York: Grove Press, 1968, pp.148-205.

担任首任局长。1959 年，约旦成立了国防部，该部既不受公安系统管辖，也不受财政部的资金制约，是完全独立的部门。

3. 推行政改，促进政治现代化

民主化制约了国家的暴力性和官僚化倾向，从而确保了政治生活的活力，并增强了制度化的弹性。民主化的推进是国家调控能力的进一步深化。在国家构建过程中，民主化集中体现在两个方面：一是选举体制的普遍推行；二是自治范围的扩大。① 现代约旦建立后，国王逐步深化民主体验，以此实现公正原则，提高社会各阶层国民的政治参与意识，实行政改。

第一，塔拉勒颁布新宪法。塔拉勒在位时间虽短，却开启了旨在实现约旦政治自由化的改革，于 1952 年颁布了具有西方民主色彩的宪法，确立议会为立法机构，在三权分立的原则上确定了约旦君主立宪制的政体，国会制定法律，政府实施法律，司法机构监督并解释宪法，内阁是最高执行、管理机构。

鉴于约旦政治制度中国王的重要性，宪法第二十八条明文规定了约旦哈希姆王国的王位由阿卜杜拉·伊本·侯赛因国王的直系男性后裔按以下规定继承：王位由国王传于其长子，再传于长子之长子，依次类推。如果长子在国王传位前去世，王位应由已逝长子的长子继承，无论已逝长子是否有兄弟。但国王有权力从已逝长子的兄弟中挑选一人作为法定继承人，在此情况下，王位继承权属于该法定继承人。

如果王位继承人去世时无后嗣，则王位应传于他最年长的兄弟。如果王位继承人已无兄弟，则传于最年长兄弟的长子。如果最年长兄弟无子，则传于按年龄顺序的其他兄弟的长子。如该继承人无任何兄弟和侄辈，王位由叔父及其后裔按照年龄次序继承。如国王因患精神疾病而无法执政时，内阁在获得证实后应立即召开国会，国会确证其病情后，应通过决议依照宪法将王权移交至其继承人。

---

① 杨雪冬：《民族国家与国家构建：一个理论综述》，《复旦政治学评论》2005 年第 00 期。

　　如果国王去世时无任何继承人，由国会从已故国王侯赛因·伊本·阿里的后裔中推选一人继承王位。继承王位者必须是穆斯林，年满18岁，智力健全，为合法婚姻所生，父母均为穆斯林。如果王位由未成年者继承，王权由摄政王或摄政委员会行使，摄政王或摄政委员会由内阁任命。①

　　约旦宪法已授予国王发布法律条例的职权和行政管理的职权。发布条例的相关职权如下：①为法律的实施制定条例的权力；②发布不受任一生效法律约束而由当地部门与一般下属机构处置的自治条例；③在紧急状态下为维持稳定发布特别条例并宣布防卫法案与军令。

　　行政管理的职权体现在：①国王任免首相或接受其辞职，国王根据首相建议任免大臣或接受其辞职；②国王任免高级官员及高级法院法官；③国王为海、陆、空三军的最高统帅，有权宣战、缔结和约；④国王签署各类条约和协定；⑤国王创设、授予官员衔级、军衔、勋章和荣誉称号等。②

　　此宪法被认为是一部具有真正民主意义的宪法，完成了对三权分立各自职权的限定，实现了权力的平衡，为现代约旦的政治发展奠定了基础，它的颁布开启了约旦政治现代化、民主化进程，实现了现代化进程中法律体系的完善。约旦著名历史学家阿里·穆哈发扎认为，"1952年颁布的约旦宪法体现的是真正的民主，2012年修改后的宪法也未能超越该宪法的民主范围和程度"。③但由于君主立宪制的政体特性，该宪法对国王的权力没有制约，限定国王权限的条件只有涉及国库承担财政开支和影响约旦人民的一般权利或个人权利的条约和协定；国王命令非经国会批准不得生效。

　　第二，侯赛因新政尝试。接受过西方现代教育的侯赛因深受其祖父阿卜杜拉影响，具有政治家的野心和头脑，执政之初就联合法伍齐·穆尔基内阁实施新政，任用年轻政治家。政府改革的意图是给予

① 参见约旦1952年宪法，http：//www. parliament. jo/node/137。
② 参见约旦1952年宪法，http：//www. parliament. jo/node/137。
③ 源于2015年7月22日作者对约旦大学文学院著名历史学家阿里·穆哈发扎的访谈。

人民享有宪法自由的权利，并答应释放被关押的政治犯，中止 1935 年 1 月颁布实行的《保卫法》等。议会也批准了有关政治结社、言论和出版自由的法律。[①] 但新政进展不顺，激发了约旦民族民主运动，在二战后阿拉伯民族主义运动的大潮下，国王王位及君主制政体合法性也受到挑战和质疑。

第三，1956 年大选与纳布勒西政府改革。1956 年 10 月，约旦举行大选，国王进一步扩大民主范围，但国王的民主化改革是在不触动其统治利益的前提下进行。1957 年，纳布勒西组阁后，国家内外政策偏"左"。政府释放政治犯，准许民主报刊合法出版，给予妇女选举权。但在当时美苏争霸的形势下，纳布勒西亲苏联，有碍侯赛因亲美争取援助的战略方针。此外，约旦是君主制伊斯兰国家，君主不允许社会主义意识形态威胁其统治与国体，改革最终停止。

第四，修改宪法，强调政治多元化。自 1952 年颁布宪法后，约旦数次对其进行修改，其中 1960 年议会通过了关于国王有权延长众议院任期的宪法修正案，1965 年确立了长子继承制。虽然约旦宪法不断强调法治化、民主化，加速政治现代化进程，但由于其国体为君主立宪制，这些修改都不触动王权，甚至有加强王权的趋势。

四 强化国家认同与扩大民主参与

随着国家多元化的发展，势必出现各种力量，民族主义开始成为国家内聚力的威胁，其他社会思潮、团体也蠢蠢欲动。因此，在推进现代化的过程中，强化以国家认同为基础的民族国家构建尤为重要。在此过程中，政治领域的政治符号同样发挥了相当重要的作用。[②] 如国名、国旗、国徽、国歌、首都、货币、护照、纪念碑、博物馆、传统习俗和法定假日等，民族诸象征的华丽甲胄为表达、代表和加强民族的定义范围服务，并且通过共享的历史记忆、神话、价值观等共同

① 王铁铮：《中东国家通史·约旦卷》，第 184 页。
② 王铁铮：《中东国家通史·约旦卷》，第 12 页。

形象把民族内部所有成员团结起来，① 民族的独特语言更是构成民族国家意识的核心原则。约旦国民统一使用阿拉伯语，货币使用第纳尔，重视伊斯兰教传统节日，加强了国家认同。此外，约旦建立了许多有国家象征意义的纪念馆、博物馆，举行重大庆典，在各个领域强化国家认同，有利于国家统一，强化人民爱国主义意识。

20 世纪五六十年代约旦政治环境相对宽松，政府对于客观存在的各种力量和思潮采取"疏"而非"堵"的开明政策，有利于扩大政治参与，促进政治现代化。在此形势下，一些政党和思潮纷纷涌现。1956 年，约旦实行议会选举。此次选举是在多政党、多元政治基础上的第一次民主选举，选民来自全国各村镇，是一次相对成功的民主尝试，代表民主力量的纳布勒西组阁更是约旦当时政治环境的写照。但君主制的本质决定了这种民主和自由是有限的，约旦政府从未完全信任政党，也不允许政党自由发展甚至干政，政府与政党是制约与被制约的关系，纳布勒西内阁的倒台再次证明这点。

第三节　侯赛因国王的政治改革
（1968～1999）

1968 年，约旦经历了六五战争，国家政策有所调整，实现了现代化过程中政治和社会的强固阶段，进入经济和社会转变阶段。此阶段从 1968～1999 年结束，包括三方面内容：民族国家构建的扩大与国家认同的重塑；政治参与扩大，民主取得相当大的发展；侯赛因的独特执政思想。同时，阿拉伯国家发现了石油，新兴的石油输出国从半农业半游牧社会迅速迈上现代化之路，地处阿拉伯中心地带的约旦石油资源匮乏，但仍受到石油地租型经济的影响。

---

① 转引自〔英〕安东尼·史密斯《民族主义：理论、意识形态、历史》（第二版），叶江译，第 7 页。

一 民族国家构建的扩大与国家认同重塑

20 世纪 60 年代起，阿拉伯世界石油产业开始兴起，许多产油国开始发展石油地租型经济，石油地租型国家（Oil Rentier States）在器物层面大步跨入现代化。约旦境内石油资源匮乏，但因临近沙特阿拉伯、伊拉克、阿曼、伊朗等产油国，间接受到石油经济的影响，属于准地租型国家（Semi-Rentier States），社会、经济取得飞跃式发展。约旦作为一个后期的现代化国家，其推迟到来的现代化最大的特点是国家全力投入追赶型现代化。同时，约旦作为外源型现代化国家，其现代民族国家、改革政党等有组织的社会力量扮演主导力量。

约旦政治现代化的领导力量国家政府在过去几十年中已经实现了中央集权化，完成民族国家的初步构建。但 1967 年六五战争后，巴勒斯坦解放组织兴起，在约旦境内形成了"国中国"，与以色列展开游击战，这导致约旦直接受到以色列的打击，约旦民族国家构建受到威胁。以色列的挑战和威胁有两方面：一方面是直接威胁；另一方面是阿以战争造成的巴勒斯坦难民构成的间接威胁。

1967 年战争之后，约旦国家认同和民族国家有了新的含义，对巴解不信任和持续的敌意是整个 70 年代侯赛因对巴勒斯坦政策的因素之一，使巴勒斯坦人和约旦人之间产生矛盾。约旦官方认为巴勒斯坦人和约旦河东岸的人属同一民族，而此时约旦本土人，即来自约旦河东岸和 20 世纪 20 年代被沙特击败后的阿拉伯半岛阿拉伯人，自 1948 年以来已经成为约旦境内的少数者，"远不及巴勒斯坦人（约旦河西岸的人们）数量"。[①]

① Paul A. Jureidini, R. D. McLaurin, *Jordan: The impact of social change on the role of the tribes*, p. 2. See Sideny Zion and Uri Dan, "Israel's Peace Strategy", *New York Times Magazine*, April 8, 1979, p. 3. See R. D. McLaurin, ed., *The Political Role of Minority Groups in the Middle East*, New York: Praeger, 1979, p. 274.

巴勒斯坦人已经有了一个国家，它的名字是约旦。[①] 约旦甚至被许多人认为是"一个国家两个社会"，[②] 两个社会分别指巴勒斯坦人和约旦人，此时约旦的国家认同已受到严重挑战。

有效的政治权威必须根植于一个统一的民族共同体之中。[③] 约旦领土和统一国家形成的晚造成国家认同程度低，部落社会长期存在，国民中部落价值观仍然较强，部落认同对国家政治认同构成威胁。此阶段约旦的重要任务是巩固民族国家构建，重塑国家认同。

首先，扩大国家认同，促进民族国家构建。1970 年内战，被认为是约旦民族国家构建的新起点，是国家认同形成的开端。自约旦建立以来，危机、突发事件不断。阿卜杜拉国王遇刺后，叙利亚曾觊觎吞并约旦；在继承权问题上王室争斗不断；统治上层国王和内阁时有矛盾。但每次危机的度过和矛盾的解决，都体现了国王的睿智和治国才能，逐步形成约旦君主民族主义。[④]

此外，"约旦优先"的口号被提出，巴勒斯坦裔约旦人认为这种纯粹的约旦国家认同是对巴勒斯坦人的挑衅，是对阿拉伯大革命思想遗产的颠覆。突发事件、内战和以色列的威胁加强了国家认同和民族国家构建，以民族为基础的政治归属感也逐渐形成了。[⑤] 约旦与以色列接壤，时刻受到以色列觊觎和威胁，在历次中东战争中约旦是除巴勒斯坦外受损失最大的国家。正如侯赛因国王所说："经历过分裂的约旦，现在是一个十分团结的国家。这种团结的纽带就是阿拉伯民族主义的实质，经常被阿拉伯人自己所歪曲，或者被那些威胁着阿拉伯

---

① Paul A. Jureidini, R. D. McLaurin, *Jordan*: *The impact of social change on the role of the tribes*, p. 2. See Sideny Zion and Uri Dan, "Israel's Peace Strategy", April 8, 1979, p. 3. See R. D. McLaurin, ed. , *The Political Role of Minority Groups in the Middle East*, New York: Praeger, p. 2.

② See Jordan : "One State with Two People", Chapter 9 of Daniel Lerner's classic *The Passing of Traditional Society*: *Modernizing the Middle East*, New York: The Free Press, 1958.

③ 〔美〕塞缪尔·P. 亨廷顿：《变化社会中的政治秩序》，王冠华、刘为等译，第 290 页。

④ 黄民兴：《试论 20 世纪中东君主制的变迁》，《西亚非洲》1997 年第 6 期。

⑤ 杨雪冬：《民族国家与国家构建：一个理论综述》，《复旦政治学评论》2005 年第 00 期。

民族利益的人所破坏。"① 在抵御外敌入侵的过程中，增强了约旦人民的爱国主义、民族主义情感，有利于国家团结。

二 扩大政治民主与参与

侯赛因是接受过传统阿拉伯-伊斯兰教育和西方精英教育的君主，他的阿拉伯属性和哈希姆家族后裔的身份决定了其领导的传统特性，但这并不影响他改革原有政策，在传统性与现代性之间找到平衡点。侯赛因执政几十年中最大的特点便是审时度势，在夹缝中求生存。自 20 世纪 70 年代起，侯赛因继续政治改革，形式上是进一步限制哈希姆家族寡头政治，实质上是为了维护其统治。

1. 提出宪法修正案，颁布戒严法

1974 年，约旦国民议会通过了侯赛因提出的宪法修正案，规定约旦河西岸的巴勒斯坦裔约旦人将不参加议会选举。约旦内阁也进行改组，组成了不包括约旦河西岸巴勒斯坦人在内的新内阁。② 这是约旦民族国家构建的转折点。侯赛因提出此修正案有两个原因：第一，1970 年内战被认为是巴勒斯坦人针对约旦的"革命"；第二，拉巴特阿拉伯国家峰会决议认为巴勒斯坦解放组织是巴勒斯坦人唯一的合法代表。侯赛因认为该决议有偏见，该决议最终未被约旦的巴勒斯坦人接受，他们并未选择巴解作为其代表，也未就此进行公投。阿拉伯分析人士认为巴勒斯坦裔占约旦全国人口的一半或者多数，③ 在内阁完全排斥巴勒斯坦裔，加剧巴勒斯坦裔的不满和离心力，从长期来看不利于民族国家构建。自 20 世纪 80 年代起约旦还颁布了《戒严法》，以应对巴勒斯坦人的威胁，保证国家安全。由于《戒严法》的颁布和其他的安全措施，20 世纪 80 年代约旦有了短暂的稳定。

---

① 〔约旦〕侯赛因：《我的职务是国王——约旦哈希姆王国国王侯赛因》，孟早译，第44 页。

② 唐志超编著《列国志·约旦》，第 89 页。

③ 〔黎巴嫩〕《阿拉伯之春激化约旦认同与替代国家危机》（阿文版），《阿拉伯人报》2012 年 12 月 17 日，http：//www.alarab.co.uk/？p=11818。

2. 成立全国协商委员会

20 世纪 70 年代以来，大部分阿拉伯国家都致力于扩大政治协商影响力，完善政治现代化。1978 年 4 月 15 日，约旦颁布了《全国协商委员会法》，作为约旦临时法生效。20 日，国王办公室为调整内阁，组建了全国协商委员会。该委员会只行使咨议作用，无立法权，仅存在至 1984 年。在当时的政治环境下该委员会起到制约寡头政治的作用，一定程度上扩大了政治民主。

3. 政治民主化开启

进入 90 年代，由于国际金融危机和国内经济问题，约旦爆发了不同程度的骚乱。为平复国内民众不满情绪，约旦开启政治民主化进程。此进程包括三方面：政治改革、新闻自由和提倡人权。在此背景下举行 1989 年议会选举，此次选举参与范围广，政治限制少，"堪称是一次自由公正的选举"。[1] 此次选举共选出 80 位代表，详见表 2-2。

表 2-2　外约旦的参议院政治成分组成

众议院议员来源	席位	百分比（%）
伊斯兰行动阵线	17	21.25
独立伊斯兰人士	5	6.25
左派民族主义者	11	13.75
中间自由主义者	13	16.25
保守派人士	34	42.5
总席位	80	100

资料来源：〔约旦〕哈米德·杜巴斯：《约旦第十二届民族委员会导读》（阿文版），约旦研究新中心，1995，第 93 页。

从表 2-2 内容可知，约旦议会席位中存在各种党派尤其是反对党，将增加议会的实际监督作用，影响议会与执法机构的关系。同时，在此次选举中女性选举人参与较广，社会动员有力，宣传广泛，是中东民主化改革的典范。此后，从 1984 年议会选举到 2000 年约旦

---

① 王铁铮：《中东国家通史·约旦卷》，第 300 页。

议会开始全面行使其权力。众议院在立法机构中的实际作用凸显，开始提交法案，发挥它对法案的调整作用。众议院也加强对政府和其他机构的行政、财务、政治监督作用，使宪法在上述监督领域中发挥实际作用，这是约旦政治现代化进程中全新的突破。

众议院还要求政府展开国民对话，公开政治、文化、经济、社会方面的政策细节，加强对执法机构的监督。此时，众议院的一个新作用是加强对政府机构和其他部门行政、财务腐败的监督，有利于增加政府公信，使民众对政府机构信心增强。政治上，尽管约旦实行了议会制，但君主制才是其本质，国王的统治实质上是一种现代化专制，它具有一种与代表国家的君主或国王相关的传统意识形态。在此社会，权威位于政治的顶端，尽管事实上这一权威可能与其他机构如理事会、议会或政党等进行分享。①

4. 1990 年《国家宪章》颁布，真正扩大了民主

对处于现代化之中的社会来说，所谓"建立国家"，部分意味着创建有效的官僚机构，但更重要的还是建立一个能够调整新集团参与政治的有效政党体系。② 该宪章强调多元性，取消党禁，扩大媒体新闻自由，暂时冻结《戒严法》，取消《紧急状态法》，朝着民主化迈进了一大步。同时，该宪章尊重人权，尝试公民对话，在王室、统治精英与国民间建立起对话机制，扩大政治参与，有利于及时解决危机、问题，维护政权稳定性。③

"创造一个民族国家，拥有一个有效率的政法和合乎情理的稳定的舆论"是现代化领袖真正获得权力的标准之一。④ 1991 年颁布的国家宪章是约旦政治制度发展的分水岭，此宪章为重新构建约旦政治、在多党制基础上重新塑造政府与党派的关系奠定了基础，有利于政权和平过渡，使宪法更具权威性。该宪章适应当时内部民主转变和外部

---

① 〔美〕戴维·E. 阿普特：《现代化的政治》，陈尧译，第 25 页。
② 〔美〕塞缪尔·P. 亨廷顿：《变化社会中的政治秩序》，王冠华、刘为等译，第 335 页。
③ 李茜：《约旦民族国家构建演进历程与特点》，《科学经济社会》2015 年第 1 期。
④ 〔美〕C. E. 布莱克：《现代化的动力》，段小光译，第 103 页。

多变的环境，也有利于巩固民族国家构建。

5. 政治参与扩大

政治现代化中领导力量的另一个源头来自对在任的传统领袖不满的那些人，这些人包括传统政治体制中持不同政见者，也包括新兴群体，如医生、律师、实业界人士、论功晋升的新型军队的军人和采取各种生活方式的知识分子等。[①] 在经济和社会的转变阶段中，中东地区大多数国家，其统治者所领导的政府，或多或少都属于某种形式的专制政府。其中有一些采取的是传统式的温和专制，遵行古典礼法，允许存在一些不同意见。[②] 大众参与是指人民通过大规模的组合参与政治并受政治的影响，包括个人参与和组织参与。在此过程中人民参与政治体系能力增强，包括创意能力、动员能力、生存能力。约旦政治参与经历了从个人参与到组织参与的过程。

约旦政治的一大特点便是多元性和参与性。哈希姆君主制本身是基于多元社会结构力量的整合。此多元性来源于约旦各个社会阶层的融合、组合，这些阶层为民族国家构建做出了贡献。约旦是单一族群国家，本土约旦人占多数，其次为巴勒斯坦人，民众以逊尼派为主。约旦巴勒斯坦裔虽获得国籍，在议会拥有席位，但未自治，因而不属于法律上的族体，[③] 用"跨界族群"定义更准确。此外，约旦还有部分切尔克斯人、车臣人、非约旦籍的阿拉伯人（如叙利亚人、内志游牧部落等）以及其他少数民族（如德鲁兹人、库尔德人等），所有这些族群都对约旦国家构建做出了重要贡献。由于地理因素及与东西部约旦人的复杂关系，这些族群中巴勒斯坦裔自发做出的贡献更大，有利于约旦政治和国家统一，约旦国王阿卜杜拉谈论约旦的社会时甚至像他父亲一样称其为家庭。[④]

---

① 〔美〕C.E. 布莱克：《现代化的动力》，段小光译，第 91 页。

② 〔英〕伯纳德·路易斯：《中东：激荡在辉煌的历史中》，郑之书译，第 17 页。

③ 黄民兴：《从民族国家构建的视角析当代中东国家的社会整合》，《西亚非洲》2013 年第 4 期。

④ 李茜：《约旦民族国家构建演进历程与特点》，《科学经济社会》2015 年第 1 期。

多元化和参与性也体现在组阁中，巴勒斯坦人可参与组阁，但大部分席位通常保留在东部约旦人中。组阁时还考虑到地区代表，由来自国家不同地区、不同强大部落的代表参与。约旦将国家自身视为巴勒斯坦人和东部约旦人之间的桥梁。

即使在随后的几十年间，约旦境内的巴勒斯坦人除带来政治挑战外，也为约旦带来了尊重现代化知识的正确意识和 20 世纪的觉醒。他们的挫败、愤怒同样掺杂着努力工作和成就。随着政治上的成熟，他们开始要求在国家部门工作，要求工作机会、事业和其他与生活相关的内容，简而言之，便是大众参与。

20 世纪 80 年代中期的约旦，由于财富分配不均引起政治局势紧张。1986 年，雅尔穆克大学发生了骚乱，因一名学生抗议学费增加引起一场针对警察和军队的激战。同年，侯赛因国王颁布了新的选举法，妇女首次获得了选举权，众议院人民代表的席位从 60 个增加到 142 个，席位分配涵盖了各宗派、族群，为基督教徒、巴勒斯坦人、喜克索斯人和车臣人也提供了席位。但在党禁未取消和全面选举未展开的形势下，很多人质疑新选举法的意义和作用。

1992 年 6 月，约旦众议院召开了一次特别会议，主要讨论政党和新闻自由的法案，并确定于 1993 年举行一次多党制基础上的选举。此后在 20 世纪 90 年代中后期，约旦又进行了数次多党制选举，但选举结果均是以约旦东部部落人数占多数而告终，尤其是在 1993 年选举中，大部分巴勒斯坦人放弃投票以抗议被边缘化。1993 年，选举的目的是为了减少伊斯兰主义者和其他反对派的席位，以便使约旦和以色列易于缔结和平条约。多党制选举的形式是民主政治的一大进步，但由于约旦君主制的特性，国王的任何改革都不会触动其统治根基，不会实现真正的民主。

1992 年，约旦颁布了《政党法》决议，据此建立了 28 个党派，其中四个主流党派民族派、伊斯兰派、左派和自由主义中间派分别是在思想和不同信仰上的代表，可参与绝大多数的选举。这是约旦政治多样化的重要体现，《政党法》可保证政党参政，使之与民主原则相符，但政党不具有实际权力。实际上，约旦政党作用在此期间降到最低，社会对此普遍不满。90 年代，约旦人口中只有 3% 的人加入政党。

在 1989 年第十一届立法委员会选举中，党派所占席位下降，伊斯兰各派别的席位增至 32 个，其中 40% 为当时的议会成员。民族派别和左派获得 13 个席位，占总席位的 16.3%，保守派和中间派获得 35 个席位，占总席位的 43.7%。1993 年第十二届委员会选举是自 1992 年《政党法》出台后政党首次公开尝试在政治领域履行其职责，在 93 名候选人中，伊斯兰派候选人数为 38 名，民族派为 8 名，左派为 16 名，中间派为 31 名；党派代表在选举中获得 29 个席位。但在 1997 年的选举中，只有 11 位党派成员参选。

由此可见，约旦的政党力量比较薄弱，一方面是参与政党的民众数量少；另一方面是政党参与政治的程度低。导致政党参与率低的原因是贝都因游牧部落的约旦人政治素质不高，伊斯兰教的传统影响导致人们参与组建政党、结社的意愿低。政党参与政治程度低的原因主要是约旦的政党普遍没有科学系统的政治纲领和目标，组织涣散，在国家政治生活中长期边缘化。自 20 世纪 50 年代至 1992 年，约旦政府对党员进行迫害和跟踪，使国民对此有所畏惧，也造成民众较少参与政党。政府一方面强调多党参与；另一方面又不想让政党强大，通过官方媒体为国家控制、教化人民。因此，在约旦的改革和现代化进程中没有一党独大，约旦党派各方面水平不高，力量薄弱。

三 侯赛因的执政思想与外交理念

侯赛因自 1952 年继位至 1999 年执政近 50 年，是阿拉伯世界在位时间最长的国王。在其统治下，约旦摆脱殖民主义的委任统治，走上独立发展之路。侯赛因继承了其祖父泛阿拉伯主义的思想和雄心壮志，也具有其父亲的民主意识。因此，侯赛因的统治思想具有民主的一面，但不脱离其君主的范畴，逐步形成了君主民族主义思想，其政治思想与施政理念如下。

勤政爱民。侯赛因自幼跟随其祖父阿卜杜拉，无形中学到了祖父勤政爱民的作风。少年时，侯赛因分别在埃及、英国学习，爱好驾驶飞机，在求学的过程中锻炼了其坚毅的性格，为后来他在国际风云变幻中做到处变不惊奠定基础。侯赛因拥有非凡的个人魅力，国际社会也认为他勇敢，从而成为哈希姆家族旗手并从不放弃信念。"他既会装糊涂，又会在做出选择时固执己见；他既懂得等待时机，又会用力一击；他不偏执，他可以恰当给予对方惩罚而不至于犯罪。他总是本能的做出决定，承担责任，他知道如何充分利用他的个人资源和来自传统社会的资源以达到他的目的。"[1]

侯赛因执政期间经常像他祖父一样深入各个部落，与部落长老对话，拥有深厚的群众基础。侯赛因本质上是名军人，始终与军队保持密切联系，在历次危难中，约旦军官均竭力维护侯赛因，使他在数次政变和谋杀中化险为夷。约旦人把阿卜杜拉称为约旦的建立者，把侯赛因称为约旦的建设者，在他的带领下，约旦面貌焕然一新，走上了现代化之路。约旦大部分人认为约旦这个国家的大部分成就归功于国王侯赛因。[2]

注重团结，形成君主民族主义思想。侯赛因在继位之初影响力有限，20世纪50年代阿拉伯世界的风云人物是埃及总统纳赛尔，作为君主制国家的国王，侯赛因甚至饱受诟病。但随着阿以冲突的加剧，纳赛尔民族主义思想的狭隘性体现出来，只注重其自身国家利益而牺牲巴勒斯坦乃至整个阿拉伯世界的利益，引起阿拉伯人不满。相比而言，侯赛因则始终以阿拉伯世界的团结为己任，维护巴勒斯坦安全，使约旦在阿以冲突中发挥了与其自身国土面积不成正比的作用，使约旦在夹缝中生存下来。此时的约旦国王俨然成为抵御外来侵略、保家卫国的民族主义精神的化身。

---

① Uriel Dann, *King Hussein and The Challenge of Arab Radicalism*, New York: Oxford University Press, 1989, pp. 167-169.

② 〔英〕詹姆斯·伦特：《二十世纪军政巨人百传：约旦国王——侯赛因传》，张全先译，时代文艺出版社，2003，第372页。

灵活、务实、中立、平衡的外交政策。约旦在成立之初四面受敌，以色列时刻觊觎其领土；沙特阿拉伯因汉志问题与约旦交恶；巴勒斯坦因 1948 年约旦吞并了约旦河西岸而对约旦不满；阿拉伯世界当时的领头羊埃及纳赛尔因与侯赛因政治理念不同而多有间隙。但侯赛因充分利用约旦的地缘政治优势，在各国之中斡旋。他在重大问题上持中立态度，在涉及约旦利益的问题上奉行灵活、务实和平衡的外交政策，成功化解了约旦与叙利亚的积怨，也在英国的斡旋下解决了汉志问题，与沙特阿拉伯建立良好的关系。侯赛因还促成埃及重返阿拉伯世界，成为阿拉伯世界一定时期内的领头羊。约旦在与巴勒斯坦方面，巴勒斯坦解放组织重新被约旦接纳。在与西方世界的关系上，约旦自 20 世纪 50 年代开始亲美疏英，但没有完全放弃英国的援助。

冷战时期，约旦也是苏联和美国争夺的对象，但君主立宪制的政体和哈希姆家族的传统使侯赛因抗拒苏联而亲美，自 70 年代后更是唯美国马首是瞻。在 1991 年的阿以和平进程中，约旦积极推动中东和平进程，通过促进和平进程恢复其与西方关系，与美国结盟。侯赛因灵活、务实、纵横捭阖的外交政策与手腕，使约旦摆脱四面受敌的困境，在稳定的政治环境中取得现代化发展。

基于共同利益的公平贸易，常常主导着民族与民族、国家与国家之间良好而富有成效的关系，甚至在出现严重分歧的情况下，还能保持坦诚而全面的对话。新中国成立后，中约两国有记载的民间交往开始出现。1956 年，约旦首相纳布勒西受民族主义思想影响，准备正式承认中华人民共和国，希望与中国建交。同年 8 月，中国伊斯兰教学会筹备委员会主任鲍尔汉带朝觐团访问约旦，10 月中国贸易代表团也赴约旦访问。这两次访问在中约关系史上具有划时代的意义。在政治外交方面，中国支持约旦独立，支持约旦人民的斗争。

1958 年 7 月，约旦右翼保守势力为防止"伊拉克军官组织"发动的革命波及自身，紧急向英美求援。随后英国调来空降部队和 2000 名步兵，构成实质上的入侵。约旦人民 7 月 24 日举行罢工，要求英国撤军。此时中国政府发表严正声明，警告英国政府撤军，中国各地民众也举行集会与抗议示威活动声援约旦。1977 年 4 月 7 日，中国与约旦正式建交，建交初期，尽管中约关系发展缓慢，但双方通过各种方式不断发展友好关系，此后两国在政治、经济、军事、文化、社会等各方面的关系稳步发展，友好往来频繁。双方友好关系全面开启，稳定发展，近 50 年来两国在各个领域的合作取得丰硕成果。

约旦自从与中国建立大使级外交关系后，双方在政治外交领域合作不断扩大，双边关系友好稳定，建立大使级外交关系，双方高层联系频繁积极。两国在政治、安全方面也相互合作、支持，并展开全方位、多层次的经贸、商业合作。中约两国在科教文卫、艺术等方面的交流发展趋势亦良好。约旦与中国保持友好关系，以更加积极的态度和方法来解决两国共同面临的安全问题，与约旦共同促进地区的和平、稳定与发展。两国在政治、经济、社会、文化等各个方面将继续加强沟通和交流，使约旦作为"一带一路"沿线支点国家发挥更重要的地区作用，促进"一带一路"沿线国家不同文化、文明间的融合，为实践这一伟大倡议做出贡献。①

第四节　阿卜杜拉二世时期的宪政危机
与改革（2000~2015）

1999 年，阿卜杜拉二世继位约旦新国王，自此开启约旦历史的新篇章。此时世界格局发生重大变化，苏联已经解体，美国成为全球霸主，阿拉伯国家局势风云变幻，阿卜杜拉二世自幼接受过西方教育，继位后面临社会转型时期的严峻挑战。20 世纪八九十年代，由于债务危机和腐败、政权过渡问题，约旦国内政治一度陷入混乱，人民改革呼声颇高。2010 年爆发的"阿拉伯之春"对约旦更是一场宪政危机，危及国王的统治。如何推动内部制度改革，在全球化的浪潮中维持君主制统治是国王面临的最大困境。此时约旦的政治体制迫切

---

① 李茜：《"文明交往论"视域下的中约关系》，《宁夏社会科学》2015 年第 6 期。

需要更多的开放，来加强政治合法性。

一 2000～2010年现代化改革

1999 年，阿卜杜拉二世国王接替罹患癌症的父亲，成为约旦国王。继位之后，面对内忧外患的局面，阿卜杜拉二世开始致力于推动民主政治改革，发展多元化政治思想，提高自由程度，鼓励政党发展，尊重人民言论、信仰、思想和政治上的自由。身为哈希姆家族继承人，阿卜杜拉二世国王认为约旦首先是个阿拉伯国家，强调它的阿拉伯属性。因此，约旦支持巴勒斯坦事业，支持巴勒斯坦人民和所有阿拉伯人民的独立，致力于实现所有阿拉伯国家的团结。阿卜杜拉二世非常重视青年人在国家稳定与建设中的作用，向青年人提出"可持续发展，为青年实现更美好的未来"的口号。他将青年比作"变革的骑士"，深受年轻人爱戴。

1. 新建机构，推行一系列新计划

1999 年，阿卜杜拉二世继位后，一改其父亲谨慎的行事风格，从机构设置、法律颁布等方面开始改革，通过实地考察、调研等方法，运用其西化的思维方式，在政治、经济、科学技术、社会、教育等各个领域推行了一系列改革，为约旦带来新气象。[1] 阿卜杜拉二世的改革是"在继承传统的基础上，推进国家的政治民主化进程"，[2] 2002 年 11 月，阿卜杜拉二世还提出"约旦优先"的概念，以促进当代约旦民主政治发展，深化约旦人民的国家认同感。此概念将约旦的利益置于一切利益之首，提倡尊重、宽容，加强议会民主、法律权威、自由，施政透明以及平等和公正等原则。2004 年，阿卜杜拉二世发表题为"改革是约旦优先事务"的演讲，[3] 指明了改革的方向和

---

[1] 李茜：《约旦民族国家构建演进历程与特点》，《科学经济社会》2015 年第 1 期。

[2] 李伟建：《新生代崛起中东政坛》，人民网，http://www.people.com.cn/GB/guoji/25/96/20021024/850037.html，2015-03-22。

[3] 《阿卜杜拉二世发表题为"改革是约旦优先事务"的演讲》（阿文版），约旦宪法网，http://www.addustour.com.html，2014-02-27。

目标。

阿卜杜拉二世设计和发展局（KADDB）建立。1999 年，约旦皇室委员会颁布法令建立阿卜杜拉二世设计和发展局。此机构是独立的军民两用机构，受约旦武装部队的保护，其宗旨是在本国、区域和全球范围内进行防御系统研发，用高等军事科技提高约旦军队战斗力，在约旦建立一个发达的工业基地。KADDB 肩负着为约旦皇家军队在各个领域提供先进技术的重任，包括工程研究和应用研究两方面。此后该机构负责将有附加价值的研究项目加以设计并推广到工业领域，为创新做贡献。目前，此机构已发展成国防工业的重要合作伙伴，为约旦国防军工系统的发展做出了贡献。

全国土地规划计划。约旦由于资源缺乏和工业发展不平衡，一些地区亟待开发以吸引投资，盘活商业、发展经济等。阿卜杜拉二世继位后根据对约旦各个省份地区的视察制定发展计划，开始推行全国土地规划计划，此计划涵盖人口、城市、建筑和服务方面。约旦国王的实地视察为计划的实施奠定了坚实、可行的基础，保证计划得以实施，国王视察后数次敦促政府制定出全面发展的规划，合理使用土地，以满足未来公共服务、基础设施的需求。

2006 年，国家制定出土地使用规划方案，该方案的实施包括两个阶段：第一阶段为 2006~2007 年，为制定土地全面使用做出规划，将工业、居住使用范围之外的土地统计完毕，评估其使用程度，将其编号分类。农耕的土地编号为 A，农村使用的土地编号为 B，哈希姆家族的土地编号为 C，沙漠地带编号为 D。第二阶段为 2008~2012 年，此阶段为细节实施阶段。此全面发展规划涵盖了约旦除安曼、亚喀巴经济特区之外的 93 个各级行政区域，从中选出优质土地。①

设立经济咨询委员会。阿卜杜拉二世设立了三届经济咨询委员会，此经济咨询委员会又名"经济务虚会"。1999 年 11 月，在国王

---

① 《约旦国家发展规划议程》，阿卜杜拉二世网，http：//www.kingabdullah.jo/uploads/national_ agenda.pdf。

的倡议下首次在死海地区召开经济务虚会。有 160 多人出席会议，会议代表集中讨论实现经济和社会可持续发展的各个方面。会议代表们就此给出一些建议，主要包括五方面：制定实施经济现代化和开放政策；实行财政改革；实行行政改革；调整法律；调整教育政策。在此会议之后，国王下令组建经济咨询委员会，研究与会代表们的提议。

经济咨询委员会陆续落实了以下内容：规定每周公休为 2 天；强化银行在经济发展中的作用；设立亚喀巴经济特区；进行行政改革；制定旅游发展战略；提高高等教育和职业培训教育水平；鼓励兴建私立医疗服务机构；提高公立学校教学水平，加强英语和计算机教育；政府办公电子化；实施私有化战略；发展资本市场；在未来三年内降低财政赤字；实施司法改革。

设立信息技术与通信部。在信息技术领域内，国王致力于利用国内的优质人力资源，将约旦打造成中东地区的信息技术中心，获得国际认可。为此，1999 年，约旦设立信息技术与通信部，制定国家全面科技发展战略，保证实施国王的科技兴国战略。

设立阿卜杜拉二世国王发展基金会。2001 年，约旦皇家办公室同意颁布《阿卜杜拉二世基金会法》，根据此法律设立了阿卜杜拉二世国王发展基金会。该基金会是非政府组织，包括以下计划：1. 非营利计划，旨在支持技能、资格培训，提高国民能力，促进就业，提高生活水平；鼓励创新，尤其是青年人的创新。2. 营利投资计划，旨在通过在国民中实施一些先驱性的生产计划，为消除失业、贫困和不同领域的全面发展做贡献。它主要致力于实现约旦各地区的发展，为支持教育、社会发展做出贡献，实施国家发展计划。

阿卜杜拉二世国王发展基金会的宗旨是通过建立一些先导性的生产项目，公平地分配可持续发展的收益，通过与私营部门企业和民用社会部门的合作改善人民生活。该基金会按照透明、利润分配、可持续发展、共同合作和有效融资的原则运转，为个人、团体、公司和机构提供服务。该基金会的可持续发展包括投资能源、促进生产、培训员工、支持各种形式的创新、培养优质合格的人力资源等。

截至目前，非营利计划已取得一些成就，建立了社会科技信息中心；实施了退伍军人信息技术领域再就业培训计划；为贫困家庭的优秀大学生提供奖学金；为在世界著名大学求学的约旦人提供奖学金；促进青年人就业，在约旦各个大学成立 19 所就业指导办公室；支持科研和青年创新；支持青年参加国内外文化交流和对话活动；建立"我们青年人是约旦"机构，在全国设立 12 个分支机构；通过电视节目为青年人提供信息来源；承办、支持国际会议和论坛；在中东建立科技公司；建立阿卜杜拉二世奖励机构，奖励在世界经济论坛中就中东问题做出创新的青年人。在投资领域里，该基金会也取得了一些成就，建立了国家小型企业融资银行，以帮助穷人；在阿杰隆地区建立了橄榄油成套产品公司，帮助公司扩大产能和利润，提供先进技术。

根据该计划，还成立了约旦技术培训集团"卢比肯"（روبيكون），为约旦人在计算机和动漫领域提供了前所未有的机会。该集团实现了计算机教育阿拉伯语化、国际化，并在约旦中小学中推广计算机技术，约旦将其纳入教育战略。约旦设立信心技术中心，在网络普及时代，为国民提供技术支持。截至目前，该中心已为约旦培训了数以万计的计算机信息技术人才，促进了约旦计算机技术的发展。约旦教育战略旨在培养能在世界经济领域通过技术生存、具有超强竞争力的学生。在此战略指导下，约旦已建立了一百所学校，全面贯彻实施科学技术与教育结合的思想。

该计划还包括国王战略。此战略制定了 2007~2017 年国家发展计划，为国家未来发展制定了规划，主要包括政治机构、政府、人权和自由、经济部门和基础设施方面的内容。首先，在政治机构和政府方面：创造富有吸引力的投资环境，取消贸易壁垒，促进内部社会团结，发展行政，在国内实现公正、平等、透明，使政府有所作为，建立职业培训体系，提供就业补贴，设立最低工资标准，控制工时，为中小企业提供支持。政府实施政治改革，促进经济发展，提高社会福利，促进国家安全。在人权与自由方面：扩大社会参与和宗教自由，实现政治文化发展，法律面前人人平等，提高医疗保健水平和社会自由程度，扩大媒体部门自由范围。在经济部门和基础设施方面：发展安全交通网络和公共交通工具，开发水资源，节约用电，保护环境，与世界技术、信息、通信接轨，发展工业，创造就业机会，维持国家财政健康发展，改善公共医疗服务。

可持续发展战略。根据阿卜杜拉二世国王发展基金会的规划，约旦将实现可持续发展，自 2008 年开始该战略正式实施。此战略包括农业、政治、社会、教育、环境等方面的发展，是经济、社会、环境发展的理想模式。可持续发展战略宗旨是规划与资本、自然、人类、社会生活、国家建设相适应的社会事务；在经济和社会生活、环境方面找到一个平衡点，管理金融资本，发展环境友好型工业；着力于长远发展；消除贫困；合理处理消费与生产的关系；认真审视社会发展各项指数；不以世界发展衡量本国发展；可持续发展信息来源数据可从政府与非政府机构中获取。

制定 2015~2025 年愿景规划。根据可持续发展的规划，约旦还制定了 2015~2025 年愿景规划，具体内容包括：实现经济可持续发展；消除贫困和失业；创建一个安全、公证、平等的社会；提供良好的基础设施服务；保护环境，规划对土地的可持续发展使用；协调人口增长与贫困、能源方面的矛盾。

2. 改革议会选举制度

2000 年，第二次巴勒斯坦大起义爆发，反对犹太人占领阿拉伯的土地，美国正在筹备对伊拉克发动战争，约旦国内要求惩处腐败分子、推进改革的呼声日益高涨。此时，约旦政治面临的最大问题是君主制统治的稳定性和君主立宪制度的合法性。约旦的政治制度必须通过建立必要的机构来实现国家和个人利益，维护国家的独立和主权。可以说约旦君主制合法性的延伸是在宪法条款基础上对于约旦人民的管理。

同时，约旦面临的另一个问题是政治参与问题。政治参与指数是判断政治系统稳定程度的指标之一，民众参也是维持社会稳定的一种手段，以加强政治权力的合法性。失业率上升、经济状况不断恶化影响了公民的信心，此阶段约旦民众参加议会选举的比率有所下降。通货膨胀和腐败问题使公众滋生的不满情绪，也损害了公众利益和民众信心，影响了社会公正和选举透明度，也影响公民干预政治权利的选举结果。此外，约旦政治机构中裙带关系盛行，社会阶层固化，极易导致腐败，引起人们不满。在内忧外患的形势下，阿卜杜拉二世继位后在设立一些新机构、推行可持续发展战略的同时，着手推进约旦议会选举制度改革。

2001 年 6 月 16 日，阿卜杜拉二世组建第十三届众议院，制定了新的议会章程。2009 年 11 月，国王解散第十五届议会，并根据宪法第 34 条第 3 款，解散了众议院。2001~2003 年，约旦开启了阿卜杜拉二世国王时代的第一次选举，代表席位从 80 个增加到 110 个，须有 6 名妇女代表参加。此次选举具有明显的伊斯兰色彩，但最终伊斯兰党派只获得了 18 个席位，尽管席位有所增加，按照选区投票的方式不能做到真正的公平。2005 年 11 月，阿卜杜拉二世任命马鲁夫·巴希特博士为首相，组建新一届内阁。2009 年，根据阿卜杜拉二世的命令，议会于 24 日解散，国王亲自指导政府，通过必要步骤组织选举。

2003 年，约旦提出"政治发展"理念以促进民主，实现民主立法、公共生活民主化，并鼓励对话机制，接受异见人士的建议，将国家利益置于个人利益之上，集中全国各界力量进行一次有效的政治改革。

尽管如此，约旦议会在公共政治领域的工作和议员的工作均未使选举人满意。2003 年，64% 的约旦人认为 2001 年和 2003 年两年议会的解散，并没有造成积极或消极的影响，[①] 2010 年，67% 的人认为第十五届议会（2008~2009 年）的解散也没有起到积极或消极的作用，只有 20% 的人认为，议会的解散对他们有所影响。[②] 因此，约旦民众

---

① 参见约旦大学战略研究中心《2003 年约旦民主状况》（阿文版），约旦大学，2003。

② 参见约旦大学战略研究中心《参与选举和第十六届议会期望》（阿文版），约旦大学，2010。

对议会的有效性有所怀疑，议会制度还有许多不成熟的方面。

3. 扩大言论自由和新闻媒体的参与度

自 90 年代扩大媒体自由以来，约旦媒体言论自由度有所提高，但喉舌部门仍处于政府监管之下，引起人民不满。自 90 年代至阿卜杜拉二世继位，有超过 300 名自由记者和国民针对言论自由提出的诉讼呈至政府，政府已将一半以上的诉讼交至法庭审判，判决结果是国家治安法庭对记者实行关押，部分记者罚金总额达到 10000 第纳尔。2003 年，约旦颁布了非临时宪法，弃用了 1997 年的第 27 号决议，关闭了 13 家周报机构。司法系统成为新闻和言论自由障碍。此外，政府还通过捐助报业、金钱利诱记者、任命一些记者在政府机构担任顾问等方式来垄断媒体、新闻行业。

表 2-3　20 世纪初约旦政府针对新闻媒体自由的政策

序号	内容	比率(%)	总体分析
1	控诉	47	有接近一半的媒体人没有新闻采访的完全自由，政府用行政手段限制媒体自由
2	媒体自由	48	约旦的媒体自由度仍然偏低，与 3% 的人形容其偏高恰好相反
3	政府压力	28.8	媒体人士遭受处罚、干扰，被制造麻烦
4	行政拘留	5	部分媒体人士和记者遭受了行政拘留和阻挠
5	审判	8	部分记者遭受了与媒体相关案件的审判
6	自我监督	94	一些记者在过去数年内经历了数次危险和麻烦，因此他们强行自我监督以避免因自由独立而引发问题
7	批评政府	57	媒体人士与记者认为批评政府是一条红线警告
8	批评公安部门	80	避免批评公安部门
9	批评国家首脑	75	不批评任何政府首脑，无论是阿拉伯国家还是国际社会
10	掩盖信息及禁止媒体采访	45	政府掩盖信息，禁止媒体采访，会拘留记者

资料来源：〔约旦〕穆罕默德·艾哈迈德·米噶达德：《约旦的改革倡议及与政府政策关系的形式：政治经济稳定指数 2001~2010》（阿文版），《阿拉伯大学文学协会》2012 年第 12 期，第 556~557 页。

由表 2-3 可知，约旦的新闻媒体行业仍被政府控制，国家亟待在此方面做出改革。总体而言，与其他阿拉伯国家相比，约旦新闻媒体环境相对较自由宽松。

4. 开展全方位外交，获得外交红利

约旦历来奉行中立、不结盟的均衡灵活外交政策，充分利用外交红利，实现了"外交建国""外交立国"。阿卜杜拉二世上台后推行全方位均衡外交政策，对一些传统外交关系与问题给予新诠释。他积极参与、推动中东和平进程，推行全方位外交，实施更灵活、务实的外交政策，促进与周边国家及世界重要国家的关系，通过此举获得外交红利，反哺现代化发展。

首先，重拾与英国的关系。阿卜杜拉二世的母亲穆娜·侯赛因王妃（Princess Muna al-Hussein）作为侯赛因的第二任妻子，是英国与约旦关系的纽带，侯赛因与穆娜王妃的婚姻破裂标志着英国在侯赛因时代逐步退出约旦政治舞台，美国加以取代。阿卜杜拉二世继位是美英在约旦势力对比改变的转折点，标志着约旦将奉行更加务实灵活的外交政策，不再唯美国马首是瞻，积极改善与英国关系。

其次，注重改善与阿拉伯国家关系，支持巴勒斯坦建国，呼吁推动中东和平进程。阿卜杜拉二世积极改善侯赛因执政晚期与周边阿拉伯国家僵化的关系，承认阿拉法特对巴勒斯坦的领导权，支持巴勒斯坦在1967年边界和以东耶路撒冷为首都的"两国方案"基础上，建立独立国家。他还呼吁实现阿以和平，在中东和平进程中发挥调停斡旋作用。

再次，与中国关系日益密切。自中约两国1977年4月7日建交以来，两国在政治、经济、军事、文化等各方面的关系稳步发展，友好往来次数不断增加。中国与约旦互相认识到两国在中东事务上的重要性，阿卜杜拉二世分别于2004年、2013年和2015年对中国进行国事访问，并签署战略合作伙伴关系，中约关系进入了全新发展阶段。两国将通过开展交通、能源、信息通信、基础设施等一揽子合作，不断丰富其关系内涵，实现互利共赢。

最后，约旦积极推进中东和平进程，在阿以问题中发挥重要作用。受地理因素影响，约旦是对巴勒斯坦问题影响最大的国家，也是受其影响最大的国家，在体制、人民和国土问题方面，约旦与巴勒斯坦休戚相关。早在约旦建国之初，约旦的王室成员和国家政府就希望各方力量共同解决巴勒斯坦问题。以色列占领巴勒斯坦部分领土后，约旦时刻关注着巴勒斯坦问题和约以双边关系，扮演了同以色列联系的角色，地理因素使约旦时刻处于紧张状态。在长期的斗争与斡旋中，约旦在耶路撒冷地位问题上发挥了历史性作用，约以双方也互相尊重主权、领土和政治的统一，避免使用武力，实现双方长久的和平并发展了睦邻友好关系。

六五战争后，由于各方势力失衡和阿拉伯国家的惨败尤其是埃及在十月战争后接受和解，促使各国领导人签订了《戴维营协议》，巴以冲突进入新阶段，约旦面临着与以色列和解的局面。苏联解体以及冷战结束后，世界力量对比发生了变化，阿以和平谈判开启，一些阿拉伯国家与以色列签订了《马德里和平条约》，约旦在推动中东和平进程方面功不可没。

二　"阿拉伯之春"对约旦的影响：挑战与应对（2011~2015）

2010 年以来，阿拉伯世界陷入动荡，由民生问题、政治腐败等因素引起的突尼斯"茉莉花革命"迅速蔓延到整个中东地区，约旦也受到不同程度的冲击。自 2011 年起，受"阿拉伯之春"的波及与传导性影响，约旦也爆发了大规模示威抗议活动，抗议经济状况恶化、失业、物价上涨等问题。[1] 2011 年 2 月 18 日，安曼大约 3000 名民众在星期五礼拜后走上街头，在侯赛因清真寺前和市中心游行，继而蔓延到伊尔比德、卡拉克、萨拉特等城市，这天被称为"约旦愤怒日"。游行持续数日后，代表约旦传统势力的东部部落和巴勒斯坦裔因相互不满对方的政治、社会地位而参与到游行中，引发小规模冲

---

① 李茜：《海合会应对中东剧变的措施及其影响》，《阿拉伯世界研究》2014 年第 2 期。

突，最初的民生诉求转变为政治诉求。在此形势下，阿卜杜拉二世采取一些措施以维护国内稳定。

阿卜杜拉二世任命哈苏奈为首相，对其授意称政治改革是"第一要务"。阿卜杜拉二世希望新政府与所有政党坦承对话，同腐败和不公正做斗争。[①] 国王通过任命新政府、公民对话、扩大政治参与，将约旦河东岸的传统部落势力与西岸的巴勒斯坦裔约旦人成功地团结起来，实现政治稳定。

首先，约旦国王解散 2009 年成立的德萨米尔·里法伊内阁，任命马鲁夫·巴西特为新的内阁总理，由其迅速组建新政府，回应人们的诉求，实施政治经济改革。约旦国王还组建暴力事件调查委员会，调查"2·18"游行事件的细节，严惩参与暴力袭击的人员。此外，约旦将成立教师协会，在约旦从事教育活动。此举是约旦对可持续发展战略的继续，通过教育加强国家认同，减少暴力冲突。

其次，阿卜杜拉二世发布约旦王室办公室宣言，组建国王委员会，商讨修订宪法事宜。根据此委员会章程，约旦于 2011 年修改了宪法，限制国王、王室权力，加强议会的权力，首相将由议会投票选举产生，不再由国王指定。新宪法肯定私人物权法，适当扩大了新闻媒体自由，在政府与公民间开启对话机制。

2011 年 9 月，约旦完成的宪法修订对加强司法起到了作用，成立司法委员会，作为宪法机构独立主持现代司法的修订。新宪法也对独立选举机构做出要求，除内阁解散后选举代表的延期事项，还规定以公开透明的方式监督法律的颁布，允许所有选民在法庭中对选举的有效性提出质疑。宪法还放松了对政党的限制，取消对各党派办公和会议地点的限制，允许各党派拥有自己的电视频道和出版社。宪法也规定政党成员中女性的比例不低于 10%。

通过约旦全国对话委员会促进选举法和党政法的调整。全国对话

---

① 《约旦换新首相立意"政治改革"》，人民网，http://news.cntv.cn/20111018/114715.shtml，2015-03-2。

委员会在 2011 年 6 月提出的建议包含用新选举制代替一票制。这项提议将根据代表人数确定选票比例，允许选民从候选人中自由选择中意的候选人。该法案提交议会后于 2012 年 7 月作为法律正式公布，82% 的议会成员通过一票制和女性分配制完成选举。

2012 年选举将约旦 12 个省划分为 42 个选区，每个选区由 1 个席位增至 7 个席位。在所有选举席位中，9 个席位分配给基督徒候选人，3 个席位分配给车臣人和切尔克斯人，89 个席位专门分配给穆斯林候选人。此外，在约旦南部、中部和北部贝都因地区建立了选区，每个地区分配 3 个选举席位。在此次选举中，女性席位增加到 15 个。上述举措可有效保证非穆斯林的被选举权，避免将政治资源集中于优势族群和个别地区，实现了形式上的公正。但此选举法仍以维护部落利益为主，具有一定狭隘性。

最后，新政府采取降低物价、补贴民众生活等措施，改善民生。总体而言，约旦改革较为成功，使国家免于动荡分裂，上述举措扩大了政治民主化进程，促进了政治现代化。但随着民众民主意识的提高和社会发展，阿卜杜拉二世的改革与统治也面临着许多问题与挑战。

本章小结

经过一个多世纪的发展，约旦政治现代化取得了一些成就。但对于一个后发现代化国家，重视政治参与、社会合作以及保证平等、公正等经验并不完全适合新独立国家。约旦人遭受过长期的殖民统治，接受殖民思想教化，缺乏参政能力。国家的命运依附于统治者的命运，殖民印记仍未彻底消除。

同时，约旦国民政治意识有待提高，也是约旦民主改革效果有限的原因。约旦人民的诉求只停留在民生阶段，一旦国王满足其要求后，改革活动便止步不前。即使部分民众有相关政治诉求，也缺乏聚集表达阶段性改革要求的能力，趋向于寻求个人小利益；他们也缺乏科学有效的理论指导，缺乏与负责国家改革进程方面人士交流并借鉴经验。

就国家层面而言，约旦各个时期实行的改革尽可能寻找使国家和社会相适宜的方式，但仍存在问题。约旦政党发展不成熟，缺乏有组织的改革团体，仅靠以国王为代表的君主统治集团改革具有局限性，不会真正触及既得利益集团，约旦仍然实行现代化的家长式专制统治。改革团体也缺乏创造性的改革思想体系，制约了人民革命或寻求改革的进程。如"阿拉伯之春"中约旦民众最先是自发游行、示威，但接下来怎么办并未深思熟虑，上层改革团体中也不存在渐变的领导集团成为主要的领导团体。

就改革进程而言，约旦缺乏快速有效的改革评估能力与机制，改革团体缺乏自我批评机制。在改革和国家治理的过程中，国家政治机构与社会成员的互相不信任引发许多问题。国家一方面致力于加强统治者对社会成员的信任；另一方面却是社会成员对统治者的不信任，使国家难以采纳理性的改革意见，主要政治舆论趋向于政府无法高效履行职能，忽略了国家治理和政治改革的目的。

第三章
经济现代化的发展历程与特点

经济现代化是整个现代化进程的关键部分，政治、社会现代化的发展都以经济的繁荣和发展为基础。约旦以独立的民族国家为后盾，对已建立的中央集权政府进行完善，开放国内市场，借助英美的援助，发展半食利经济，完成了从半游牧半农业社会跨入现代社会的进程。

第一节　外约旦半游牧半农业经济
发展（1921～1946）

19 世纪末 20 世纪初，约旦地区经济处于前现代化时期的半农业半游牧状态，社会以贝都因氏族部落为基本单位。该地区社会被宗法氏族控制，工业实际上不存在，一些人甚至认为约旦未来也不可能存在允许发展工业的条件。[①] 1921 年，外约旦建立后，国家百废待兴，面临着经济困难、工业技术缺乏、农牧民抵御自然灾害能力差等客观状况。自 1921 年至 1946 年，外约旦的原有资本萌芽呈零散状态，其现代化的启动是应对西方挑战的结果，经济现代化的实施是以政治现代化为前提。

---

① The Mandatory's Report to the League of Nations, *Annual Report 1936*, p. 357.

外约旦政权的建立和中央集权制的扩大与完善，为经济现代化提供了保障。外约旦受到来自外部世界尤其是英法的挑战和西方工业化的冲击，其传统社会必然做出回应，进行适应性变革，正式开启经济现代化。

一 经济概况

外约旦气候炎热，干燥少雨，主要种植大麦、小麦、各种豆类、黍类、玉米、鹰嘴豆、烟草和畜牧草料，一些农户还在自家庭院或田地里种植葡萄、无花果、橄榄、椰枣、香蕉、甘蔗、橘橙、西瓜、哈密瓜等。以游牧为生的贝都因人仍然逐水草而居，靠放牧骆驼、牛、羊、马等为生。外约旦农牧业极其落后，农作物的单位产量低，国民生产总值主要依靠农林渔和其他原始产业，出口一些剩余的初级农副产品。

外约旦经济受地理位置和自然资源稀缺的影响严重，只有少量磷肥和钾肥等自然资源。外约旦只有不到10%地土地是可耕地，水资源短缺一直是制约其发展的主要障碍，人和牲畜常使用同一水源。外约旦建立之初国内几乎无工业，只存在一些简单的作坊和小型加工厂，加工初级农产品。该地区也没有大规模生产的农场和庄园，农民播种、收割、打场均靠人力，偶尔使用简单的木制工具和牲口。

20世纪初，外约旦经济基础十分薄弱，经济发展水平较低，传统社会经济结构遭到殖民主义破坏而呈畸形化。劳动力作为社会的主要生产因素，外约旦地区人口增长率、死亡率较高，大部分人为文盲，人均收入低，就业机会少，农村没有学校、医生，民众生活非常困苦。外约旦仅有的几个城市中开始修建民房，但贝都因游牧民族中不少人仍住帐篷，或临时搭建简陋的土房、木房等，甚至还有些人住在山洞里。

外约旦经济资源匮乏，财政收支难以保持平衡，政权面临着严重的财政危机。为了维持国家运转、维护治安，阿卜杜拉接受英国援助。1921年10月，英国殖民委员会安曼代表处公使建议，任命约翰·菲利普（John Philpy）为驻安曼代表，代替艾布拉姆森（Abramson）的职位，根据阿卜杜拉和丘吉尔达成的协议，享有一定财务独立，在本地建立起统治秩序与财务控制机制。

此后，菲利普给英国递交了一份自 1921 年 4 月 1 日至 12 月 31 日的报告，显示财政预算不足。他还向英国人权事务高级专员赫伯特·塞缪尔（Herbert Samuel）递交了一份 1922 年 4 月 1 日至 6 月 30 日的财务报告，他建议向外约旦提供 100 万英镑金融贷款，用于农业发展、公共开支、预备役士兵和英国职员开支。自 1921 年起外约旦接受英国财政援助，英国每年为其提供 18 万英镑的援助。①

英国的援助并未从根本上解救外约旦，阿卜杜拉在执政之初便面临了严重的财政危机。当时阿卜杜拉仅利用英国委任统治当局提供的援助，并未依靠外约旦政府实现自足，政府的财政收入主要是外援和收取的税费。此外，外约旦流通多种货币，如土耳其马基迪、叙利亚镑、巴勒斯坦镑和埃镑，汇率不统一，不利于贸易收益。君主制政府从部落贵族到王室开销巨大，为拉拢部落贵族，阿卜杜拉还经常花重金来维护关系，更加剧了外约旦的财政危机。

1923 年 2 月，外约旦颁布法律，宣布自 1923 年 4 月起在内外贸易中用埃镑取代叙利亚镑，但此举并未改善外约旦的经济形势。1923～1924 年，因英国援助效果不佳，外约旦发生严重的财务危机，菲利普甚至一度请求英国停止援助。此后，阿卜杜拉应英国要求取消了公共安全部门以减少开支，并使一部分职员提前退休，缩减各项公共开支。1924～1925 年，英国给予外约旦的经济援助仅为 60000 英镑。② 对于外约旦的财务危机，菲利普深感无力应对，③ 只得将委任

---

① Ali Mahaftha, *Modern History of Jordan, The Age of Emirate* (*1921－1946*), 1st edition, Amman: The Armed Forces Printing Press, 1973, p. 37.

② Ali Mahaftha, *Jordania British Relation From the Establishment of the Emirate Up to the Termination of the Treaty* (*1921－1957*), Dar Annahar Publisher, Beirut, 1967, p. 50.

③ Brijait Hamad Mahmoud Abu Al rub, *John philpy and his political rule in Transjordan* (*Jan 1921 April 1924*), a Master thesis submitted in the Department history in the Faculty of literature, Yarmouk University, p. 53.

统治权移交至亨利·考克斯。20 世纪 20 年代英国为外约旦提供的经济援助数据见表 3-1。

表 3-1　外约旦国家收入

年度	当地资源收入（镑）	英国援助（镑）	总量（镑）	缓助占百分比（%）
1921~1922	178789	180000	358789	50
1922~1923	201400	90000	291400	31
1923~1924	—	1500000	—	—
1924~1925	203101	77571	280672	28
1925~1926	174502	103957	278459	37
1926~1927	236520	66000	302520	22

资料来源：Riyadh Mofleh Klaifat, "The British Resident in Transjordan and the Financial Administration in the Emirate Transjordan 1921-1928", *Journal of Politics and Law*, Vol. 5, No. 4, 2012, p. 166。

由表 3-1 可知，整个 20 年代，外援是外约旦的主要经济来源。1924~1925 年度至 1938~1939 年度，自外约旦财务系统建立到二战初期，约 30% 的政府收入来自外援。自 1921~1922 财政年度至 1941~1942 财政年度，外约旦的外援达到 335 万镑。[1] 英国经济援助表面上帮助阿卜杜拉维持了政权，确立了军政、安全统治秩序，为外约旦经济社会发展做出贡献，但实际上对外约旦的独立自主而言非常危险，使英国在随后几十年掣肘外约旦，约旦丧失了政治上的独立。过分依赖外援也使外约旦丧失了自主发展的权利和动力，英国以本国利益把控外约旦的经济政治发展方向，使其具有殖民主义依附经济特点，不利于该地区政治、经济平衡发展。

二　土地制度

外约旦财政调查报告显示，1933 年外约旦可耕地面积只有 450 万杜纳亩（1 杜纳亩等于 1.5 市亩）。[2] 在这些可耕地中，约有

---

[1] A. Konikoff, *Trans-Jordan: An Economic Survey*, Jerusalem, 1943, p. 116.

[2] *Report of the Palestine Partition Commission*, London, 1938, p. 64.

206000 杜纳亩是可灌溉的土地。① 这些可灌溉的土地位于约旦河谷的河床，其灌溉水源主要依靠山间的水流流经峡谷到达下游，最终流到古尔（Ghor）地区。② 古尔地区发达的灌溉系统引入了充沛的淡水，但大部分水资源利用不充分。此后，该灌溉系统得到改善，通过干渠引入了雅尔穆克（Yarmuk）的水源。

外约旦土地所有权对当地农业发展起了重要作用，是 20 世纪 20 年代该地区最大的经济发展成就。当时的土地主要分为五类：穆勒科、米尔、瓦克夫、玛特鲁卡和米瓦特。

穆勒科（الملك Mulk）：该词是阿拉伯语单词的音译，意为"永久权"，该土地所有权属于土地所有人，土地所有人可自由使用和处置土地，但该土地在必要时可由国家凭借主权收回。

米尔（الأميرية Miri）：米尔土地是国家的土地，"米尔"一词是阿拉伯语单词"埃米尔的"一词的简写，意为埃米尔的或酋长的。该土地的所有权属于国家，使用权归所有人，可继承。若该土地三年以上处于无人耕种状态，则由政府分配给其他人。

瓦克夫（الوقف Waqf）：该词是阿拉伯语音译，伊斯兰教中独有的一种形式，意为"保留""扣留"，保留安拉对人世间一切财富的所有权或能产生收益价值的土地产业。该土地前期系由穆勒科即业主捐赠，后期由米尔捐赠。该土地最终所有权属于国家。

玛特鲁卡（المتروكة Matrukah）：该词是阿拉伯语的音译，意为"被留下的，被丢弃的"，系指未分配的、用于公共事业或村镇的公共普通用地，如修路、建政府办公楼、修建市场等。该类型土地在任何情况下都不得被处置。

米瓦特（الموات MEewat）：该词也是阿拉伯语单词音译，意为"毁坏的"，系指山川等未被利用的土地。根据外约旦法律，该土地从离其最近的村庄挑选 1 位男子大声吼叫，至其声音听不见的范围起

---

① *Report of the Palestine Partition Commission*, London, 1938, p. 58.

② A. Konikoff, *Trans-Jordan: An Economic Survey*, p. 32.

为"米瓦特",此类土地实际上政府不可收回。

外约旦的农耕用地普遍属于米尔类型,由穆勒科掌控的土地只占少部分,瓦克夫从未在外约旦产生过重大影响。此土地所有制也有一些弊端,大部分农民因土地最终所有权不属于自己而未考虑长期开发利用土地,极少使用天然肥料等,玛特鲁卡占地量大,大部分的米瓦特土地未开发或处于休耕状态。

三　农业发展情况

外约旦农业发展落后,农村凋敝,20 世纪 20 年代至 30 年代发展缓慢。在 1936 年左右,外约旦农业栽培方法改进。当时农民耕种的主要工具是古钉犁,这种工具是现代犁未出现时外约旦农民使用的主要工具,它轻便,使用简单,由牲畜拖拉,人掌控,犁地时既起到疏松表层土壤的作用,又不伤害深层土壤,防止水分流失,在干旱缺水的外约旦有极大的使用价值,因而被广泛推广。外约旦也开始使用镰刀,有利于及时收割成熟的农作物,使妇女更多地参与到农耕活动中。

两年轮换制耕作方式的使用。当时外约旦兴起一种新的耕作方式,冬天种植谷类、小麦等,第二年再次在该土地 1/3 的面积上种植冬季豆类,在 1/3 的土地上种植夏季豆类,剩下的 1/3 则休耕。这种方法有利于土地轮休,提高整体产量。

冬夏季农作物的播种。外约旦还种植了一些冬季作物,如冬小麦、大麦、亚麻和土豆。夏季则种植鹰嘴豆、白玉米、黄玉米、水烟烟叶、土耳其烟叶和各种蔬菜。许多地区还大量种植的葡萄树、橄榄树和椰枣树,阿杰隆地区大面积种植了鹰嘴豆、蔬菜等,出口至叙利亚、巴勒斯坦,为外约旦带来较为丰厚的收益。

政府开展农业培训。20 世纪 30 年代,外约旦的农业取得较大发展。政府开展了一些农业培训,在一些村镇学校开办了"学校花园"。[①] 英国委任统治政府也提供了一些种子,建立了农业实验示范

---

① *Annual Report* 1935, p. 280.

站，自 1938 年起在大约 600 杜纳亩的土地上进行实验，种植葡萄树等果树，养殖驴、鸟等。

出现农业银行。1921 年外约旦成立了农业银行，该银行是奥斯曼农业银行的分行，曾归叙利亚管辖。截至 1937 年 3 月，该银行的资本已增加了 4 倍，[1] 银行收益的一部分用于当地农业发展。

当地农民耕种大部分仅依靠经验，缺乏科学方法，农产品产量较低，制约外约旦农业发展的最大障碍是农民对农作物病虫害的防治方法一无所知。当地蝗虫灾害较多，这些经济作物的成长和收益受病虫害和自然灾害影响严重，一旦发生病虫害，整个地区经济都会受损。1931 年的蝗虫灾害仅在阿杰隆地区就蔓延了 30 多个村庄，[2] 干旱和蝗虫灾害导致农民收成减少，整个外约旦只有卡拉克地区的收成受天气和病虫害影响较小。

四　贝都因游牧民族经济发展情况

20 世纪初，尽管约旦河西岸的居民已开始城市生活，但约旦河东岸大部分约旦人仍过着游牧半游牧生活，定居者甚少。[3] 外约旦建立之初全国只有安曼、马安等地出现城市聚居区，大部分人口为游牧民，贝都因游牧民族的经济发展方式是当地一大特色。约旦部落主要分布在伊尔比德和萨拉特，部落生活已经十分稳定，大部分部落成员甚至定居于此。在此环境下，部落社会组织已经让位于大家庭结构。但由于贝都因社会特性和权威问题，部落仍然是社会原则上的基本组成单位，家庭与氏族也从未脱离部落基础。

当地贝都因人主要放牧骆驼、牛、羊、马、驴，他们将动物肉、皮毛、奶及其他动物制品卖给农耕区的农民，换取粮食、蔬菜、衣服

---

① *Annual Report* 1938, p. 320.

② 〔约旦〕穆罕默德·阿卜杜·卡迪尔·哈利萨特、乔治·佛里德·塔里夫·达欧德：《英国外约旦报告：国家司署工作（1929-4-1～1939-12-31）》（阿文版），安曼安全出版社，2008，第 84 页。

③ See Philip K. Hitti, *History of the Arabs : From the Earliest Times to the Present*, p. 9.

等生活物资，从事初级贸易。但随着摩托车的出现和流行，骆驼的运输功能作用下降，致使骆驼价格下降，牧民利益受挫。第一次世界大战使牧民放牧的牧场数量锐减，影响畜牧业产量，贝都因人的经济受到严重破坏。

阿卜杜拉建国时主要依靠外约旦的部落势力，建国后也十分重视游牧民族的各部落，把部落及其结构改造视作关乎国家稳定与发展的重大因素。但同时阿卜杜拉也深知游牧民族部落的陋习，迁徙、劫掠、部落复仇主义在 20 世纪仍然盛行。中东的部落不受国界限制，叙利亚、外约旦和阿拉伯半岛的贝都因人定期互相进入别国境内，向其他贝都因部落营地寻仇、迁徙，使外约旦民众的生产生活受此影响。

部落迁徙受到气候、政治力量变化和迁徙浪潮的影响，1910~1920 年，外约旦地区发生了部落大规模迁徙的活动，沙特的瓦哈比派对约旦哈希姆家族的冲击是部落迁徙的主要原因。此次迁徙导致该地区部落力量和政治力量发生重大变化。

当时的外约旦盛行部落袭击、复仇思想，游牧民族一般控制着整个村庄，收取保护费，以保证对付其他部落的寻仇。由于经济发展、生活方式和意识等方面的差距，尽管外约旦贝都因人和定居农民、城市定居民的根源是一样的，但后者仍然蔑视前者，城市居民与非城市居民、各个部落之间时有冲突。为减少冲突，促进城市化发展，阿卜杜拉决定开始实施定居工程，鼓励牧民定居，维护国家稳定。

早在 1924 年阿卜杜拉就规划、编纂了贝都因部落习惯法。1929 年，他又颁布了贝都因控制法，以期控制他们。尽管外约旦也和中东其他国家一样存在大量贝都因人，阿卜杜拉并未强迫他们过定居生活，而是通过给予奖励改变他们的行为，其中最重要的措施是制定定居计划。

第一个定居计划是 1931 年的"国家计划"，[①] 此计划主要由农

① Louis Jovelet, "L'evolution sociate et politique des 'Pays Arabes' (1930-1933)", Pairs, 1933, p.179, "Davar" (Tel-Aviv), 16.7.31.

业部门制定，采取以下措施：（1）为贝都因人提供流动学校，为每个部落的牧民提供医疗培训服务，通过培训使牧民可成为医生助手；（2）在部落聚居区建造供水设施，合理利用水资源，为部落成员分配相邻的部落土地；（3）提供农业专家指导牧民耕种，免费提供种子；（4）在水槽和水井附近为贝都因家庭修建房屋，形成小型村庄，借此吸引更多牧民迁徙至此定居，村庄和乡镇在部落社会结构中大量出现。

随着外约旦政府行政管理的确立，阿卜杜拉定期咨询部落头领，允许他们参与到行政管理事务中和居住在通信、交通方便的村镇或其附近。外约旦部落在国家成立之初就生活在村庄或村庄附近，有助于定居工程开展，加速了外约旦地区城市化进程。

20世纪30年代至40年代，外约旦开始早期的土地开发工程，这并不是现代意义上的土改，而是通过登记地籍，使农民的土地私有化，由此吸引游牧和半游牧民族定居。1924~1940年，阿卜杜拉有效地把贝都因人融入国家体制之中。

五 税制与税务发展

20世纪初期，外约旦地区沿用奥斯曼帝国税制，民众税负繁重，名目繁多。国家建立之初经济基础薄弱，农业落后，无其他经济来源，国民经济结构单一，国家只得依靠征税运转。征税引起1921年库拉地区抗税起义，起义一直延续到1923年，威胁国家政权安全。1929年，外约旦设立了路桥通行收费中心，征收过路费，[①] 以增加政府财政收入。1930年，由于干旱少雨和蝗虫灾害，牧民饲养的牲畜数量减少，政府税收减少，出现了财政赤字。[②]

1928~1933年，外约旦对全国土地进行勘察和登记，在此基础上

---

① 〔约旦〕穆罕默德·阿卜杜·卡迪尔·哈利萨特、乔治·佛里德·塔里夫·达欧德：《英国外约旦报告：国家司署工作（1929-4-1~1939-12-31）》（阿文版），第15页。
② 〔约旦〕穆罕默德·阿卜杜·卡迪尔·哈利萨特、乔治·佛里德·塔里夫·达欧德：《英国外约旦报告：国家司署工作（1929-4-1~1939-12-31）》（阿文版），第58页。

通过一项有关改革和统一地租的法律。根据此法律，外约旦以前征收的什一税改为土地税，由此使纳税的农业人口增加了约 13%。[①] 国家还调高关税和消费税以筹措资金。在此重税盘剥下，农牧民经济每况愈下，无剩余资金扩大再生产。

六 作物经济与工业发展

外约旦事实上缺乏工业化的基本条件。首先，外约旦缺乏铁和煤炭，无法发展重工业；现存的小型工业以农业为基础，以农产品加工工厂为主。当时外约旦无现代工业生产线，这些小型工厂以家庭或小作坊生产为主，产品主要满足当地消费。此外，外约旦还有一些面粉厂、橄榄油厂等传统作坊。这些面粉厂以水为动力，几乎每个村庄都只有一个工厂，由家庭经营。橄榄油厂则用使用木质工具压榨，现代机器与工具尚未被使用。一些农民种植葡萄树酿酒，种植果树出口水果至邻国，饲养一些家禽家畜，用剩余物品换取所需的生活物资，进行原始的易物交易。

自 1926 年起，外约旦开始种植烟草，满足当地大量需求。安曼的香烟产量达到 4517 盒，烟草重量为 13830 公斤。[②] 1927～1928 年，安曼建立了两家烟草公司，完全使用现代机器生产，产品除供当地消费外每年还有余量出口。此时的工业经济以加工生产初级农产品为主，一部分为满足国内消费，另一部分为满足英国委任统治政府的需要，具有殖民主义依附经济的印记。

20 世纪 20 年代，外约旦开始出现一些规模较小的工厂。外约旦盛产甘蔗，当时还有几家糖果厂，生产的糖果主要出口至叙利亚，糖果厂是传统产业的延续。随着外国技术的涌入，安曼还出现了水泥厂、水磨石厂和国有印刷厂。此间，安曼出现了第一家艺术

---

① 王铁铮：《中东国家通史·约旦卷》，第 133 页。

② 〔约旦〕穆罕默德·阿卜杜·卡迪尔·哈利萨特·乔治·佛里德·塔里夫·达欧德：《英国外约旦报告：国家司署工作（1929-4-1～1939-12-31）》（阿文版），第 58 页。

与技术学校，提供技术教育和培训，课程内容包括木工、毛皮制作、甘蔗处理和室内装饰等方面的理论和实践内容，有利于初级工业的发展。

外约旦当地农民也生产酒精饮料。1928~1931年，当地牧民在萨拉特和复黑斯（Fuheis）建立了三家饮料厂。这些工厂仍具有作坊性质，规模小，以加工初级农产品为主，产量低，主要消费者为当地基督教徒。直到1940年现代饮料厂才出现。

外约旦另一个传统行业是编织及相关手工艺，这些工作通常以家庭为单位在家中进行，由妇女儿童完成。他们通常编织衣服、阿拉伯长袍、礼拜毯、挂毯、地毯等人们日常所需物品，产量低，销路窄，不适宜大规模发展。1935~1936年，外约旦出现了小型纺织厂，使用现代机器制造服装，其产品不仅能满足当地消费，还可出口。

1926年，巴勒斯坦发电公司成立，利用约旦河水为外约旦提供电力服务，并于1928年将此写入法律。[1] 但由于受到犹太复国主义运动的影响，此电力公司遭到破坏。外约旦因城市居民居住分散、缺乏技术等因素，直到1932年仍未通电，限制了工业发展。此外，外约旦的劳动力严重缺乏，英国政府规定严禁使用12岁以下的童工，[2] 阿拉伯传统社会妇女和女童也绝不能外出在工厂工作，这些都限制了大型工业的发展。

七 公共设施与现代交通通信工具的发展

国家的运转离不开基础设施的修建和完善，外约旦刚刚独立时，几乎没有任何公共设施，百废待兴。20世纪20年代，电报、邮政、电话业务在外约旦流行，在伊尔比德、阿杰隆、安曼、杰拉什、扎尔卡等地均设有电话、电报局，通信十分方便。

20世纪30年代，外约旦的交通运输业取得了发展。1930年，修

---

① See *Electricity Concession Law 1928*, in Official Gazette No. 177, dated January 23rd, 1928.

② *Annual Report 1935*, p. 315.

建了从外约旦抵达海法的输油管道。1931 年，外约旦政府修筑了 756
千米长的公路，[①] 修缮了一些公路，在安曼和萨拉特之间铺设了新
的公路。自 1935 年，起外约旦制定了一些道路政策，在英国财政
援助的支持下，修建了爱伦比桥（Allenby Bridge），连接自叙利亚
边境的德拉（Dera）、马夫拉克（Mafrak）、安曼、马达巴
（Madaba）、卡拉克和亚喀巴港口，打通从南到北的公路，不仅促进
商业贸易往来，也为国家信息通信发展提供便利。1938~1941 年，
外约旦修建了自巴格达至海法的公路，这些公路的修建为当地创造
了许多就业机会。

外约旦境内仅有的铁路是汉志铁路的一段，位于纳西巴
（Nassib）至马安境内，全长 436 千米，此通道的开通不仅促进了贸
易发展，更重要的是带来外界现代化的信息与器物。一战后，摩托
车在外约旦大量使用，是当时除汽车外最现代化的交通工具，购买摩托
车成为一股热潮。摩托代替了传统骆驼的运输功能，因其轻便、速度
快、可操作性强，深受人民喜爱。1926 年，外约旦有 130 辆摩托车，
1933 年时剧增至 495 辆，至 1938 年时达到 589 辆，[②] 摩托车成为外约
旦主要交通工具。随后，汽车也被引入该地区，成为政府和上层部落
贵族的交通运输工具。1946 年，约旦英国航空公司成立，该公司是
私营性质，属于英国来杰公司。

此外，外约旦还修建了一些基础设施，如学校、公路收费站、医
院、古迹办公室、萨拉特政府楼、萨拉特监狱、亚喀巴政府楼、瓦
迪·穆萨政府楼等。1936 年，外约旦开始兴修水利设施，修建了苏
维穆（Sweilem）泉眼渠。此渠长 20 千米，用石头和水泥砌成，可有
效防止水源渗透流失。之后又修建了水泥砂石水窖储存夏天雨水，并
在巴拉卡、舒巴克等其他地方推广泉眼渠和水窖工程，满足灌溉和饮
用水需求。

---

① 〔约旦〕穆罕默德·阿卜杜·卡迪尔·哈利萨特、乔治·佛里德·塔里夫·达欧德：
《英国外约旦报告：国家司署工作（1929-4-1~1939-12-31）》（阿文版），第 58 页。

② See A. Konikoff, *Trans-Jordan: An Economic Survey*, p. 94.

八　贸易繁荣发展

外约旦农民和牧民均自给自足，只有少量剩余产品用于交换，市场贸易水平较低，商铺较少。当地农牧民常常和附近村镇居民交换产品，城市居民的生活物资由农民直供，农牧产品缺乏流通环节和渠道。1925 年，安曼开设了商业银行，为商业发展提供信息和贷款。自 1927 年起，外约旦使用巴勒斯坦镑代替叙利亚镑和埃及镑，在该地区通行，客观上促进了外约旦对外贸易的发展。20 世纪 30 年代，外约旦贸易随着产品数量和种类的增加开始繁荣，主要出口国为叙利亚、巴勒斯坦、海湾国家，也为英国出口一些物资。

在 30 年代末期，外约旦出口量大幅增长，截至 1941 年，出口额达到 948773 巴勒斯坦镑，较 1936 年的 233491 巴勒斯坦镑增加了 4 倍多。[1] 由于生产和生活的需要，外约旦进口量也大幅增长，从 1936 年的 935305 巴勒斯坦镑增加到 1941 年的 2469568 巴勒斯坦镑。[2] 二战期间，外约旦成为英国的战略物资来源地，提供大量小麦和蔬菜，仅 1942 年运抵巴勒斯坦的小麦就达 5 万吨。1943～1945 年，外约旦出口额约为进出口总额的 52%，贸易处于出超。[3]

总体而言，外约旦的经济经过二十多年的发展取得了一些进步，初具现代工业的雏形。但由于其部落、氏族社会的特点，生产资源分散，规模小，自给自足的小农经济阻碍现代大工业的兴起。该地区经济非常脆弱，抗自然灾害能力较差，极易受外部影响。虽然 40 年代贸易取得繁荣，但这种经济发展具有殖民主义印记，以满足英美战略需求为主，生产物资单一，不利于外约旦经济、工业模式的全面发展。

---

[1] See A. Konikoff, *Trans-Jordan: An Economic Survey*, p. 77.

[2] See A. Konikoff, *Trans-Jordan: An Economic Survey*, p. 77.

[3] 王铁铮：《中东国家通史·约旦卷》，第 141 页。

第二节 国家干预下的经济发展模式（1946~1967）

约旦经济现代化进程远落后于其政治现代化进程。在 20 世纪上半叶英国委任统治时期，外约旦在内外部因素的综合作用下农业取得了进步，手工业有所发展，现代化的机器和技术逐渐传入，为国家开启经济现代化奠定了基础。1946 年外约旦独立后，新成立的约旦哈希姆王国在阿卜杜拉国王的带领下，选择了一条既不同于资本主义、又不同于社会主义的道路，走上混合型发展道路。

约旦利用外资、外债和外国先进技术，发挥后发展优势，经济模式为非自主型混合经济，在国家有组织的领导下实行强制性的赶超型工业化战略。混合型经济发展模式的发展路径为先农业后工业，采取国家干预的手段，即国家指导资源分配，通过指令性计划来发展经济，其税收政策、自由贸易政策和保护贸易政策都具有国家资本主义特点。约旦国家干预经济体现在如下方面。

一 利用外援发展经济

外约旦成立之初，阿卜杜拉政府主要依靠英国援助维持财政开支，英国援助几乎占外约旦国家财政收入的一半以上。1946 年现代约旦成立后开始去殖民化，取缔了一些殖民机构，驱逐了大批英国军官与高级职员，英国在外约旦的地位下降。二战后，英国开始实施战略收缩计划，对外援助减少，苏伊士危机后英国被迫撤出约旦。而此时，作为二战最大的受益国，美国成为唯一可与迅速崛起的苏联对抗的国家，在世界开启美苏争霸模式。英国从约旦撤出后，督促美国接手该地区，以阻止约旦被与苏联关系密切的埃及或叙利亚控制。

1949 年，美国总统杜鲁门提出所谓的"第四点计划"，对落后国家提供经济援助，企图用大量的美国经济援助控制第三世界中的一些国家。为此，美国必须加强对接受美援的国家发展道路和模式的研究，以便把他们纳入美国设想的世界格局，[1] 因而美国开始研究各国现代化。现代化问题的提出是密切为美国对外政策服务的。[2]

自 20 世纪 50 年代起，约旦主要依靠美国经济、军事援助。美国在艾森豪威尔主义旗帜下于 1957 年 4 月代替英国，成为约旦侯赛因亲西方政权的主要支持者。此后美国为鼓励约旦与伊拉克组建阿拉伯联邦抗衡埃及与叙利亚组成的阿拉伯联合共和国，对约旦及伊拉克提供大量援助。1958 年 7 月，伊拉克发生反帝反封的"七一四"革命，伊拉克亲西方政权被推翻，侯赛因政权也岌岌可危，此时美国同意为英军提供后勤保障，向约旦提供各种援助等方式扶持侯赛因政权。

1952 年，约旦政府为发展经济成立了约旦发展署（Jordan Development Board，简称 JDB），主要任务是管理外部援助。根据美国福特基金会的建议，JDB 制定了第一个"五年计划"，执行时间为 1962~1967 年。但该计划很快便被 1964 年的"七年计划"替代。[3] 此计划包括亚喀巴港口扩建、道路修建、扩建通往亚喀巴的铁路、安曼机场的扩建和投资，主要由美国提供援助。此"七年计划"受宏观经济预测影响，也受国际局势影响，1967 年战争的爆发使其中断。美国在 1967 年战争中支持以色列，由于约旦在战争中的立场，自 1967 年起美国减少对约旦的经济援助，JDB 式微。此时约旦经济安全委员会建立，替代 JDB，该机构由总理、中央银行行长和财政与国家经济部部长领导，掌控约旦经济发展。

1957~1963 年，美国提供给约旦的经济援助达 3.85 亿美元；1963 年和 1964 年，美国又分别提供 5930 万美元和 3500 万美元的补

---

① 王铁铮：《中东国家通史·约旦卷》，第 33 页。

② 王铁铮：《中东国家通史·约旦卷》，第 33 页。

③ Jordan Development Board, *Five Year Program for Economic Development 1962 – 1967*, rev. ed., Amman, 1961, and Jordan Development Board, *The Seven Year Program for Economic Development 1964–1970*, pp. 216–220.

助，① 这些经济援助占整个约旦国民经济收入的大部分。此外，美国还为约旦提供军事和技术援助。外援虽为约旦发展提供了资金、技术和机会，其消极影响更严重。在外援经济与技术的作用下，约旦长期唯美国马首是瞻，对外政策与对内发展计划时刻受其掣肘，难以做出符合国家利益的决策。1967 年六五战争后，因约旦反对以色列，美国立刻减少对约旦援助，充分体现出美国援助并非真正帮助约旦发展，而是为其战略利益服务。

二 先农业后工业的发展路径与灌溉计划

约旦总体而言仍是农业国家，外约旦时期农业取得了一些发展，约旦独立后仍然以农业作为基本支柱产业。20 世纪 50 年代，约旦的农业发展较为稳定，家畜、水果和蔬菜收益增长较快，小麦和其他谷物产出仍是农业收入的重要支柱，1954~1955 年，约旦小麦产量占整个农业收入的 34%。根据 1961 年的人口普查结果，35% 的约旦人仍从事农业生产，农业产值占国民生产总值的 23%。② 此外，大量约旦人还从事与农业及农产品生产、加工、贸易相关的工作。但 1948 年第一次中东战争给约旦河西岸造成毁灭性的破坏，大片农田、房舍被毁，大量的巴勒斯坦人沦为难民，约旦河东岸的农业发展也间接受损。

20 世纪 50 年代，约旦的水资源仍然短缺，只有约旦河的河水可用于灌溉，许多可利用的耕地位于高山之上，须用水泵才可引水灌溉。但当时的水泵都依赖进口，成本极高，使用范围不广。约旦的地下水资源同样短缺，人们生活用水主要依靠泉眼和水库，水源时常中断。即使是大城市，如安曼，也不时面临水源短缺的困境。农村大量的乡村债务也制约着约旦经济的发展。在此情形下，约旦不得不依靠进口，依靠外国投资发展国内工业。

---

① 贺起：《约旦的经济概况》，《世界知识》1964 年第 18 期。
② JDS, *Population Statistics*, *Third Report*, p. 33.

1. 灌溉计划

为促进农业发展，提高农业产值增加收入，约旦自 20 世纪 50 年代至 60 年代，采取国家干预形式，制定了一些经济发展计划，在农业领域内开始实施"灌溉计划"。20 世纪 50 年代，约旦河东岸和西岸的农业发展情况大不相同，西岸逐步城市化，约 1/3 的土地种植了果树和蔬菜；约旦河东岸地区干旱缺水，农作物生产主要依靠降雨，农业生产仍处于原始状态，大量土地未开发或利用度低。整个约旦农业受干旱、病虫害、资金短缺等因素影响，因此政府在约旦河东岸地区展开灌溉计划，合理利用水资源。

灌溉计划对于约旦农业发展有巨大的作用，主要在雅尔穆克地区实施。该计划包括东古尔干渠（East Ghor Canal），将雅尔穆克河水引至约旦河谷 43.5 千米长的人工干渠，也包括向西流至约旦河的七股小水流。该干渠的主体工程从 1959 年开始兴建，1963 年竣工，至 1966 年所有通道修建完成，使 30000 英亩的土地得到灌溉。[①] 1965～1966 年，小麦产量在整个农业收入中的比重下降到 27%，其他谷物大量种植，优化了农业生产结构，提高了产量。

雅尔穆克灌溉工程还包括水力发电、在雅尔穆克河修建两个大坝和两个电厂，扩大东古尔干渠现有水管流通量，向南通至死海；扩大西古尔干渠流通管道，和约旦河平行，从约旦河西岸流至死海，通过用虹吸管将约旦河水聚集后将东、西古尔干渠连通。约旦在七股小水流流经区域修建七座大坝，控制季节性水流量，修建九个泵站，将东西两条干渠的水输送至灌溉区，执行土地改良计划，修建防洪排涝设施。

2. 农业信贷机构成立

引入灌溉计划的地区开始种植水果蔬菜，现代农业方法被引入并推广，肥料、农药和现代机械化的农具开始被使用，大大提高了农产

---

① Michael P. Mazur, *Economic Growth and Development in Jordan*, London: Croom Helm, 1979, p. 260.

品产量。现代化的农业信贷机构开始进入约旦，促进了当地生产扩大和市场形成。1959 年，约旦成立了第一个农业贷款机构，其注册资本为 700 万第纳尔。

该机构共在约旦建立了 16 个分支机构，为农业发展项目提供贷款，用于灌溉、购买农具、修建农场和养殖场、修建橄榄油厂、仓库及其他用于农业的设施与服务。截至 1973 年底，此银行贷款额达1843190 第纳尔。[①] 其间，约旦农业技术专家数量剧增。1964~1966年，农业技术专家的数量是 1952~1954 年的 2.5 倍。这些专家为农民提供技术指导与咨询，传播科学农耕知识，教农民使用现代的农具，促进了农业现代化发展。

尽管约旦农业取得了一些发展，但当时的条件仍不尽如人意。一方面食品进口量仍占进口总量的 25%；另一方面农作物产量因干旱而急剧波动，对约旦其他方面的发展产生影响。制约约旦农业发展的主要因素为土地和生产力的低生产率、水土流失、过度放牧、缺乏有计划的土地使用模式、市场问题、长期资本短缺以及农民缺乏现代化生产技术的意识。[②] 1964~1965 年，约旦仍不能自给自足，仅食品进口量便是出口量的 3 倍，1966 年达到 4 倍。[③]

三　进口替代工业化战略与工业化发展

选择发展战略是第三世界发展中国家现代化启动阶段面临的关键问题。[④] 外源型现代化的特征之一便是它是一种自觉强制的定向发展战略，国家作为有组织的社会力量推动这一变革。1946 年后，约旦国民生产总值中的大部分仍来自农林渔和其他原始初级产业，出口初

① 〔约旦〕穆罕默德·拉比阿·哈扎阿拉:《约旦现代历史上的首次（1920~2000）》（阿文版），安曼安全出版社，2003，第 93 页。
② "Central Bank of Jordan", *Quarterly Bulletin*, Vol. 2, No. 1, 1966, p. 23.
③ E. Kanovsky, *Ecnomic Development of Jordan*, The David Horowitz Institute for the Research of Developing Countries, Tel Aviv University, November 1974, p. 7.
④ 罗荣渠:《现代化新论:世界与中国的现代化进程》（增订本），第 204 页。

级产品，大部分工业产品依靠进口，因此，约旦选择进口替代工业化战略（Import-instituting Industrialization，简称 ISI）。

此战略的中心思想是利用本国资源为本国制成品开拓国内市场，用保护政策保护本国新生民族工业的成长，用本国产品代替进口产品。首先是替代进口欧洲消费品，减少从国外进口的一般工业消费品，降低对外贸易赤字。[①] 约旦的进口替代战略首先从建立非耐用消费品工业入手，减少纺织品、服装、鞋、石油产品、化学产品和机器的进口，直接促进本国轻工业的发展。

现代化的根本动力是经济力，即现代工业生产力。工业化是经济现代化的核心内容和主要方式，也是经济现代化的目标。约旦作为外源型国家，西方发达国家，尤其是西方国家的现代化、工业化成就为约旦提供了经验。约旦现代化过程因传导性因素影响，从先进的中心向边缘的农业地区扩散，早期以发展纺织业、榨油业、食品加工业等传统行业为主，后发展一些初级产品加工业和进口替代型的轻工业。但约旦工业分布与产业发展极不平衡，国内以轻工业为主，主要集中在西北部的安曼、扎尔卡、伊尔比德地区，工业分布不均致使国家经济发展不平衡。同时，由于缺乏矿产资源和水资源，约旦几乎不存在重工业。20 世纪 50 年代后，旅游业有所发展，但第三产业在国民经济中的比重仍较小。

在此战略指导下，20 世纪 50 年代，约旦成立了国家经济部（Ministry of National Economic），属国有化部门，指导促进工业发展，首先大力开发磷酸盐和钾盐。1953 年，约旦人均国民生产总值不超过 100 美元，[②] 但通过发展轻工业，基本满足了国内市场需求，促进了就业。整个 50 年代稳定的国际环境，为约旦的发展创造了机会，"约旦取得最好的经济数据的时代也是约旦汹涌澎湃的历史中较为稳定的时期"。[③] 1954～1958 年，约旦经济成果尚可，1959～1966 年，

---

①　罗荣渠：《现代化新论：世界与中国的现代化进程》（增订本），第 207 页。

②　Michael P. Mazur, *Economic Growth and Development in Jordan*, p. 11.

③　Michael P. Mazur, *Economic Growth and Development in Jordan*, p. 17.

约旦经济实现了第一次繁荣。

表 3-2　1959~1966 年约旦产业结构数据统计

各产业占 GDP 比重（%）	1959 年	1960 年	1961 年	1962 年	1963 年	1964 年	1965 年	1966 年
农业	15.76	14.17	23.94	21.35	21.99	34.17	34.11	25.42
矿业、制造业	6.62	7.38	9.48	8.06	11.29	12.53	15.65	17.43
建筑	4.66	4.50	4.50	6.15	6.12	5.45	7.87	9.15
电力	0.66	0.69	0.67	0.74	0.93	1.03	1.16	1.47
交通	10.70	11.12	12.64	12.53	12.77	12.03	12.60	14.42
批发零售业	17.99	18.94	23.5	24.8	26.12	28.01	30.48	26.24
银行财政	0.80	0.87	1.27	1.46	1.35	1.51	2.11	2.77
住宅所有权	6.30	7.13	8.01	8.58	9.39	9.93	10.69	11.20
公共管理及国防	14.95	15.79	16.74	17.06	17.61	19.70	21.93	22.53
服务业	7.78	8.26	8.63	9.51	10.37	11.19	12.83	14.10
按要素成本法计算的 GDP 总量	86.22	88.85	109.38	110.24	117.94	135.55	149.43	144.73
总 GDP 隐形平减指数 （1964＝100）	98.8	100.7	101.4	98.5	99.8	100.0	101.0	103.4
部分 GDP 隐形平减指 数转换到 1964 年的 价格	98.0	101.1	102.1	97.6	99.6	100.0	101.6	105.5

资料来源：Michael P. Mazur, *Economic Growth and Development in Jordan*, London：Croom Helm, 1979, p.20。

从表 3-2 可知，50 年代早期，约旦的交通运输业和建筑行业发展较快。但后期，由于受政府大力投资和巴勒斯坦难民住房需求的刺激，约旦矿业和制造业在羸弱的基础上发展迅速。1966 年，矿业、制造业在整个国民经济中的比重为 17.43%，几乎是 1959 年的 3 倍。但约旦总体业结构极不平衡，农业所占比重过大，电力、交通、建筑和银行业等关乎国计民生的行业发展不足，因而导致经济脆弱，就业率较低，1961~1962年，就业率只有36%。

约旦工业结构不平衡和工业落后的原因主要归于以下几个方面。首先，农业资源不丰富，可耕地面积较少，巴勒斯坦难民涌入后加大了国内就业难度。约旦初级产品单一，产量低下，经济作物种类少，产量低，农业无法为经济提供足够的发展动力。其次，约旦交通不便利也影响了工业的发展。为此政府大力投资交通业，修筑了一些公路和亚喀巴港口。最后，旅游收入的快捷简单使一部分投资与劳动力投入到服务产业，这不利于工业发展。由于受外援和侨汇的影响，约旦对外贸易长期入超，致使许多资金投入到贸易中，而非投入到扩大再生产中。

为促进经济全面发展，1955年，约旦颁布了《工业促进法》(Industrial Promotion Law)，豁免或减少各种税收，政府还通过在一些大型项目中参股的方式支持工业发展。1965年，约旦成立了工业发展银行（The Industrial Development Bank），为工业发展提供贷款。1966年底，约旦政府在钾肥和磷酸盐公司总投资额为430万美元，在水泥、石油精炼、熟菜油生产、糕饼加工、制革、羊毛纺织、制药、造纸业等方面的投资达250万美元。1959~1966年约旦工业产值有近1/3来自于石油精炼和水泥制造，这两个产业在约旦早期工业化进程中起到了重要作用。

1962年，由西德援助，约旦在亚喀巴湾兴建了一座中东最大的化肥厂，1965年投入生产。1962年，约旦磷酸盐的产量为68.1万吨，水泥为23.53万吨，1963年发电量为1亿度。[①] 截至1967年战争爆发前，约旦通过进口替代工业化发展战略建立起自己的民族工业体系，相对改变了畸形的经济结构。约旦国内市场取得了很大发展，居民的基本生活水平有明显提高，国家经济发展速度迅速增长，自1959年后约旦的工业取得快速发展，截至1966年年平均增长率

---

① 贺起:《约旦的经济概况》,《世界知识》1964年第18期。

为 16%。

面对激烈竞争和不断扩大的资本主义外部世界，国际发展差距和技术差距日益扩大，约旦在工业发展方面虽然取得一些成就，但与其他阿拉伯国家相比经济仍然落后。约旦工厂规模普遍较小，制造业基础薄弱，1961~1962 年，制造业创造的产值只占国家收入的 6.6%。1966 年建立的工厂中雇用工人人数不足 10 人的占 90% 多，该年生产的产品中只有 0.9% 的产出直接用于投资，3.6% 的产品用于出口。[①]

总体而言，这些作坊式的工厂生产能力较低，产业结构单一，以加工满足国内消费的初级农产品为主。外约旦时期的国内市场消费能力非常小，小作坊和传统手工业发展缓慢，这些小型工厂缺乏现代机器设备，仍无法摆脱传统小作坊的模式，不具备发展大工业的资金、技术和意识。劳动力素质低下、自然资源不足也阻碍约旦发展大工业。

四　其他方面的发展

约旦对国家经济发展的干预与规划体现在众多领域。首先是"定居计划"。自阿卜杜拉建立外约旦起就制定了此计划，外约旦时期使大量牧民定居，牧区经济和牧业得到一定程度发展。1946 年后，约旦继续执行此计划，政府提供各种技术鼓励定居，使定居者数量增加，游牧人口数量急剧下降。政府也通过提供教育和其他社会服务使游牧部落定居，定居者更愿意为他们的临时住所或永久家园给予心理、体力和财务上的投资、贡献，有利于长期发展。

约旦的定居政策主要以正面引导和奖赏为主，克服了游牧民的排斥心理，促进了定居工程的顺利推进。该进程耗时约 50 年，部落定居大规模完成于 20 世纪 60 年代，彼时约旦河东岸的游牧民族部落人

---

① Michael P. Mazur, " Economic Development of Jordan ", *Economic Development and Population Growth in the Middle East*, Edited by Charles A. Cooper and Sidney S. Alexander, New York: American Elsevier Publishing Company, Jnc, 1972, p. 220.

口数量只占不到总人口的 10%，1967 年游牧人口数量只占约旦总人口的 6%，20 世纪 70 年代则减少至 3%。① 定居工程影响深远，基本上解决了游牧人口的贫困问题。

其次，就业率相对提高。后发展国家现代化的另一个特点是"人口高增长出现在工业化启动之前，年平均增长率为 2% ~ 3%"。② 1948 年第一次中东战争后，约旦局势动荡相对较少，以农业为基础、轻工业发展为导向的发展战略使国家经济取得了发展。大量涌入的巴勒斯坦难民开始在约旦定居生活，加大了人口基数。1959 ~ 1963 年约旦迎来了高出生率，每年出生率达 3.1%，1952 ~ 1961 年约旦人口年增长率为 2.8%。③ 1961 年，约旦的城市化程度高于其他不发达国家，人口在 2 万以上的城镇占 36.1%。④

约旦人口剧增导致就业严重困难。20 世纪 50 年代以前，由于工业发展困难，20 世纪约旦的就业仅限于农业或与农业相关的部门。约旦因长期受农业和游牧习惯影响，就业呈现季节性特征，冬天靠农业和农业系统为生的人们大多歇业，农民在农闲时、贝都因人在冬季时临时打工，妇女普遍就业不足。

1959 年，约旦有 1.4 万农业工人和 7.1 万季节工人。⑤ 20 世纪 50 年代后，约旦就业不足相对得到改善，但根据约旦人口普查结果，1961 年总人口经济行为仅为 22.9%，⑥ 就业率仍非常低。1961 ~ 1966 年每年的失业率为 6% ~ 10%，⑦ 导致 1966 年高失业率的原因是中学毕业生人数剧增，受过技能培训的人相对容易就业，但未受培训的人

① See FAO, *Jordan Country Report*, p. 31

② 罗荣渠：《现代化新论：世界与中国的现代化进程》（增订本），第 183 页。

③ Michael P. Mazur, *Economic Growth and Development in Jordan*, pp. 21-22.

④ Michael P. Mazur, *Economic Growth and Development in Jordan*, pp. 21-22. See JDS, *First Census of population and Housing*, 18 November 1961, Amman, 1964, Vol. 1, pp. 3, 29.

⑤ 贺起：《约旦的经济概况》，《世界知识》1964 年第 18 期。

⑥ Michael P. Mazur, *Economic Growth and Development in Jordan*, p. 29. See JDS, *Population Statistics*, *Third Report*, p. 33.

⑦ Michael P. Mazur, " Economic Development of Jordan ", *Economic Development and Population Growth in the Middle East*, p. 233.

就业更加困难。表 3-3 是 1961~1966 年约旦各部门就业人数统计。

表 3-3　1961~1966 年约旦劳动力与就业部门就业人数及变化

产业类型	1961 年就业人数（万人）	1966 年就业人数（万人）	年平均百分比变化 1961~1966 年	1961~1966 年绝对变化（万人）
农业	137.2	155.2	2.5	18.0
矿业	9.2	10.1	1.8	0.9
制造业与公共事业	34.2	43.4	5.0	9.2
建筑业	39.9	58.7	8.0	18.8
商业	31.4	36.3	3.0	4.9
交通	11.9	13.8	3.0	1.9
服务业	53.5	70.7	5.7	17.2
未充分描述行业	45.4	54.4	3.7	9.0
总就业人数	362.7	442.6	4.0	79.9
劳动力数量	390.0	458.7	3.3	68.7
寻找工作者	27.3	16.1	—	-11.2
寻找工作者占劳动力人数百分比	7.0	3.5	—	—

数据来源：Michael P. Mazur, *Economic Growth and Development in Jordan*, p. 29。

由表 3-3 可知，1961 年、1966 年约旦就业人数最多的行业依然是农业，其次为建筑业、服务业。出现此现象的原因是 1948 年后大量巴勒斯坦难民涌入，需要建设大量的房屋和基础设施。此外，在战争中被毁的城市和房屋也需重建，带动了建筑业的发展。同时，由于 20 世纪 60 年代后西方国家与海湾国家经济形势普遍好转，大量游客涌入约旦佩特拉、杰拉什、死海等地区旅游。1967 年以前，约旦的主要游客是欧洲人，但后期阿拉伯游客也显著增多，安曼地区已开发成避暑胜地，吸引了来自沙特、科威特等海湾国家的游客。

除旅游收入增加外，旅游业的繁荣带动其他服务业的发展，一些劳动力投入该行业。1961 年和 1966 年制造业与公共事业从业人数分别为 342000 人和 434000 人，增加了约 10 万人，但由于约旦工业发展不足，该行业的从业人数只占所有行业从业总人数的 10% 左右，远低于国际水平和其他阿拉伯国家的水平。

同样从表 3-3 可知，1961 年和 1966 年约旦的商业从业人数分别为 314000 人和 363000 人，仅次于制造业和公共服务业从业人数。究其原因，有传统因素也有现实因素。约旦自古以来便位于重要的贸易通道，人们有重商意识和从事商业贸易的喜好。从现实方面看，农业、工业落后，使大量无业人员寻找生计，商业贸易因高利润成为许多人的谋生手段。

1953 年，安曼的侯赛因学院（كلية الحسين）和纳布勒斯的撒拉黑学校（الصلاحية المدرسة）出现商业教育。此类学校属中等职业教育，接收初中毕业生，教授西方经济、商业知识，约旦人开始学习和接受现代商业知识与规范，开启了一扇融入国际贸易和世界经济发展的大门。随着约旦工商业发展的成熟，1962 年在安曼成立商会，规范商业发展。

1967 年，约旦将进口替代型战略改为出口导向型战略。受此战略的刺激，约旦贸易也取得较大发展，产品主要出口至伊拉克、科威特、黎巴嫩、沙特、叙利亚、南斯拉夫和印度等国，仅 1961～1965 年向阿联酋的出口量便占约旦总出口量的 67%。[1] 此外，沙特北部公路的修通，约旦的过境贸易也取得了繁荣发展。

再次，中东战争对约旦经济发展产生很大影响，战争给约旦带来直接和间接的灾难。约旦地理位置特殊，1948 年第一次中东战争使约旦遭受严重损失。战后大量巴勒斯坦难民涌入，给当地社会经济生活带来挑战。1948～1949 年约旦的巴勒斯坦难民达到 10 万人，[2] 恶化了本就紧张的约旦就业形势，使国内工资水平下降。难民与约旦人因就业竞争而矛盾不断。战争也使一些地区断水断电，工业和基础设施

---

① Michael P. Mazur, "Economic Development of Jordan", *Economic Development and Population Growth in the Middle East*, p. 230.

② Samih K. Farsoun and Christina E. Zacharia, *Palestine and the Palestinians*, Boulder, CO: Westview Press, 1997, p. 137

受到严重破坏,许多约旦河西岸边境的村民失去大片土地。

战争增加了国防军费开支。1948年战争后,约旦需投入大量兵力维护边境安全,维持和以色列的关系,给困难的财政增加了更大压力。如果中东不是因为以色列建国后持续紧张的局势,约旦就不会投入GNP的5%以上用于国防开支。[①]

第一次中东战争后,约旦在近20年中休养生息,恢复并发展经济。1967年战争再次使约旦现代化的成就付诸东流,战争对约旦的消极影响仅次于巴勒斯坦。以色列占领了约旦河西岸,致使约30万巴勒斯坦难民涌入约旦,当地农业、旅游业遭到严重破坏。以色列还占用了大量水资源,使本已水资源短缺的约旦雪上加霜。此次战争也使约旦与土耳其和欧洲的贸易中断,导致约旦外汇收入减少,整体经济水平急剧下滑。总之,1949~1967年的约旦非常贫穷,[②]巴勒斯坦难民的涌入加剧了约旦民众的贫困,造成现代化的倒退与停滞。

任何事情都有两面性,战争对约旦的影响主要是破坏性的,但不可否认的是在某些方面,它客观上促进了约旦的发展。巴勒斯坦难民的涌入使约旦河东岸和西岸地区的贸易互补性增强,在巴勒斯坦、以色列和约旦间形成一个稳定的消费市场,约旦许多农产品可出口至上述地区,创造外汇。巴勒斯坦中高等教育发达,受过良好教育的高素质人才涌入约旦,为约旦发展提供了人才支撑。

最后,国家干预在税收、外汇管制等方面产生影响。现代化初期,国家可以建立一个免税或没有其他贸易壁垒的国内市场,健全统一的货币体系,管制外汇,增加或降低关税,进行税收管理,调解劳资纠纷,限制技工和劳力的外流,建立一支熟练而有纪律的劳动队伍等。[③]20世纪60年代,约旦的外汇收入受益于海湾地区阿拉伯国家

---

① Michael P. Mazur, "Economic Development of Jordan", *Economic Development and Population Growth in the Middle East*, p. 223.

② Pieter Lieftinck at al., *The Economic Development of Jordan*, Baltimore: Johns Hopkins University Press, 1957.

③ 罗荣渠:《现代化新论:世界与中国的现代化进程》(增订本),第200页。

石油工业的快速增长，近一半的外汇收入受益于中东地区石油业发展。海湾地区的繁荣创造了大量的就业机会，使很多约旦人前往该地区就业，他们为约旦带回侨汇，外部援助使约旦保持了低税率。

国家干预同样体现在酒店业、航空业和公共投资领域。约旦有较为宽松的市场经济环境，对私有经济限制较少，国家允许私人从事酒店业、航空业运营。1950 年，约旦成立了第一家国有航空公司"约旦航空公司"，负责从安曼至盖兰迪耶（Qalandiya）以及安曼至其他阿拉伯国家的空运业务，同年成立民航管理局，监管民行服务业。此举推动了约旦旅游业和运输业的发展。

1947 年，约旦成立第一家电力公司，名为"约旦电力公司"，该公司是私有企业，为约旦中部地区提供电力服务。1961 年，伊尔比德地区成立了第二家电力公司，为北部地区提供发电和电力输送服务。随着生产和生活对电力需求的增加，约旦根据 1967 年第 21 号电力法成立电力局，规范管理电厂的发电和电力输送。发电厂的建立和扩大，为约旦工业化的推进提供了动力，是五六十年代约旦经济繁荣发展的保障。

约旦政府建立起配套的机构与法律，促进经济发展。1949 年，约旦成立了农业商业部和经济与财政部，1955 年，颁布了该年度第 21 号法令，鼓励工业发展和外国投资，豁免了工业发展必需的机器、材料的关税，适当减少国内税费。1962 年，约旦成立财政部预算部。

但由于约旦整体现代化程度较低，需投入大量资本发展公共基础设施，巨大的公共投资限制了其进一步发展。仅 1965 年和 1966 年，约旦的公共投资就占国内资本形成总额①的 43%，公共投资往往用于灌溉、修路、亚喀巴港口建设、电力和通信发展等，可见国家资本主义发展模式下的国家干预有其积极的一面。如果国家过分干预经济发展，则制约经济现代化进程。

国家干预经济的另一大弊端体现为约旦东西部地区整体经济发展

---

① 国内资本形成总额常住单位在一定时期内获得的减去处置的固定资产和存货的净额，包括固定资本形成总额和存货增加。

不平衡。自 1946 年至 1967 年，约旦河东西两岸经济发展极不平衡，间接证明后期现代化国家其发展模式不能完全实行国家资本主义模式。

约旦河东西岸经济发展不平衡的原因是多方面的。首先是两个地区地理环境差异、资源分配不均。东部土地贫瘠缺水，有一些磷酸盐、钾等矿产资源，有利于发展工业。但该地区自古属于游牧部落，游牧部落文化水平较差，主要以发展畜牧业和游牧业为主，不能自主开发利用资源，发展现代工农业经济。西岸地区靠近约旦河，水资源相对充足，自然条件适宜，有利于发展农业，且西岸地区原属巴勒斯坦管辖，该地区居民文化水平和素质较高，商业贸易繁荣。但约旦河两岸的不利因素是矿产资源稀少，仅靠发展农业不能从根本上促进经济现代化，且该地区靠近以色列，经济现代化发展成果往往毁于战争，大量难民不利于社会稳定和经济发展。

造成东西部发展不均衡的重要人为因素是政府政策倾斜。起源于约旦河东岸的哈希姆家族总是率先考虑和支持东岸部落经济发展，忽略西岸的发展。约旦河西岸因邻近以色列，是战争的最前沿。为防止战争的破坏，约旦政府对此地的投资存在顾虑。

正如英国伦敦一位经济学家在六五战争爆发前所说："约旦河西岸仍然是侯赛因国王的一个内部问题。反对侯赛因的批评者们从简单的不满发展到彻底的不忠，他们要求选出一位巴勒斯坦人担任约旦总理，他们也认为自己在约旦没有得到公平待遇。他们同样抗议约旦将大部分发展资金投向约旦河东岸。鉴于此，约旦政府回应认为大部分发展所需资源均出自东岸。的确，调查显示大部分可开采的矿产资源位于东岸，这是发展亚喀巴这个约旦唯一港口的原因，也是发展雅尔穆克灌溉工程的原因。政府也在约旦河西岸投入了大量资金，发展贸易并维持该地区稳定。事实上，没有证据表明政府决心消除巴勒斯坦人在政治和经济方面的不满。"①

---

① E. Kanovsky, *Ecnomic Development of Jordan*, The David Horowitz Institute for the Research of Developing Countries, Tel Aviv University, November 1974, pp. 36, 417.

第三节 出口替代型战略与新自由主义经济（1968~1999）

20世纪五六十年代，在国家资本主义发展模式下，约旦以工业进口替代型战略为主，取得了经济的大发展，初步确立了轻工业体系。但现代化从来不是一蹴而就，现代化进程不是直线式，而是波浪式地跳跃推进，[①] 现代化进程因生产力的阶段性发展而呈现阶段性特征。如果说20世纪上半叶约旦现代化进程呈缓慢上升趋势，而1967年战争则使许多现代化成就付之东流。战争、政变等内外部因素使约旦现代化进程呈现多样性与变异性，1967年，约旦现代化进程几近停滞，出现了逆现代化。

1967年战争后，以色列占领了约旦河西岸，约旦失去大片土地，粮食、水果、蔬菜等农作物生产遭到破坏，约旦政府进行农业战略大调整，由西向东转移。此时约旦也将进口替代性工业发展战略改变为出口导向型经济发展模式，分别制定了"七年计划"、"三年计划"和"五年计划"，调整产业结构，借助石油价格上升，形成以侨汇、旅游和外援为支柱的半食利经济发展模式，实现了经济大发展和繁荣。约旦甚至在20世纪70年代被称为"新贝鲁特"，成为阿拉伯世界的银行和金融中心，80年代被称为"黎凡特的香港"。[②]

一 国家发展"三年计划"与"五年计划"

1967~1999年是侯赛因统治的辉煌时期，约旦始终将经济发展置于首位，制定了一系列发展计划。1967年中东战争结束后，约旦继续执行1964年的"七年计划"，同时在约旦经济安全委员会的监管下，

---

① 罗荣渠：《现代化新论：世界与中国的现代化进程》（增订本），第154页。

② Pete W. Moore, "The Newest Jordan: Free Trade, Peace and an Ace in the Hole", *Middle East Report*, 26 June 2003.

着力于恢复受战争破坏的经济活动，继续在公共领域的投资，恢复农业、轻工业和小型加工业的生产。至 1971 年，约旦国民生产总值约为 5.6 亿美元，人均国民收入为 377 美元，[①] 社会经济各方面逐步恢复发展，实现了经济起飞。约旦经济起飞的时间大约在 20 世纪 70 年代。[②]

1. "三年计划"

1973 年，约旦开始执行"三年计划"。此计划执行时间为 1973~1975 年，"三年计划"中最大的投资领域是交通。该计划包括修建一条通往亚喀巴的铁路，以减少运输成本，增加进口。西德的贷款是约旦当时的主要财政来源。在西德的援助下，约旦在安曼附近还修建了一个国际机场。在这三年中，约旦经济一直保持较高的增长速度，国民生产总值年平均增长率为 15% 以上。至 1975 年该计划结束时，约旦国民生产总值为 11.7 亿美元，比 1971 年增长了近一倍，人均国民收入增加到 580 美元。[③] 该时期约旦农业也取得了较快发展，1973~1975 年"三年计划"时期农业平均年产值为 8300 万美元。[④]

自 1967 年至 1972 年，约旦电力需求量剧增，发电量年平均增长率为 11.6%，[⑤] 1973 年增长率为 14.8%。但这些电能仍无法满足工业需求，电力短缺阻碍了工业化的脚步。因此，1973~1975 年"三年计划"包括电力增容内容，在科威特国际发展署的经济援助下建造了扎尔卡电站，为安曼和伊尔比德电站增容。

2. "五年计划"

从 1976 年开始，约旦执行了四个"五年计划"，以国家干预的形式制定经济发展计划，使经济得到强制性的发展。但在 80 年代后期，由于通货膨胀和外债危机，约旦经济几乎崩溃。

第一个"五年计划"实施时间为 1976~1981 年。此阶段约旦经

---

① 郭隆隆：《约旦的经济成就与发展战略》，《阿拉伯世界》1984 年第 3 期。

② 冯璐璐：《中东经济现代化的现实与理论探讨——全球化视角研究》，西北大学博士学位论文，2006。

③ 郭隆隆：《约旦的经济成就与发展战略》，《阿拉伯世界》1984 年第 3 期。

④ 郭隆隆：《约旦的经济成就与发展战略》，《阿拉伯世界》1984 年第 3 期。

⑤ Central Bank of Jordan, *Monthly Statistical Bulletin*, Various issues.

济实现了繁荣，国民生产总值达到最高水平，国民生产总值年均增长率流动价格达到 20.7%，固定价格达到 14.4%。20 世纪 70 年代，约旦人均 GDP 增长了 351%，[①] 1980 年，约旦农业产值达 1.887 亿美元，占同年国民生产总值的 11%。[②] 仅 1981 年，约旦国民生产总值便达到 43 亿美元，其中矿业产值 6 亿美元，农业产值 2.09 亿美元，人均国民收入达到 1914 美元。约旦的经济在 1971~1981 的十年间翻了两倍多。[③] 自 1967 年至 1985 年，约旦出口额从 998 万第纳尔增加到 25535 万第纳尔，平均每年以 18% 的速度增长。[④]

约旦经济环境开放，进出口贸易和过境贸易繁荣。约旦市场规模大，结构合理，银行法律规范，允许外国银行投资。1978 年，约旦成立了伊斯兰金融与投资银行，1979 年正式运营，该银行分支机构众多，注册资本为 400 万第纳尔，将储户资金用于投资，实行禁息原则和利润分红制，是伊斯兰国家独有的金融模式。该银行促进了约旦商业发展，有效防御了世界一体化进程中的金融危机。

此时期的经济繁荣最重要的原因是国际市场石油价格上涨，由此引发产油国财政盈余增加。海湾国家对约旦劳动力需求增加，约旦侨汇随之增加，同样产油国收入与消费的增加也刺激了约旦出口。侯赛因实施的开放性政策和约旦稳定的政治环境也为经济发展创造了条件。但现代化进程的曲折性和易受影响性使它不能直线式上升发展，1979 年伊朗伊斯兰革命和 1980 的两伊战争影响了约旦的出口，伊朗、伊拉克石油经济的最终收缩不仅大幅削减了约旦侨汇，而且使阿拉伯国家对约旦的援助减少。约旦经济现代化发展中最大的问题是产业结构不合理，几乎不存在重工业，制造业发展较落后。截至 1981 年，机器制造业产值仅占约旦国民生产总值的 15%，[⑤]

① *About Jordan*, http：//www. just. edu. jo/cesare14/Documents/About%20Jordan. pdf.
② 郭隆隆：《约旦的经济成就与发展战略》，《阿拉伯世界》1984 年第 3 期。
③ 郭隆隆：《约旦的经济成就与发展战略》，《阿拉伯世界》1984 年第 3 期。
④ Monther Share，"Jordan's Trade and Balance of Payment Problems"，Edited by Rodney，*Politicis and the Economy of Jordan*，London and New York：Routledge，1990，p. 108.
⑤ *Middle East Economic Handbook*，London，Euromonitor Publications Limited，1986，p. 15.

远低于发达国家近 50% 的水平。

第二个"五年计划"实施时间为 1982~1987 年。该计划总投资额为 28 亿第纳尔,主要集中于传统的农业、基础设施领域,加强水利建设,修缮扎尔卡河上的塔拉勒国王水库,提高水库蓄水量和灌溉能力。约旦还积极扩大出口,提高政府的抗危机能力,实行紧缩式财政预算,克服经济困难。

在整个 20 世纪 80 年代,约旦工业取得巨大发展,工业在国民生产总值中的比重约为 41%,[1] 改变了以往农业占主导的地位。纵观整个发展形势,此阶段约旦农业增长了 7.5%,基本建设增长 12.6%,工业增长 17.8%,水电增长 18.9%。[2] 整个 80 年代前半期,约旦经济保持平稳增长势头。如果说 70 年代是约旦经济起飞的时期,那么 80 年代前半期的约旦则在现代化进程中迈了一大步,改变了以往贫困、落后的面貌,初步走上现代化。随着中东和平进程的推进,约旦获得了稳定的发展环境。同时,约旦也受益于其灵活、务实的外交政策,提了国际地位,进一步推动中东和平进程。

20 世纪 80 年代后半期,由于世界经济萧条,石油价格波动大,约旦经济受影响出现倒退,国内生产总值流动价格、固定价格年平均增长率分别为 7.3% 和 2.2%。80 年代约旦经历了严重的经济危机,外债剧增,第纳尔汇率从 1982 年的 2.95 美元下降至 1989 年的 1.73 美元。80 年代约旦人均 GDP 降低了 30%。[3] 约旦的经济投资较分散,贸易占国内生产总值的近 1/3,交通和通信、公共事业、建筑占 1/5,而采矿业和制造业所占比重较低。[4]

第三个"五年计划"自 1988 年至 1993 年,此阶段以改革为主。但由于第二次海湾战争的消极影响,此计划实施未超过一个月。

第四个"五年计划"是 1992 年重新制定的计划。约旦制定该计

---

① *Middle East Economic Handbook*, p. 28.
② 郭隆隆:《约旦的经济成就与发展战略》,《阿拉伯世界》1984 年第 3 期。
③ *About Jordan*, http://www.just.edu.jo/cesare14/Documents/About%20Jordan.pdf.
④ *About Jordan*, http://www.just.edu.jo/cesare14/Documents/About%20Jordan.pdf.

划主要用以应对新时期的债务危机，恢复内外财务收支平衡。约旦这一阶段成功的改革是建立在宏观经济管理政策的基础上，逐步遏制财政赤字，并系统广泛地进行结构改革。同时，约旦制定该计划注重提高实际经济增长率，保持低通货膨胀率，加强外汇储备，减少外债，遏制贫困与失业。此政策取得了一定效果，约旦经济实现了缓慢的增长，GDP 流动价格和固定价格的年平均增长率分别达到了 9.2% 和 2.9%。尽管约旦外债和财政赤字都在逐渐减少，但失业率和贫困人口还在持续增加，中层人均收入增长较缓慢。20 世纪 90 年代约旦人均 GDP 增长了 36%。[①]

20 世纪 90 年代，约旦政治更加开放，取消党禁，扩大媒体自由，宽松的政治环境为经济发展助力。在 1999 年阿卜杜拉二世继位时，约旦经济成就显著，经济水平在发展中国家中居于前列。据约旦经济状况评估委员会的估计，1999 年约旦 GDP 为 52.8 亿第纳尔，比上一年增长 1.6%，增速与 1998 年基本持平。[②] 从产业结构看，农业占比下降幅度较大，1999 年农业增加值为 1.14 亿第纳尔，比上年减少了 20%。采掘业产值增加 1.82 亿第纳尔，比上年增长 7%，该年磷酸盐产量为 601 万吨，比上年略有增长；钾盐产量为 180 万吨，比上年增长 18%。制造业增加值为 6.25 亿第纳尔，比上年略有增长。同时，约旦水电力部门增加值为 1.29 亿第纳尔，比上年增长了 7.3%。建筑业产值增加 1.96 亿第纳尔，与上年持平。[③] 此间约旦旅游业发展迅速，带动第三产业强劲发展。

二　半食利经济：外援、旅游、侨汇

半食利经济是指一个国家的经济收入主要部分不是来自经济生产

---

①　*About Jordan*，http：//www.just.edu.jo/cesare14/Documents/About%20Jordan.pdf.

②　中华人民共和国驻约旦哈希姆王国大使馆经济商务参赞处：《约旦经济尚未走出低谷》，《国际商报》2000 年 7 月 5 日。

③　中华人民共和国驻约旦哈希姆王国大使馆经济商务参赞处：《约旦经济尚未走出低谷》，《国际商报》2000 年 7 月 5 日。

部门，而来自其他方面，如租金收入、有价证券收入、国外援助和贷款、劳务支付和因特殊地理位置而获得的收入（运河、石油管道）。约旦自然资源匮乏，农业基础薄弱，建国之初几乎没有工业基础，经济收入主要依靠外援和贷款、侨汇。同时，因约旦独特的地理位置对以色列和阿拉伯国家均有牵制作用，它虽不生产石油，却因产油国经济繁荣而获得大量外援、侨汇。上述种种因素使约旦产生"半食利经济"，约旦也成为半食利国家，又被称为准地租型国家（Semi-rentier States），其经济类型为分配型而非生产型。

1. 外援

自 1921 年外约旦建立之初，其财政收入主要依赖外援。最初外援由英国提供，20 世纪 50 年代后主要由美国提供，其间欧洲一些国家也有所援助。自六七十年代起，阿拉伯国家获得了巨大的石油收益，同时考虑到约旦在阿以问题中的敏感地位，纷纷给予约旦经济援助。从 1963 年至 1985 年，约旦的主要经济来源为侨汇和外援，占 GDP 总额的 45.5%，同期外援增加了 19 倍多。

表 3-4 约旦外援及捐赠数据在国民收入中的比重

年份	英国	美国	阿拉伯国家
1956~1966	14.20	45.00	—
1967~1972	9.44	52.90	6.43
1973~1985	3.70	8.50	85.10

资料来源：Edited by Rodney, *Politici and the Economy of Jordan*, London and New York: Routledge, 1990, p. 65。

由表 3-4 可知，20 世纪 50 年代中后期至 60 年代，约旦的主要外援来自于美国。1957 年，美国制定了《关于美国中近东政策的决议案》，由美国向中东国家提供 2 亿美元用于经济和军事援助，以抵制苏联对该地区的渗透。此后一直到 70 年代前期，美国都是约旦最大的援助国。70 年代末期至 80 年代中期，由于阿拉伯产油国对约援助剧增，约旦也企图摆脱美国的政治、军事与外交控制，因而美国援助减少。90 年代后美国又恢复了对约的援助。

石油资源的发现和开发不仅给阿拉伯产油国带来财富，也给周边非产油国带来机遇。约旦临近沙特、伊拉克、科威特等产油国，与伊朗关系较好，使约旦间接地受惠于石油经济，形成半食利经济。1967年《喀土穆协定》签订后，科威特、沙特、利比亚等产油国承诺每年向约旦提供 3770 万第纳尔，1967~1985 年，阿拉伯产油国对约旦提供的经济援助占约旦整个外援的 82.4%。[①] 1978 年，阿拉伯国家在巴格达召开阿拉伯国家首脑会议，会议决定约旦作为前线国家每年能从阿拉伯国家获得 12.5 亿美元的援助。

20 世纪七八十年代，约旦财政仍然主要依靠外援，外援占整个政府收入的 55% 以上。但石油价格波动严重，约旦对阿拉伯国家经济援助的过分依赖致使其经济比之前受英美援助时波动更大，更易受国际市场油价的影响。80 年代中后期，由于世界经济萧条，约旦财政收支平衡受到很大影响，外债加剧，经济现代化进程受阻。

2. 旅游与侨汇

自 1948 年第一次中东战争后，约旦旅游业开始兴起，游客大多来自海湾国家和欧洲。整个 50 年代和 60 年代初期，约旦旅游收入为国民经济增长做出重要贡献。但 1967 年战争毁坏了约旦河西岸的大部分房屋、田舍，使大量难民流离失所，战争也减少了约旦河西岸的旅游收入。在 1967 年战争爆发前，该地区旅游总收入为 1130 万第纳尔，1968 年锐减至 460 万第纳尔，1969 年比前一年增加了 28%。截至 1970 年内战前，旅游总收入为 490 万第纳尔。此后旅游收入渐趋稳定，成为约旦经济三大支柱之一。

20 世纪 50 年代，由于难民涌入致使约旦国内就业低迷，加上地理位置上的便利，许多受教育程度较好的约旦人前往海湾国家，从事教师、医生等技术性职业。60 年代，随着石油产业的兴起，阿拉伯

---

① Fawzi Khntib, "Foreign Aid and Economic Development in Jordan: An Empirical Investigation, Edited by Rodney", *Politici and The Economy of Jordan*, London and New York: Routledge, 1990, p.65.

产油国尤其是海湾国家经济发展迅速，吸引更多约旦人前往该地区工作。他们定期将钱寄回国内，反哺约旦经济发展。20 世纪七八十年代，受过良好教育和职业培训的约旦劳工每年可为国家赚取 10 亿美元的侨汇，有效平衡了约旦的国际收支，侨汇收入几乎占到了整个国家收入的 1/3。但 80 年代的两伊战争和 90 年代的海湾战争使许多约旦人回国，尤其是海湾战争期间有 30 万约旦劳工回国，侨汇收入大大减少，使约旦本就紧张的就业形势雪上加霜。

三 经济开放战略、自由贸易区与工业区

约旦经济是完全自由经济和计划经济的混合，它的特点是既自由又受政府宏观调控。约旦有自由市场，一直奉行开放型经济发展模式，在世界上实施较大程度的对外开放，利用其地缘政治优势吸引外资，形成自由的市场经济体制。此外，约旦一直鼓励投资，为投资者豁免关税、减免税收，加入全球多个经济协定，创造了国内外合适的经济发展环境。约旦经济开放战略中最主要的内容是建立自由贸易区和工业区，促进其朝着国际化、一体化进程发展。

最早成立的亚喀巴自由贸易区始建于 1973 年，1976 年颁布了相关法律。1978 年该区域进行调整，于 1984 年颁布了第 32 号法令，确定了自由贸易区的任务和宗旨。此后约旦又在安曼东北部的扎尔卡建立第二个自由贸易区。此自由贸易区免收进口税、国内货物税及其他税收；获准在亚喀巴自由贸易区内设立贸易中心的公司可免交 12 年所得税，免交一切社会安全税、注册费及雇佣税等；经该区运往国外的货物免交关税或国内货物税。

自由贸易区还享有其他优惠措施：投资者建造的房屋及其设备可免交地产税、执照税和建筑税；投资者的资本可撤回本国，股份和利润可自由转移至境外；位于约旦的外国办事处的外籍雇员免交社会服务税和家庭财产进口税，外籍雇员可每两年进口一辆汽车并免交关税等。自由贸易区的服务领域包括进口、混合、包装、仓储、冷藏、展览、转运、调配以及再出口。随后又成立了自由贸易区总公司，负责

管理约旦自由贸易区相关事务。

1980 年，约旦工业区公司成立。该公司属于公私合营的股份有限公司，享有独立的财权和经营管理权，目的是在约旦建立工业区，完善该区域基础设施，利于吸引投资，致力于在现有的工业城市间实现合作和工业一体化。约旦第一个工业城是安曼萨哈布工业城，位于安曼东南 30 千米处，占地面积为 250 万平方米，包括 500 多个工业项目，提供了 9000 多个就业机会。[①] 截至 2015 年，约旦工业区公司（国有）下属的 13 个工业区中，4 个已建成使用，1 个（中国援建的马安工业城）仍在建，其余的尚处规划设计阶段。[②]

四　失业问题和通货膨胀

约旦经济经历了 20 世纪 70 年代的起飞、80 年代的繁荣和低迷后，特别是 1989 年几乎全面崩溃，第纳尔贬值近半，国家债务超过 100 亿美元。[③] 约旦资源稀缺，水资源也严重缺乏，而约旦经济崩溃的始作俑者——西方人，却积极在约旦制造动乱。此时的约旦内忧外患，政府既要应对国内民众惩治腐败、开放政治的要求，又要解决高失业率和通货膨胀问题。

1. 失业问题

约旦本国人口并不多，但 1948 年和 1967 年大量巴勒斯坦难民进入约旦，致使约旦 80% 左右的人口为巴勒斯坦人，增加了就业难度。此外，约旦在 20 世纪 50 和 70 年代分别出现高出生率，80 年代人口出生率高达 4.85%。[④] 高出生率导致了失业率上升，1973 年失业率是

---

① 〔约旦〕穆罕默德·拉比阿·哈扎阿拉：《约旦现代历史上的首次（1920~2000）》，第 98 页。

② 《约旦工业区制造业繁荣》，http://jo.mofcom.gov.cn/article/jmxw/201501/20150100882562.shtml，2015-01-29。

③ 〔巴勒斯坦〕马德尔·扎哈拉：《约旦，处于代替的国家和代替的制度之间》（阿文版），http://www.arabtimes.cc/portal/article_display.cfm?Action=&Preview=No&ArticleID=16368。

④ A. Zagal, *Social Changes in Jordan*, Jordan：Yarmouk University, Vol. 20, No. 4（Oct., 1984）, pp. 53-75.

11.7%，1975 年保持下降趋势（没有超过 9%），此后就业市场经历了一段大波动，失业率从 1976 年的 1.6% 上升至 1998 年的 18.8%。1989 年的经济危机致使约旦经济现代化中断，甚至后退。

从 1989 年起约旦失业率明显上升，经济危机导致了第纳尔汇率下降大概一半。在此形势下，约旦人走上街头，呼吁改善国内经济状况。1989 年，燃料、饮料、香烟等物价上涨，马安爆发骚乱，导致警察干预。这次骚乱蔓延至整个约旦河东西岸，波及安曼。

经济危机后，约旦贫困水平上升，即使改革十年后，1999 年仍有近 1/3 的人口生活在贫困线以下。① 约旦经济发展不仅受国内政治社会形势影响，也受到中东地区和国际形势影响。1991 年爆发第二次海湾战争后，大量原本定居在海湾阿拉伯国家的约旦人返回国家，加剧了就业危机，造成了约旦民众大面积失业。1993 年，约旦失业率达到顶峰（高达 18.8%），自此之后失业率时有波动。

1989 年经济危机后，约旦政府取消粮食补贴，人均收入增长停滞，国内经济普遍低迷，加剧了约旦经济状况的恶化。约旦穷人无力支付增加的生活成本，他们的传统知识和技能并不适合在城市就业。结构调整的干预导致贫困加剧和边缘群体增多，贫穷和失业问题成为约旦亟待解决的问题，按照政府公布的数字，1999 年约旦失业率高达 14.4%。② 约旦近七成的人口低于 29 岁，③ 青年失业率极高，国内创造就业机会的速度放缓。约旦劳动力过快的增长和滞后的经济政策造成收入不均、工资水平低下等社会问题，失业也导致人均收入较低和中产阶级萎缩，不利于社会稳定。

约旦失业率较高的原因有传统的自然、环境、劳动力素质问题，也有外部因素。自 20 世纪 70 年代起，约旦经济取得跨越式发展和高增

---

① See the World Bank Group, "Jordan Quarterly Update", Third Quarter 2004, Jordan Country Unit, //siteresources. worldbank. org/INTJORDAN/News% 20and% 20Events/20348821/ jordanq3cy04. pdf.

② 中华人民共和国驻约旦哈希姆王国大使馆经济商务参赞处：《约旦经济尚未走出低谷》，《国际商报》2000 年 7 月 5 日。

③ UNDP report, p. 3.

长，但缺乏高科技和高素质人才，劳动力和就业需求之间的矛盾难以协调。约旦国内缺乏完善的职业教育，使其国际劳工输出率较低。

约旦人口增长率远超过经济增长率，新增人口可为劳动力市场增加新鲜血液，但也给劳动力市场增加就业压力。同样，经济结构改革导致公共部门就业机会减少。约旦最大的人力资源需求部门——公共部门已饱和，部分工作机构和设施逐渐转向私有化，导致公共部门对劳动力的需求降低，从而导致整个社会就业率下降。国有企业私有化的长期过程也减少了工作岗位。

约旦劳动力市场还存在各种结构性问题，在某些行业中，外国人与部分约旦人竞争并获得职位，在相同行业或职业中，外国人薪资一般高于约旦人。约旦向传统进口市场国家的投资规模减少，导致了约旦外部需求的降低及就业困难。

与失业问题相伴出现并长期存在的是通货膨胀问题。通货膨胀表现为服务价格与商品价格的持续上涨，由于货币发行数量超过商品流通所需的货币量；或相反，由于总需求过度增长引起生产的增长，或因生产成本上升。约旦通货膨胀分为三个阶段，第一阶段为 1963～1972 年，由于政府扩大投资处于低通胀阶段。第二阶段为 1973～1980 年，由于石油价格上涨，依赖阿拉伯产油国经济援助的约旦处于高投资高通胀时期。1980～1989 年，约旦通货膨胀程度前所未有，引发经济和政治问题，政府不得不调整经济发展战略。

五　新自由主义经济发展模式

20 世纪 80 年代后期，约旦国内经济增长缓慢，能源和食品补贴高，政府公共部门冗员现象严重，抵消国际援助后，仍然长时期保持年度预算赤字。约旦国家预算不足，越来越多地依靠外部借款。随着侨汇收入和援助资金的下降，约旦外债节节上升，为弥补资金不足，约旦对内实行经济自由化政策，鼓励私人投资和私有化；1989 年 4 月，约旦对外被迫与国际货币基金组织和世界银行签署结构调整协议，并建立"资格工业区"（QIZ）和"加工出口区"（EPZ），以调整内外财政赤字。

1. 结构调整计划

约旦改革具有典型的国际货币基金组织和世界银行特点，结构调整计划（Structural Adjustment Plan，简称 SAP）的主要内容是有针对性的财政和货币政策。第一个 SAP 执行后，约旦公共部门资金被冻结，政府补贴削减，去除进口关税保护主义，销售税首先被引入约旦，推行以增值税为基础的完整税准改革。

第二个 SAP 始于 1991 年，这一时期结构调整体现在以下方面：财政和货币政策领域，税收制度，工业，农业，旅游和运输，国际业务合作，银行和金融市场，外贸和关税，管理，制度改革和私有化，公共部门的投资。[①] 1996~2000 年，约旦大幅削减财政开支，转向盈余，显著降低了贸易赤字。改革方案允许约旦重新安排其债务偿还时间，免除一些双边债务。

海湾战争中返回约旦的 30 万劳工对国内经济造成巨大的压力，但也带来了资金和人力，促进住宅、城市基础设施的大规模建设，促进了投资。总体而言，1992~1995 年，约旦的 GDP 平均增速维持在 6.7%。但是，这种所谓的繁荣是短暂的，1996~1999 年约旦国内生产总值平均值下降到 2.9%。改革方案并未刺激经济持续稳定增长。20 世纪 90 年代美国对伊拉克的经济制裁使约旦和伊拉克之间的双边贸易下降了 75%。20 世纪 90 年代后半期，约旦整体经济表现不及预期。

不符合社会实际情况的经济改革忽略了社会经济方面的混乱，如较高的生活成本、贫困、失业不断加剧等。自 1996 年以来，按照 IMF 提供的计划进行改革后，约旦实际人均国内生产总值为负增长，居民的实际收入减少，在过去十年中，约旦居民总体生活水平比 1988 年低。SAP 中营业税基数的扩大导致公共必需品如电力、水等价格上涨，人们生活成本上涨，严重制约国内储蓄的增加。

---

① Oliver Schlumberger, "Transition to Development?", in George Joffe (ed.), *Jordan in Transition 1990-2000*, C. Hurst & Co: London, 2002, p.233.

1995 年，约旦反对党和专业协会组织发起反对经济结构调整与改革的大规模宣传活动。之后，约旦召开全国会议，反对国际货币基金组织和世界银行对约旦的计划。一封致总理的公开信称改革就是"一个强加给约旦的国际阴谋"，"改革并不属于任何国家计划的一部分，是对约旦主权的侵犯"。[1] 随后反对派在全国范围内呼吁反对国际金融机构（IFI）的政策，但由于约旦国王和王室亲西方的政策和力主改革的态度，此活动很快被镇压。

2. "资格工业区"和"加工出口区"

1996 年，国际货币基金组织发布的一项报告声称："约旦将继续在结构调整和改革中取得进步。随着适当的宏观经济调整和结构性改革政策的实施，约旦经济已取得显著增长，实现了低通货膨胀率和外汇储备率的提高。约旦经济因此有望继续保持高增长，增加就业机会，提高生活水平。"[2] 由于国王亲西方的态度，约旦继续奉行西方的新自由主义经济政策，尤其是美国的"华盛顿共识"，建立了"资格工业区"（Qualifying Industrial Zone，简称为 QIZ）和"加工出口区"（Export Processing Zone，简称 EPZ）。

约旦"资格工业区"共有 13 个，建立工业区后，将生产的货物免税且无限额地出口至美国，以色列必须参与到生产过程中。QIZ 规定出口货物中至少 35% 须为约旦本地制造，11.7% 必须由巴勒斯坦制造，8% 由以色列制造，剩下的 35% 可以约旦、美国、以色列或巴勒斯坦任意一个国家制造。[3] 所有与 QIZ 合作的公司均可免除关税和社会保障税。约旦允许外国投资者拥有全部所有权或控制他们的工厂与资本，允许投资者将利润和工资完全转移至其国家。

---

[1] See Mary Nazzal, Economic Reform in Jordan: An Analysis of Structural Adjustment and Qualified Industrial Zones, April, 2005, p. 10.

[2] IMF (1996), *IMF Statement on Jordan by Mohamed El-Erian*, News Brief 96/95, 21 August 1996, www. imf. org/external/np/sec/nb/1996/NB9605. HTM.

[3] See Kardoosh, Marwan A. and Riad al Khouri, "Qualified Industrial Zones and Sustainable Development in Jordan", Jordan Centre for Public Policy Research and Dialogue, September 2004, www. erf. org. eg/11conf_ Lebanon/Trade/Kardoosh&Khouri. pdf.

约旦目前有 13 个"资格工业区"，785 家公司，雇用工人约 3 万名。[①] 其中较大的"资格工业区"有 4 个，分别是安曼的阿卜杜拉二世·本·侯赛因工业城、伊尔比德市的哈桑工业城、卡拉克市的阿卜杜拉二世·本·侯赛因工业城和亚喀巴国际工业城。据统计，约旦"资格工业区"1998 年出口额为 2000 万美元，1999 年为 6000 万美元，2000 年为 1 亿美元。资格工业区的迅猛发展已成为约旦经济开放的一个亮点。[②]

QIZ 计划是约旦新自由主义经济和市场改革计划的重要组成部分，也是"华盛顿共识"的产物。但此计划忽视经济改革的社会和政治层面，不符合约旦国情，QIZ 的利润被外国劳工工资抵消，既不利于约旦本国居民就业，也不利于吸引投资。因此，约旦部分人士建议，政府应允许 QIZ 产品在本地市场上销售，而非完全用于出口。

《美国-约旦自由贸易协定》本质上将约旦转变成一个大 QIZ。该协议与 QIZ 方案之间的主要区别是没有以色列参与。约旦国内市场狭小和工业基础薄弱，QIZ 公司是低技术含量的组装企业，不能使用先进的工业技术，约旦仅通过提供廉价的外来劳动力和有吸引力的投资环境来提高竞争力。在后期发展中，约旦开始考虑本国实际情况，创作出混合资格工业区兼贸易自由区和经济特区的经济发展新模式。在此模式下，出口加工区兼顾开放式贸易体制的收益与出口导向型经济增长，香港 BOSCAN 集团与约旦科技大学合资建设的 CYBER CITY 约旦科技工业园区就是一个典范。[③]

约旦新自由主义经济的另一个计划是"加工出口区"。"加工出口区"是国家划定的专门性制造、加工、装配出口商品的特殊工业区，享受减免地方税收政策。"出口加工区"一般建立在经济较发

---

① See ILO Database on Export Processing Zones, http://www.ilo.org/public/english/dialogue/sector/themes/epz/epzdb.pdf.

② 严庭国：《资格工业区与约旦的经济开放》，《阿拉伯世界》2001 年第 3 期。

③ 严庭国：《资格工业区与约旦的经济开放》，《阿拉伯世界》2001 年第 3 期。

达、交通运输和对外贸易便利、劳动力充足、城市化程度较高的地区，如沿海港口或国家边境。约旦此计划的目的是获得紧缺的外汇。但此计划和"资格工业区"面临同样的问题，治标不治本，短期内给约旦带来大量外汇，但长期来看，使约旦受到以美国为首的西方国家经济制约更严重，在融入全球化的同时也增加了风险。

3. "贸易自由化"与"私有化"

新自由主义经济最大的特点是自由的市场经济和贸易自由化，私有化在国民经济体系中的比重加大。自1989年以来，约旦已成功地实施了一些经济调整方案，克服了重大财政失衡问题，"贸易自由化"和"私有化"是整个改革的有机组成部分。该计划曾因海湾战争搁浅，1992年海湾危机结束后，改革重新开始。商业贸易一直是约旦的主要国民收入来源，1967年战争后，约旦开始实施出口替代战略，改变了以往以进口替代型工业战略为主的模式，对外贸易与出口稳步增长。

1968年，约旦出口量比1966年增加39%。但1970年，由于印度抵制购买约旦的磷酸盐，以及该年约旦爆发内战，出口量降低。1971年，约旦出口额较1968年流动价格减少28%，固定价格减少32%。1972年，由于叙利亚边境关闭，约旦出口仍然不足。直到1973年，约旦总出口额才恢复了11%，此后约旦贸易一直处于出超地位。80年代末期，侯赛因加大贸易自由化的程度，通过"资格工业区"和"出口加工区"计划，于1999年2月加入世界贸易组织。随着约旦与相关国家自由贸易政策、协定的逐步实施，约旦贸易环境更加开放自由，提高了出口的质量与增加出口数量，还增加了过境贸易量。

私有化是约旦经济改革的一大举措。自1946年以来，约旦一直强调国家宏观调控和计划经济模式，私有经济成分只占较小份额。随着经济改革项目的实施，1992年，约旦私有化进程加速。在此改革框架下，一些国有企业和国有控股企业实现了私有化。

私有化狭义的概念是从整体或局部改变一些固有势力在管理、执行过程、发展投资领域的特权等，使政府和王室放弃一些公共领域所拥有的权力。广义的概念是在不同的经济活动中扩展私有企业的活动，但这并不是意味着必须限制国有企业活动或社会在很大程度上依赖私有企业。实施私有化的主要原因是国有企业在生产工序、技术和管理手段等方面不及私有企业灵活、有效，在以往的国家资本主义发展模式下，国家和政府对经济干预过多，阻碍了投资的扩大和生产技术的改进。政府可通过鼓励私有化发展获得税收，减少借贷和国内外的负债。政府意欲打破国有部门在一些行业的垄断，扩大参与，削弱政府在一些部门生产过程中的行政干预。

约旦私有化分为三个阶段。第一阶段自侯赛因执政至 1967 年，此阶段以 1949 年约旦商会形成为标志，私有企业和商业活动逐步兴起，但在国家资本主义模式下，私有化的发展极为有限。第二阶段自1968 年至 1973 年，市场经济发展繁荣，外国市场为约旦提供了大量出口机会，在此基础上，私有化经济开始发展。第三阶段为 1974 年至 1999 年，私有化的主要方式由资本私有化、通过资本市场销售或拍卖、私人或私有部门获得某些国家垄断行业特许权等，政府适当退出公共部门和国有企业。经过长期的改革，目前私有企业已参与到农业灌溉项目、银行业、制造业以及交通业，成为国有经济的有益补充。

第四节　可持续发展战略与经济改革（2000～2015）

1999 年，阿卜杜拉二世继位后开展全方位、更加灵活务实的开放政策，此阶段约旦面临着严峻的挑战和前所未有的机遇，以阿卜杜拉二世·本·侯赛因国王 1999 年让出立宪权为标志，开始了这一时期的经济和社会改革。

此阶段经济发展的主要任务是"积极开展以经济为轴心的务实

外交，不断加大经济开放和国企私有化力度"，① 完成从第一次现代化向第二次现代化过渡的任务。约旦国王为此制定了经济发展计划、国有企业私有化方针，加大开放力度，鼓励外商投资。约旦还不断获得来自美国、欧盟、日本、中国等国家或国际组织的援助，相继减免企业贷款，或延长企业贷款期限，给约旦经济发展注入了强心剂，为2001 年的经济增长打下了坚实的基础。②

此改革持续至 2006 年，自 2007 年开始，约旦实施为期十年的国家计划，随后推出"可持续发展战略"和 2015 ~ 2025 年愿景规划。2010 年，"阿拉伯之春"对约旦形成不小的冲击，但约旦积极实施政改，从国家治理的角度调整内外方针政策，截至 2015 年经济发展迅速恢复。

一　阿卜杜拉二世初期的经济改革与开放政策

首先，约旦设立经济咨询委员会。阿卜杜拉二世上台后着手惩治国内腐败，调研经济现状，继续执行"资格工业区"发展计划，设立了三届经济咨询委员会，此经济咨询委员会又名"经济务虚会"。1999 年 11 月，在国王的倡议下首次在死海地区召开经济务虚会。会议代表集中讨论实现经济和社会可持续发展的各个方面，就制定实施经济现代化和开放政策、实行财政改革等达成共识。此次会议最大的成果是决定设立亚喀巴经济特区，制定旅游发展战略和继续实施私有化，发展资本市场。这次会议为约旦经济改革制定了框架，设立了目标，是约旦应对经济全球化浪潮做出的积极回应，提高了经济现代化的水平。

其次，国王推动建立亚喀巴经济特区。根据"亚喀巴第三次经济务虚会"精神，2001 年，约旦建立亚喀巴经济特区（ASEZ）。亚喀巴经济特区是约旦改革战略的一部分，拥有高度自由、无关税、低税率等政策优惠。亚喀巴经济特区投资环境良好，分别与沙特、以色

---

① 梁国诗：《约旦经济发展的重要因素》，《阿拉伯世界》2002 年第 2 期。

② 梁国诗：《约旦经济发展的重要因素》，《阿拉伯世界》2002 年第 2 期。

列接壤，是约旦通往红海和印度洋的唯一出海口，也是约旦最大的贸易中转站，自古便具有重要的军事、商业战略地位。亚喀巴经济特区也是濒临红海的世界级旅游度假休闲地，为约旦带来大量外汇收入。该特区由亚喀巴经济特区管理委员会（ASEZA）管理，负责制定特区发展的政策法规，实施日常管理并促进特区社会经济发展。

亚喀巴经济特区主要宗旨是制定相关优惠政策，吸引外国投资，增加本国出口额。约旦的投资优惠政策具体为：①在亚喀巴投资的外国投资者可不受限制在当地投资旅游业、工业、零售业等；②提供完善的港口服务和以安曼为中心的国际机场；③对净利润只征收5%所得税；④该区域内进口货物免征关税或进口税；⑤登记注册的企业使用房产时，免征土地和房产税；⑥特区内取消任何外汇管制；⑦对外国投资者全部收益和资本汇出给予完全保障；⑧提供多用途的商业、旅游或居住环境和便捷的劳工和移民手续。①

通过上述政策，约旦不仅为外国投资者提供了政策保障和便利，也刺激了本国出口，带动工业和制造业的发展。亚喀巴经济特区的建立，使约旦更广泛地融入世界经济活动，签署了包括《约美自由贸易协定》、《约旦-欧盟合作伙伴协定》、《资格工业区协定》和《阿加迪尔协定》等多项贸易协定。此后，约旦又顺利加入世界贸易组织。

2004年，亚喀巴发展公司（ADC）成立。该公司是私营公司，由亚喀巴经济特区管理委员会和约旦政府共同成立，它成为亚喀巴经济特区发展的核心机构，开发和经营管理亚喀巴特区的战略资产，确保亚喀巴2001~2020年总体规划有序实施，使其成为红海海岸集商业、物流和休闲娱乐为一体的重要中心。该公司主要实施了"地平线项目"、"Ayla绿洲项目"、"Tala湾项目"、"红海度假村项目"（Red Sea Resort）、"Karameh地区建设和开发项目"、"航空货物港"（Air Cargo Terminal）和"亚喀巴国际工业区公司"（AIIE）。其中"亚喀巴国际

---

① 杨君：《亚喀巴特区：约旦的经济亮点——访亚喀巴经济特区特首 Nader Dahabi 先生》，《国际商报》2007年4月6日，第 J05 版，约旦经贸专刊。

工业区公司"是经济特区的核心项目,由美国援助组织(USAID)援建,战略规划包括吸引和投建大规模资本密集型高科技生产体系和设备,是约旦改变低端产业结构与低产能的关键举措,促进了约旦现代化工业与高科技的结合。

通过阿卜杜拉执政初期的一些政治经济改革,约旦在经济方面迅速取得了很多成果,被世界银行定义为"中上等收入国家",自2005年以来经济年平均增长率为4.3%。按照中国科学院中国现代化研究中心发布的报告《2006年世界和中国现代化指数》,约旦第一次现代化指数为94,2005年世界排名第43位,2006年世界排名第47位;第二次现代化指数为56,2005年世界排名第32位,2006年世界排名第31位,2006年约旦已迈入中等发达国家。[①] 可以说,约旦至少已基本上实现了第一次经济现代化。

二 国家计划

在经济改革的背景下,2001年,约旦皇家办公室同意设立阿卜杜拉二世国王发展基金会。该基金会是非政府组织,包括非营利计划和营利投资计划。营利投资计划旨在通过在国民中实施一些生产计划,为消除失业、贫困和不同领域的全面发展做贡献。在此计划框架内,约旦制定了"国王战略"。此战略制定了2007~2017年国家计划,为国家未来发展制定了规划。

国家计划主要包括政治、经济、社会、教育等诸方面内容,它在经济领域的规划是致力于创建具有吸引力的投资环境,取消贸易壁垒;建立职业培训体系,提供就业补贴,设立最低工资标准,控制工时,为中小企业提供支持;发展安全交通网络和公共交通工具,开发水资源,节约用电,保护环境,与世界技术、信息、通信接轨,发展工业,创造就业机会,保持国家财政健康发展。

---

① 参见《2006年世界和中国现代化指数》表5-3、《2006年25个中等发达国家的现代化指数》,http://www.cas.cn/zt/kjzt/bg09/gbx/200910/t20091027_2637093.shtml。

根据此规划，国家将在十年内提供 60 万个工作机会；将失业率从 12.5% 降低到 6.8%；将贫困率从 14.2% 降低到 10%；将年人均收入从 1532 第纳尔增加到 2540 第纳尔；将财政赤字从 2007 年的 11.8% 减少到 1.8%。该计划在未来十年将实现年平均 7.2% 的经济增长率，将公共债务比例从 91% 降低到 36%。[①]

此计划涉及三个方面：第一是宏观的经济政策与环境。约旦清除了商业发展的障碍，有利于增加外汇收入，促进收支平衡。第二是对人力资源和劳动力的关注与发展。约旦通过提供培训、创造就业机会等措施增加了劳动力的就业竞争力，降低了失业率；同时政府制定一些保护政策，有利于维护劳动者利益，确保促进工业发展。第三是科技兴国。约旦计划的一系列举措保护和发展高新科技产业的性质，促进了产业结构优化和升级，有助于实现其科技兴国战略。

2007 年，此计划实施一年后效果显著，按固定价格计算，约旦第一季度 GDP 增长 5.9%；按流动价格计算，第一季度 GDP 为 31.38 亿美元，增长 12.9%。[②] 2007 年，约旦出口大幅增长，贸易逆差下降 8.4%，税收增长达 11.8%，其增长创历史新高；侨汇收入达 7.67 亿美元，比 2006 年同期增长 1.3 亿美元，同比增长 20.6%。[③] 约旦就业率由 2006 同期的 13.4% 增至 2007 年的 14.3%，[④] 产业结构调整效果明显，建筑业、金融银行业与房地产服务业增长迅速，传统的服装和食品生产量下降，制造业增速缓慢，改变了初级产品加工制造等劳动

① 《约旦国家发展规划议程》，参见阿卜杜拉二世网，http://www.kingabdullah.jo/uploads/national_agenda.pdf。
② 李庆华：《约旦第一季度经济发展情况》，中华人民共和国驻约旦哈希姆王国大使馆经济商务参赞处，http://jo.mofcom.gov.cn/article/ztdy/200707/20070704855147.shtml，2007-07-04。
③ 李庆华：《约旦第一季度经济发展情况》，中华人民共和国驻约旦哈希姆王国大使馆经济商务参赞处，http://jo.mofcom.gov.cn/article/ztdy/200707/20070704855147.shtml，2007-07-04。
④ 李庆华：《约旦第一季度经济发展情况》，中华人民共和国驻约旦哈希姆王国大使馆经济商务参赞处，http://jo.mofcom.gov.cn/article/ztdy/200707/20070704855147.shtml，2007-07-04。

密集型低端产业发展模式。

该计划实施第一年取得了一些成效，但 2008 年经济危机爆发后，约旦贸易额下降，工业产值暂时下滑，失业率上升。早在 2007 年世界金融危机爆发之初，约旦第一季度通胀率就达 8.2%，比 2006 年同期的 4.4%增长了近一倍，2008 年失业率达 12.5%。此问题主要来自于约旦融入世界经济体的负面影响，但约旦短期内经济发展过热，投资集中在金融业、房地产业等，这些行业易受外部因素影响和产生泡沫经济。

三 可持续发展战略

世界银行在 2006~2010 年为约旦十余个发展项目提供 1.75 亿~5.4 亿美元的低息贷款，该贷款条件灵活，提供免费咨询服务。[①] 在此款项的支持下，根据阿卜杜拉二世国王发展基金会的规划，约旦自 2008 年开始正式实施可持续发展战略。此战略包括社会各个方面的发展，其宗旨是使资本、自然、人类、社会生活、国家建设相适应；在经济和社会生活、环境方面找到一个平衡点，管理金融资本，重点发展绿色经济；发展环境友好型工业；着力于长远发展；消除贫困；合理处理消费与生产的关系，实现可持续发展。

随着可持续发展战略的实施，自 2009 年底开始，约旦采取了一些积极的财政改革措施，压缩支出、削减赤字，调整税率。到 2010 年上半年，约旦应对金融危机的政策已初见成效，财政赤字减少到约 2.5 亿美元，比 2009 年同期减少 69.3%；2010 年上半年公共收入增加了 1.8 亿美元，公共支出同期下降了 8.2%。[②] 可持续发展战略的宗旨之一便是消除贫困，约旦产业结构不合理和受外部因素影响严重等原因，

---

① 李庆华：《约旦第一季度经济发展情况》，中华人民共和国驻约旦哈希姆王国大使馆经济商务参赞处，http://jo.mofcom.gov.cn/article/ztdy/200707/20070704855147.shtml，2007-07-04。

② 《约旦应对经济危机措施收效显著》，中华人民共和国商务部网站，http://www.mofcom.gov.cn/aarticle/i/jyjl/k/201010/20101007197952.html，2010-10-20。

虽达到初步现代化国家水平，但贫困现象仍然严重，2002 年贫困率为 14.2%，2006 年为 13%，2008 年为 13.3%，2010 年为 14%。①

四 "阿拉伯之春"中的经济改革

2000~2010 年，约旦虽然在经济改革方面取得了一些成就，2010 年底总负债额达 160 亿美元。② 约旦面临巨大的财政赤字和高额债务风险的同时，经济发展的机遇却受世界经济形势影响而不景气，在社会失业和贫困多发的形势下国民经济衰退严重。

自 2011 年起，约旦也爆发了大规模示威抗议活动，民众抗议经济状况恶化、失业、物价上涨等民生问题，经济大衰退和政治动荡影响到约旦的 GDP 增长和出口导向型行业，建筑、旅游等行业受损严重，赴约旦游客人数自 2011 年以来大幅下降，本国和外国投资锐减，通货膨胀严重。2011 年第三季度经济增长率为 2.6%，同比 2010 年第三季度下降 0.9%，2011 年前三个季度 GDP 平均增长率仅为 2.4%，约旦前总理杰瓦德称"这一经济增长率非常令人沮丧"。③

2012 年，叙利亚内战爆发后难民剧增，至 2015 年叙利亚已登记在册的难民达 300 万人，约旦接收了 60 万人。④ 大量难民涌入给约旦社会经济带来沉重的负担。叙利亚难民通常接受较低的工资，对约旦人最大的影响是本国人工作机会减少，约旦劳动力在就业中被排挤。由于整体工资降低，约旦人民收入下降，政府税收相应减少。快速上涨的难民数量也导致约旦提供的人道主义援助质量下降，增加了偷窃、抢劫和其他不稳定因素。

---

① 数据来源：《约旦可持续发展评估》（阿文版），http://css.escwa.org.lb/SDPD/3572/Jordan.pdf。

② 〔约旦〕穆罕默德·艾哈迈德·米噶达德：《约旦的改革倡议及与政府政策关系的形式：政治经济稳定指数 2001~2010》（阿文版），《阿拉伯大学文学协会》2012 年第 12 期。

③ 宗晨：《阿拉伯之春对约旦经济影响》，人民网，http://finance.people.com.cn/GB/70846/16753339.html，2011-12-29。

④ 魏岩：《叙利亚难民人数已达 300 万》，中华人民共和国驻约旦哈希姆王国大使馆经济商务参赞处，http://jo.mofcom.gov.cn/article/jmxw/201501/20150100855646.shtml，2015-01-03。

首先，约旦本就严重缺水，国土面积小，基础设施薄弱，叙利亚难民给约旦增加了更大的压力。据估计，2013 年约旦政府因难民涌入增加了国内生产总值的 1%，2014 年，为叙利亚难民提供水电、食品、安全、卫生保健和教育服务等人道主义援助。[1] 其次，难民聚集点房租上涨，加重了约旦本国租房者的经济负担，仅 2013 年租金就上涨 7.7%。[2] 最后，叙利亚危机使约旦出口额和过境贸易额下降。叙利亚是约旦的重要出口国，但该国爆发战争，经济形势恶化，直接导致约旦对叙出口额下降。此外，约旦经叙利亚通往欧洲和其他国家的过境贸易额也大幅下降。

自 2013 年伊拉克境内兴起"伊斯兰国"以来，约旦深受其害。首先是用于边境防务和反恐的支出增加；其次是更多的伊拉克难民陆续涌入约旦，使约旦经济加重了负担；最后是约旦对伊拉克出口锐减，过境贸易几乎中断。伊拉克动荡局势已严重影响了伊约两国共同合作的大项目执行，计划于 2014 年底开工的伊拉克约旦项目中止，伊拉克石油部原计划于 2016 年在约旦亚喀巴港口建设的大型炼油厂项目搁浅。

为扭转不利局面，约旦政府采取多项政治经济改革，降低物价、补贴民众生活，改善民生，平抑民怨。首先，削减补贴，用于公共投资。国际货币基金组织同意为约旦提供一项为期三年共 20 亿美元贷款。根据援助条件，2012 年 8 月，约旦开始削减支出，主要体现在提高水电费价格，减少公共开支，抑制需求等方面。约旦政府还成功地引进了补贴改革政策，减少公共开支，使补贴使用更有效，2013 年，约旦补贴从 2012 年占 GDP 的 8.4% 减少到 3.8%，[3] 相对扭转了价格扭曲。

其次，制定《2013～2016 年约旦发展计划》，从宏观层面调整经

---

[1] *The Economic Impact of the Syrian Conflict on Jordan*，http：//www.imf.org/external/np/blog/nafida/093014.pdf.

[2] *The Economic Impact of the Syrian Conflict on Jordan*，http：//www.imf.org/external/np/blog/nafida/093014.pdf.

[3] 《IMF：阿拉伯之春国家经济有所改善》，中华人民共和国驻阿拉伯埃及共和国大使馆经济商务参赞处，http：//eg.mofcom.gov.cn/article/ab/201405/20140500586688.shtml，2014-05-14。

济发展。2012 年，约旦计划与国际合作部制定了《2013～2016 年约旦发展计划》，对约旦中短期经济社会发展目标做出务实调整。该计划旨在减少贫困，缩小地区发展差距，更广泛地吸引外资，支持国内中小企业发展，最终改善民生。此计划的具体措施是通过加大政府投资力度，开发重大投资项目，促进经济增长。按照该计划的目标，到 2016 年力争实现 GDP 增长率不低于 4.5%、财政赤字降至 GDP 的 8.4%（计入援助后调整为 5.5%）、失业率降至 11%。①

再次，继续吸引外资，调整产业结构，加速经济合作。自 2000 年以来，约旦一直致力于推进私有化和市场自由化，吸引外国投资。"阿拉伯之春"以来，2011 年和 2012 年约旦国内投资减少，但自 2013 年开始逐步恢复。约旦还积极参与到国际经济合作中，与世界银行达成 2011～2014 年战略合作伙伴框架协议。此协议主要涉及社会可持续发展、金融监管、约旦与世界银行技术合作等方面，在此协议框架下，约旦将进一步改善投资环境，加强公共领域的建设。约旦还颁布了新投资法，成立投资委特别委员会，致力于营造更有利的投资环境，吸引投资。约旦投资委代理 CEO Rushoud 表示："得益于《投资促进法》的推动，2013 年，约旦投资金额累计约为 27 亿美元，同比增长 19.5%；其中，外商直接投资总额为 16 亿美元，约占当年投资总额的 59%，本国投资约为 7.97 亿第纳尔，占 41%。"②

最后，约旦继续调整产业结构，改变了以往农业在国民经济中占主导地位，优化了产业结构。从三大产业看，农业在国民经济中的比重最低，不足 GDP 的 3.2%；工业约占 GDP 的 29.9%；服务业所占比重最大，约占 GDP 的 66.9%。③ 在外部援助方面，截至

---

① 《约旦近几年的经济表现如何？》，http：//www.jscc.org.cn/model/view.aspx? m_ id = 1&id = 42683。

② 《约旦投资恢复到危机前水平》，中华人民共和国驻约旦哈希姆王国大使馆经济商务参赞处，http：//jo.mofcom.gov.cn/article/jmxw/201403/20140300505268.shtml，2014 - 03 - 03。

③ 《约旦近几年的经济表现如何？》，http：//www.jscc.org.cn/model/view.aspx? m_ id = 1&id = 42683。

2014 年 11 月底，约旦收到国外援助和软贷款共计 17.4 亿美元。[①]这些援助分别来自美国、欧盟、世界银行、沙特、日本和德国等国家和组织。外部援助的进入有利于改善国内经济环境，促进约旦产业结构调整。

经过一系列发展措施，约旦经济有所回升，2013 年，约旦 GDP 总量为 329 亿美元，实际 GDP 增长率为 2.8%，人均 GDP 为 5062 美元。世界经济论坛《2013~2014 年全球竞争力报告》显示，约旦在全球最具竞争力的 148 个国家和地区中排名第 68 位；在制度与基础设施建设，健康与初等教育、高等教育与培训，商品市场效率，商务成熟性、创新等指标方面表现较好，处于中上等水平。[②]但过分依赖外援、债务沉重、劳动市场效率低下以及易受外部因素影响等原因致使约旦经济仍面临严峻的挑战，"约旦是宏观经济风险最大的国家之一"。[③]

五　2015~2025愿景规划

2014 年 2 月，约旦国王阿卜杜拉二世指示政府尽快制定综合经济发展规划，为未来十年约旦经济发展指明方向。为此，2015 年 5 月，约旦发布了《2025 年发展计划》，该计划涉及政治、经济和社会等方面。在政治方面，分散政府权力，提升政府服务质量，促进社会公平，确保公民在卫生、教育及培训等方面享有公平；在经济方面，政府优先关注经济发展与就业、贫困问题，改革财政政策以确保财政稳定。约旦计划还将继续改善市场环境，提倡创新，加快培育大型战略企业，同时加强消费者保护和社会安全保障机制建设；在社会方

---

① 《约旦 2014 年前 11 个月共收到 17.4 亿美元援款》，中华人民共和国驻约旦哈希姆王国大使馆经济商务参赞处，http://jo.mofcom.gov.cn/article/jmxw/201501/20150100858640.shtml。

② 《约旦近几年的经济表现如何？》，http://www.jscc.org.cn/model/view.aspx? m_ id = 1&id = 42683。

③ 《约旦近几年的经济表现如何？》，http://www.jscc.org.cn/model/view.aspx? m_ id = 1&id = 42683。

面，约旦政府致力于扩大中产阶级所占比重，促进粮食与用水安全，确保能源供应多样化和有效利用。

该计划还制定了发展规划目标，2020 年失业率降低到 5%，劳动力数量增加到 240 万，2025 年将贫困率降到 8%。① 从 2011 年至 2020 年每年增加 10 万个就业机会，将私企就业率占比从 2014 年的 62% 增加到 2025 年的 70%。截至 2025 年，女性就业率增加到 25%，将约旦境内外国劳工数量占比从 2014 年的 30% 降至 2025 年的 23%。②

在教育领域，到 2025 年，将学前教育入学率从 2014 年的 60% 提高至 90%；职业教育入学率从 2014 年的 13.12% 增加到 2025 年的 40%；将科研经费投入占国民生产总值比重从 2014 年的 0.52% 增加到 1.75%；至少使约旦 5 所大学迈入世界高水平大学 500 强行列。③

在水资源利用方面，解决约旦水源匮乏的危机以满足经济发展。约旦政府制定《2008~2022 水资源战略》，合理规划人均水资源利用数量和整体用水战略。在能源开发利用方面，将运营成本和维修覆盖率从 2014 年的 103% 提高到 2025 年的 127%；扩大排水工程服务，将每立方米可使用的能源量从 2014 年的 7.2KW/M³ 降低到 2025 年的 4.6KW/M³；将当地能源贡献率在能源结构中的比率从 2014 年的 2% 提高到 2025 年的 9%；将可再生资源在能源结构中的比率从 2014 年的 1.5% 提高到 2025 年的 11%；将天然气在能源结构中的比率从 2014 年的 11% 提高到 2025 年的 39%；将电力总损耗从 2014 年的 17.1% 降低到 2025 年的 11%。④

在经济领域，约旦致力于推进绿色经济发展。约旦政府与联合国环境署开展合作，使约旦转向绿色经济发展模式，推进电力、水资源、有机农业、垃圾处理、交通、旅游等方面的可持续发展，拟在环境保护领域提供近 5 万个就业机会；在未来 10 年，拟在此领域投资

---

① 《约旦可持续发展评估》（阿文版），http://css.escwa.org.lb/SDPD/3572/Jordan.pdf.
② 《约旦可持续发展评估》（阿文版），http://css.escwa.org.lb/SDPD/3572/Jordan.pdf.
③ 《约旦可持续发展评估》（阿文版），http://css.escwa.org.lb/SDPD/3572/Jordan.pdf.
④ 《约旦可持续发展评估》（阿文版），http://css.escwa.org.lb/SDPD/3572/Jordan.pdf.

约13亿第纳尔，约旦将在德国政府的补贴与支持下制定"国家绿色经济执行规划"，将约旦从消费模式转变为可持续生产模式。约旦还与哥伦比亚大学签署合作协议，于2010年成立可持续发展执行学院，以提高约旦政府与非政府机构研究人员在可持续发展方面的能力，每年将为54位学者提供相关培训，提高其执业资格与能力。约旦同样致力于推动国内混合动力汽车推广与使用，鼓励研发清洁能源，保护环境。

本章小结

约旦经济发展采取先农业后工业的策略，自独立后实施进口替代工业化发展战略建立起自己的民族工业，以国家资本主义发展模式实施国家干预。20世纪60年代末约旦转向出口导向型经济，陆续实施"七年计划""三年计划""五年计划"，利用其地理优势，借石油价格上升之际发展半食利经济，使侨汇、旅游和外援成为国民经济支柱。80年代后期，由于失业、腐败、通货膨胀等问题，约旦发生严重经济危机，国家经济几近崩溃，侯赛因采取新自由主义经济政策，与国际货币基金组织、世界银行合作，其间虽有弊端，但整体上挽救了濒临崩溃的约旦经济体系。约旦又建立了资格工业区，继续奉行新自由主义经济政策，扩大贸易自由。

按照中国科学院中国现代化战略研究课题组组长何传启研究员的观点，第一次现代化是从农业时代转向工业时代、农业经济转向工业经济、农业社会转向工业社会、农业文明转向工业文明的转变过程与深刻变化，其典型特点是工业化、城市化；第二次现代化典型特征是知识化和信息化，包括知识创新、知识传播、生活质量、经济质量等4大类指标、16个具体指标和工业增加值比重、物质产业增加值比重、工业劳动力比重、物质产业劳动力比重等4个信号指标。

经过阿卜杜拉、塔拉勒、侯赛因三代国王的现代化改革尝试，约旦已于 1960 年达到初等发达国家水平,[①] 在 20 世纪 90 年代基本步入初等现代化国家的行列，基本达到了第一次现代化进程中的工业化、城市化等现代化指数。

约旦实现了一定程度的经济现代化，基本上摆脱了 20 世纪初期落后的经济面貌，迈入发展中国家的行列。但它以高于早期现代化的速度通过国家强制推行工业化和技术革新，把西方国家一二百年现代化的渐进发展过程压缩到在几十年间仓促进行，现代化中出现了严重的危机，最突出的便是失业率上升。

持续提高的人口出生率大大抵消了经济发展的红利，大量的新增人口改变了劳动力结构。2019 年，约旦 15 岁以下人口大约占总人口的 35.3%，这意味着 2030~2035 年，约旦须为这些适龄劳动力提供相应的就业机会。人口大量增长也为粮食、水、卫生、教育等资源的供应增加了压力，使约旦资源短缺现象加剧。同时，职业技术教育发展不平衡导致约旦假性失业现象严重，大量高科技人才外流至周边海湾国家，不利于约旦高端产业发展和整体社会的进步。

约旦近 97% 的基础资源依赖进口，高昂的进口成本减少了工业生产和创造的利润。石油、天然气等工业发展必需品高昂的进口价格增加了约旦财政赤字和政府债务。约旦财政长期过分依赖于外援和外债，导致约旦债务和偿债规模逐年增加，加大了外国势力对约旦的潜在影响，甚至使约旦已经获得的独立和主权有重新丧失的危险。约旦和世界银行、国际货币基金组织等机构合作时签订的不公平附加协议引起了外债增加和加剧了经济恶化，长期来看不利于约旦本国经济发展，国家发展取得的收益大部分被援助国和相关国际机构掠取，使约旦发展规划和路线长期受外部制约和限制，失去了发展自主性。

后发展现代化的双重发展效应亦不容小觑。自 2010 年以来中东

---

① 该结论源自 2006 年中国科学院中国现代化研究中心发布的报告《2006 年世界和中国现代化指数》《1960~2006 年世界现代化的国际地位发生变化的国家》，http://www.cas.cn/zt/kjzt/bg09/gbx/200910/t20091027_2637093.shtml。

地区冲突不断和"政治伊斯兰"力量的崛起，使约旦经济受挫严重，战争和恐怖主义一度使经济现代化出现逆转或停滞。西方大国势力的博弈也使约旦的发展方向受制，经济一体化和全球化为晚近发展现代化的约旦提供了机遇，但同时发达国家资本输出造成的经济干预以及国际不平等交换，也使约旦脆弱的经济时常受到金融危机的影响，本国经济实际收益不断减少。虽然自21世纪以来约旦提高了经济自由化程度，鼓励私有化，但作为后发展的国家，约旦仍然"用超经济手段推动现代经济增长，用高度集中的政治权力促进现代社会分化并平衡多元竞争"，[①] 造成约旦现代化进程中的矛盾现象。

纵观约旦100年来的经济发展，可发现其盲目抄袭发达国家经济发展模式，对本国实际情况估计不足。约旦"三年计划""五年计划""七年计划""十年计划"中常出现预期值过高的现象，导致各种虚假繁荣和冒进式的发展，产生晚近后发展现代化的"超前效应"，不利于长期经济发展。现代化注定不会一蹴而就，约旦经济现代化经历了一个多世纪的发展，总体呈螺旋式上升趋势。但国力的弱小和长期在内外因的作用下，注定了约旦经济在未来的发展过程中时刻经受严峻的挑战，探索出适合于约旦的独立自主发展道路仍然是其首要任务。

---

① 罗荣渠：《现代化新论：世界与中国的现代化进程》（增订版），第199页。

第四章
社会现代化的发展

现代化包括政治、经济、社会等各个方面，最难实现的是人的现代化。人们曾经认为现代化就是穿着西式套装、皮鞋，戴着礼帽，现代化就是西化，器物层面的西化后来才慢慢发展到制度层面和人的意识方面。约旦社会经历了社会层面和人的意识方面的巨大变化，传统与现代并存，机遇与危机同在。经过一个多世纪的发展，科教卫生、社会领域、女性社会地位以及部落方面都发生了巨大的变化，约旦迈入了初等发达国家水平。

第一节　科教卫生领域的现代化发展

约旦自开启现代化进程以来，教育、科技、卫生事业均取得了巨大的进步，改变了文盲占人口绝大多数的落后面貌，医疗卫生状况良好，人均寿命延长。自20世纪60年代后，科技发展迅速，人们受教育程度大大提高，使约旦劳动力具备良好的职业素质和工作能力，将科技与教育转化成生产力，促进社会其他发面的发展。

一　教育与科技的发展

约旦实施科教兴国战略，在20世纪二三十年代开始设立教育机构，50 年代起随着扫盲运动等计划的实施，教育开始发挥基础性、中心性的作用，在大众中普及。约旦在小学、高中、大学教育阶段的国民教育大纲中融入新的国家认同概念。经过 60 多年的发展，约旦的小学、中学、大学入学率在阿拉伯国家中属于中等水平。[①] 完善的教育体系培养了知识技能密集型人才，为国家创造了大量外汇。但约旦人才培养和高等教育以外国劳动力市场为导向，受外界影响大。受经济危机、石油价格波动等因素影响，劳动力市场需求逐步变小，造成许多接受过良好教育的大学生假性失业。约旦以智力输出为主，国内技术型人才缺乏，人才流失严重，不利于国家长期可持续发展。

1. 外约旦时期教育的初步发展

20 世纪以前的约旦地区属巴勒斯坦管辖，大部分游牧民和农民是文盲，当地人们普遍文化素质低下。教育是部落权贵和宗教人士的特权，只有部落贵族或富人可前往巴勒斯坦、叙利亚地区接受教育。一些神职人员从事经堂教育，小规模地传播伊斯兰法学、历史知识和文化，女性绝无接受教育的权利。因此，外约旦在建立之初便着力于教育兴国战略，大量开办学校，培养师资，通过现代教育提高人民对国家的忠诚和热爱，增强国民的国家认同和爱国主义思想。

1922 年，安曼建立了第一所女子中学，名为"安曼女子学校"。该校从叙利亚、黎巴嫩和巴勒斯坦聘请了 6 位教师，第一任女校长名为巴蒂阿·扎布拉，自此外约旦女子现代教育正式兴起，结束了以往女子不能接受教育的传统。

外约旦第一位女教师名为宰乃白·阿里·艾布·扎尼玛。她出生于 1908 年，当时的女子不能接受教育，因此，宰乃白的初期教育是在其兄弟们的帮助下完成的，由其兄弟传授。1919 年，宰乃白考入叙利亚 Alpemmarstan 学校（مدرسةالبيمارستان），1920 年从该校毕业，并升入大马士革女子师范学校学习。经过三年的系统师范教育后，宰

---

① United Nations Development Programme, *Human Development Report 2013: The rise of the South: Human Progress in a Diverse World*, table 8, pp. 170-173.

乃白于 1922 年回到安曼，在安曼女子学校教书，开启了外约旦教育的新篇章。

1923 年，萨拉特市建立了第一所男子中学，同年在该校召开了第一次教师大会，标志着外约旦现代教育的正式开启。1926 年，该校有了第一届毕业生。当时由于办学条件差和人们求学意愿不强，1926 年只有 4 名毕业生，1927 年有 3 名毕业生，1928 年有 4 名毕业生。[①]

1923 年，该地区成立了教育委员会，设立校长、教师和督导职位，管理教学人员。该委员会还规定了学生的义务和正式节假日。1926 年，外约旦第一部《临时小学教学法》颁布，规定所有适龄儿童接受小学免费义务教育；每个村庄或每个街区都须设立一所小学，几个村庄可联合设立一所中学。

同年，外约旦建立教育制度管理局，以规范管理教师和校长的选任，监管教学大纲。1926 年，外约旦取缔之前颁布的《临时小学教学法》，颁布新的法律，设立教育咨询委员会，处理相关管理和技术事务。由此，外约旦地区的现代教育系统正式建立，现代教育开始代替传统经堂教育并广泛传播，文盲率大大下降，人们受教育水平得到提高。

随着知识的传播与教育的兴起，外约旦开始重视学生的素质教育和全面发展，在教育中进一步强化国家认同和爱国、忠诚教育。1925 年，外约旦在安曼举办了首届中小学运动会，鼓励国家开展"童子军运动"（الحركة الكشفية），从小训练学生的体能，并通过集体活动激发学生的集体主义和爱国主义意识。1927 年，外约旦发行 4 种报纸，分别名为：《约旦》（الأردن）、《阿拉伯人报》（جريدة العرب）、《沙里亚》（الشريعة）和《阿拉伯人的回声》（صدى العرب）。[②] 从报纸的名称便可看出，外约旦政府办报宗旨是通过新闻媒体的宣传构建外约旦国家意识和国家认同，促进民众爱国主义意识，强化对国家的忠诚。

---

① 〔约旦〕苏莱曼·穆萨：《外约旦：四分之一世纪中的产生与发展（1921~1946）》（阿文版），第 351~352 页。

② 〔约旦〕阿里·穆哈发扎：《约旦现代历史观点与研究》（阿文版），法里斯出版发行社，1998，第 260 页。

1928 年，外约旦知识局选派 3 名留学生组成代表团，赴贝鲁特美国大学学习。此后知识局开始每年向该校派遣留学生，以期学成回国执教，在中学进行改革。

2. 独立后现代约旦教育发展状况

1946 年约旦独立后，现代教育迈入了新阶段，教育体系更加完善，教育制度更科学。国家成立相关部门，颁布了相关法律，从制度和法律层面规范了教育的发展。此阶段约旦文盲率大大降低，人们识字率提高，现代职业学校兴起，培养出掌握知识技能的新型劳动力与人才，为推动约旦现代化整体进程提供了智力、人才保障。

1949 年，约旦教育部正式成立，标志着约旦现代教育步入了一个新阶段。此后，随着初、中等教育和大学教育的发展，约旦开始关注非适龄人群教育。1953 年，约旦教育部开办了第一届家庭知识教学培训班。同年，塔拉勒命令知识局在公立学校开办夜校。此夜校主要为成人提供教育，促进国家扫盲运动开展，提高约旦人的受教育水平。此举受到官方和民众的大力配合与支持，一些慈善机构和民间团体、协会随后也开办了类似扫盲班。1954 年，约旦教育部正式将成人教育和扫盲运动列入计划。此后，约旦文盲率大大降低，人民识字率提高，劳动力素质也得到提升。

1955~1956 年，约旦成立了教育学院。此学院的宗旨是继续完善人的个性发展，形成正确的国民观，使学生的价值观与教育部的普遍宗旨一致，为学生提供公共文化、艺术文化和职业、行为教育，并为学生提供职业培训。该学校的开设是在现代约旦成立后进行的，有利于民族国家构建，通过公共集体规范教育强化爱国意识和约旦认同。该学校首次将职业培训与教育引入现代教育体系，是约旦在现代化进程中的积极举措，有利于当时约旦进口替代型工业发展战略的实施和工业化的发展，为约旦现代化的推进提供了合格、懂技术的高素质劳动力。

1956 年，约旦开办了第一家文化教育杂志，名为《教师的使命》。此刊物是季刊，由教育部每 3 个月发行一期，标志着约旦教育从实践上升到理论阶段，可对前半个世纪的教育发展进行反思与改进，明确了教育方向、教学任务、教师的使命与责任，标志着约旦科研工作的开始展开。

1958年，约旦建立了第一座标准化学校图书馆，占地面积140平方米，藏书8137册，订阅15种期刊。此图书馆的建立加速了教育的发展和知识的传播，是现代文明的象征。

1962年以前，约旦只有初、高中和职业教育，学生如继续深造，只得前往巴勒斯坦、叙利亚、黎巴嫩、埃及或西方国家。1962年，约旦创办第一所大学——约旦大学，下设数个院系，是约旦现代高等教育的开端，从此结束了约旦人远赴国外接受大学高等教育的历史。

1964年，约旦颁布了第一部《教育法》，明确了教育的宗旨和使命。自小学阶段开始实施9年免费义务教育，此法律也规定了义务教育阶段的教学大纲，教材由学校免费发放。该法律还将中等教育分为素质教育和知识教育两种，推广中等职业教育，增加职业教育学校数量。

该法律的颁布进一步明确完善了约旦现代教育的职能和类型，9年义务教育的推广与普及提高了约旦人受教育水平。截至1967年六五战争，约旦18~22岁人口中接受大学高等教育人口比率约为15%，[①] 高识字率、入学率和高等教育的推广为七八十年代约旦的繁荣奠定了人才基础。由于约旦普通教育和职业技术教育的发展，培养出大量技术性劳动力，为海湾国家提供了许多技术性劳动力，技术性劳动力输出也为约旦带来大量侨汇和教育红利。

随着约旦整体经济水平和人们教育素质的提高，国家开始重视学前教育。1984年，约旦优秀保育员巴斯娜·阿迪伦·玛尼布·扎尔达纳（بثينة عادل منيب جردانة）开办了第一家幼儿园。她自1972~1982年任艾丽娅公主学院院长，1984年正式创办了约旦第一家幼儿园。1988年，约旦将9年义务教育延长至10年，将5岁时的学前教育纳

---

① Michael P. Mazur：*"Economic Development of Jordan"*, *Economic Development and Population Growth in the Middle East*, Edited by Charles A. Cooper and Sidney S. Alexander, p. 235.

入免费义务教育体系。

1985 年，约旦成立高等教育部，独立于约旦教育部，由法赫德·卡基什（القاقيش فهد）担任首任部长。自此，约旦高等教育开始朝规范化、国际化的方向发展，教学水平提高，师资力量提升。1990 年，约旦建立了第一所私立大学——安曼私立大学。该大学由约旦马利克大学联合投资公司经理艾哈迈德·胡拉尼（أحمد الحوراني）私人出资建立，是约旦现代高等教育发展与商业结合的产物，改变了以往政府投资兴办高等教育学校的状况。该大学发展迅速，很快跻身约旦一流大学行列。

与现代化相伴随的还有文化教育的扩大，约旦传统社会仅有占人口比例很小的人能识文断字，而现在实际上几乎所有人都掌握了这种能力。[①] 目前约旦共有大学 27 所，其中公立大学 10 所，私立大学 17 所，社区学院 60 所，约旦接受高等教育的学生占同龄人（18～23 岁）的比例为 34.4%，居世界第三位，[②] 年轻一代几乎无文盲。

现代化在知识领域的传播速度最快。[③] 教育对人的态度和意识有直接的影响，从个人和团体方面改变了社会互动行为的特性。约旦人的生活方式与教育紧密地联系在一起，随着教育水平的提高，人们的文化素质也相应提高，生活方式渐趋健康积极，有利于社会良性发展。教育为毕业生还提供了新的就业机遇，是人们参与政治及增加自身影响力的工具，还提供了社会阶层流动的可能性，有利于社会稳定。

随着教育的普及，约旦高经济积累率转换为高文化积累率，成人识字率上升，中学和大学招生人数翻倍，知识的传播和运用的商业化与公司化程度也不断提高。[④] 教育红利在适宜的环境下得以体现，约旦从一个资源短缺、依靠外援的小国变成面向海湾国家的劳务输出大

① 〔美〕C.E. 布莱克：《现代化的动力》，段小光译，第 30~31 页。
② 刘宝莱：《约旦发达的教育及其面临的挑战》，国际网，http://www.cfisnet.com/，2013-10-11。
③ 〔美〕C.E. 布莱克：《现代化的动力》，段小光译，第 80 页。
④ 罗荣渠：《现代化新论：世界与中国的现代化进程》（增订本），第 159 页。

国，这些都与教育的发展息息相关。但晚近现代化国家在文化模式方面受发达工业社会的影响严重，约旦民众盲目模仿西方国家文化、价值观，造成本国文化认同危机，出现文化依附现象，不利于长期良性循环与发展。

约旦完善的教育体系培养了知识技能密集型人才，为国家创造了大量外汇，促使社会分配更公平，但也存在严重的问题。约旦教育体系和制度已赶不上国际社会发展的步伐，信息技术革命对高新技术的要求越来越严苛，无论是约旦中等职业教育还是高等教育都面临着缺乏掌握高新科技的师资力量，影响教学质量。周边国家极高的行业工资也导致许多有教学经验的优秀教师流失，不利于教育行业师资结构的稳定。

约旦的人才培养和高等教育的教学以外国劳动力市场为导向，受外界影响大。受经济危机、石油价格波动等因素的影响，劳动力市场需求逐步变小，造成约旦许多接受过良好教育的大学生假性失业。一方面是受过高等教育的人才无合适的工作岗位；另一方面却是建筑、酒店服务、技术修理等行业的就业机会长期被菲律宾、巴基斯坦、孟加拉国和印度等国家劳动力占有。约旦高等教育和职业技术教育以智力输出为主，国内技术型人才缺乏，人才流失严重，不利于国家长期可持续发展。

在文化领域，约旦努力构建基于共同民族国家认同的文化，强调约旦遗产的多元化，将此遗产当作促进构建现代约旦国家进程的激发因素。随着文化系统中主要成分的差异性不断增强，"传播文化和世俗教育的推广"，形成了以知识学科为基础的更复杂的知识和组织系统，以执行培养人才和提高专门化的任务。[①] 约旦还努力提高阿拉伯语地位，用伊斯兰教抵御西方意识形态的侵略，鼓励民间手工业发展，实施开发巴尼·哈米达的计划及约旦河计划，依托佩特拉古城建立博物馆，发展旅游业。此外，约旦开办杰拉什文化节，弘扬本国民族文化与历史传统，构建软实力，提高国民素质。

---

① 〔以〕埃森斯塔特：《现代化的抵制和变化》，第4页，转引自〔美〕西里尔·E.布莱克《比较现代化》，杨豫、陈祖洲译，第137页。

二 医疗卫生领域的发展

20 世纪初，外约旦地区医疗条件极差，人口死亡率很高，人们防治疾病的能力普遍较低。从 20 世纪初到约旦独立前，外约旦处于医学引入和医疗机构建立的缓慢过程。此阶段，落后的传统医治方法逐步被西医替代，人们对西医由怀疑转为信任，医生、护士开始出现，医院大量设立，医疗服务从上层特权阶级向普通民众普及。

1911 年，卡拉卡地区出现了第一位医生，名为哈纳·苏莱曼·卡苏斯帕夏（سلمان القسوس باشا حنا）。哈纳医生出生于卡拉卡，在耶路撒冷接受了小学和中学教育，后考入黎巴嫩的耶稣大学医学系，于 1910 年获得医学博士学位，1911 年开始从医。他就读的大学是美国开办的学校，接受了完全的西式医学教育与训练，为外约旦现代医学的引入和传播做出了极大的贡献。

之后，外约旦开始出现各类级别的医院，逐步建立起医疗系统。最早出现的私立医院是 1919 年阿杰隆医院，但很快便于 1923 年关闭。1922 年，外约旦出现了第一家乡村医院，几年后也关闭。1926 年，安曼出现了第二家医院，包含 20 张床位。这家医院主要为政府职员、阿拉伯军团的军官和士兵、清真寺的教长和学生服务，但也空出 5 张床位留给穷人，为穷人免费治病。这家医院是外约旦第一个正式的公立医院，科室健全，可提供外科急救与医疗服务，引入了西方的医疗机制。

1923 年，外约旦颁布了第一个医疗事务制度，规定了医院工作条例和医务人员的职责，标志着医疗体制的初步建立。1923 年，外约旦还建立了第一个卫生检疫站，由专职医生为在食堂工作的人员提供检查服务，这标志着外约旦医疗服务体系从治病救人扩大到卫生检疫，有效防止了大规模传染病和瘟疫的暴发。1926 年，外约旦颁布了第一部《检验检疫法》，从制度层面防止人畜传染病源进入该国，初步建立起卫生防治体系。

1927 年，第一家医学检查实验室在安曼建立了，为快速诊断伤寒、瘰疬和痢疾提供了有价值的服务，结束了以往人们必须到耶路撒冷化验中心诊治上述病例的历史。该实验室的建立大大提高了外约旦传染病防治水平，有效减少了死亡率，标志着外约旦医疗水平的提升。

随着外约旦医院和医生数量的逐步增多，1943 年，外约旦成立了医学协会。1944 年又成立了医生与药剂师联合组织，1951 年，引入了 X 光射线技术，医院设立专门科室，标志着该地区医疗水平的提高和医学体系的进一步完善。

1938 年，外约旦第一位女护士艾迪巴·杰里西·米斯利穆毕业于巴勒斯坦纳布勒斯的英国护士学校，专门从事护理工作。她学习和接受的是英国先进的医护教育，为外约旦的护理学起到了推广和促进作用。此后，该护士先后在耶路撒冷的私立医院雅法、加沙和拉马拉的公立医院工作，1949 年成为奥古斯塔 - 维多利亚医院儿科主任，1954 年到约旦，任教于约旦护士学校。约旦护理学校的建立标志着医学的重要组成部分护理学作为专门学科得到国家重视，是约旦医学体系健全和医疗水平提升的重要体现。

约旦出现了第一位女医生。该医生毕业于贝鲁特医学院，后考入黎巴嫩的贝鲁特美国大学，1953 年毕业成为正式医生。她毕业回国后起初是家庭私人医生，后担任约旦妇产医院院长。这位医生不仅精通产科、妇科，还于 1954～1957 年再次赴美国在黎巴嫩贝鲁特开办的亚特兰大大学，学习胸外科和血管动脉外科，成为该校历史上第二个获得此专业的女医生。她为推动约旦女性教育、医疗事业的发展做出典范，也为约旦引进美国先进医学技术做出了贡献。

1958 年约旦第一家血库建立，提高了手术成功率和血液疾病治愈率；同年，约旦成立了第一个肺结核治疗协会，标志着约旦在血液冷冻、存储和肺结核病治疗技术上的成熟。此后，约旦更加重视传染病防控，专门在卫生部设立疫苗接种中心，并于 1977 年颁布了《公民医疗保险法》，为所有在职和退休的公职人员提供医疗保险服务。该医疗保险虽未涉及普通民众，但至少标志着约旦在医疗保健服务制度方面开始向西方学习，在此方面迈出第一步。

20 世纪 80 年代后，约旦与世界卫生组织联合开发"品质生活项目"，提倡生育间隔，提高人口素质。约旦还免费提供药品与疫苗，2009 年，1 岁以下儿童麻疹疫苗接种率达到 95%，[1] 孕妇产前检查率为 99%，[2] 有效减少了残障婴儿出生率。同时，约旦卫生医疗条件和设施也得到极大改善，安全饮用水的普及性达 98，改良后的卫生设施的普及性达 85%，[3] 卫生覆盖率大大提高。

　　截至 2007 年，约旦拥有 13460 名医生，护士和助产士 16770 名，牙科人员 4330 名。[4] 国家对医疗卫生事业投入比例加大，2006 年，卫生总费用占约旦 GDP 的 9.7%，政府一般性卫生投入占卫生总费用的 43.3%，政府一般性卫生支出占政府总支出的 8.7%，外部卫生投入占卫生总费用的比例 4.7%。[5] 约旦也引入高科技以提高医疗水平，近年来医疗卫生水平大幅提高，到 2013 年，约旦人口为 727.4 万人，国民预期寿命平均为 74 岁，15 岁以下儿童死亡率为 2.1‰，每千人拥有医生数为 2.5 名，医疗支出占各项公共总支出的 16.1%，[6] 整体医疗卫生水平居于阿拉伯国家前列。

　　通过一个多世纪的发展，约旦的科教文卫事业取得相对较显著的成绩，与政治、经济等领域的现代化程度相比，科教文卫方面的现代化程度更明显。约旦从一个满目疮痍的落后国家转为依靠劳动力输出创收的国家，经历了跨越式的变化。约旦教育事业一方面面临着严重的危机，但约旦政府及时意识到此方面的问题，加大投入，引进高科技与高素质师资。自 2015 年至 2020 年，美国对约旦教育提供 1.4 亿美元资金支持，在全国范围内扩建 120 所学校，整修 150 所学校，建造 300 所幼儿园和 50 座体育场，并提供相关设施。[7]

---

[1]　WHO Library Cataloguing-in-Publication Data, *World Health Statistics 2009*, p. 15.

[2]　WHO Library Cataloguing-in-Publication Data, *World Health Statistics 2009*, p. 20.

[3]　WHO Library Cataloguing-in-Publication Data, *World Health Statistics 2009*, pp. 30-31.

[4]　WHO Library Cataloguing-in-Publication Data, *World Health Statistics 2009*, p. 98.

[5]　WHO Library Cataloguing-in-Publication Data, *World Health Statistics 2009*, p. 15.

[6]　WHO, *World Health Statistics 2013*（Geneva：WHO, 2013），table 1, pp. 55-58.

[7]　《美国 5 年内计划投资 1.4 亿美元支持约旦教育》，环球网，http://www.huanqiu.com/。

约旦在保持传统文化的基础上同样注重发展文化多样性，为此，约旦文化部制定了《三年文化发展规划（2006～2008 年）》。该规划包括 31 项内容，包括设立一些文化性机构、恢复曾经撤销的文化局、出资兴建文化中心等。同时，该规划还重视农村文化发展与建设，在农村和牧区建立"文化之家"图书馆，修建、改造文化设施，用积极向上的文化武装人们的思想与头脑。

第二节　约旦社会的变化

社会变化是现代化的必经阶段和实现方式，是社会单位中的结构和组织体系的变化，归根到底是构成社会的基本元素——人的变化。约旦自 20 世纪初开始实施现代化，传统封闭落后的社会逐步发展成开放的、多元化的、世俗的社会，人的思想意识、行为、教育水平等各个方面均发生变化。

一　社会整体变化

20 世纪初，外约旦处于半游牧半农业社会，伊斯兰教是人们普遍信仰的宗教，《古兰经》和圣训中的清规戒律是约束人们道德行为的准则。传统社会重视伦理和道德，社会基本单位是以血缘关系为纽带的大家庭和氏族部落。家庭内部的管理和运行由年龄最长者或最有威望的男性负责，是典型的男权社会，以父权为中心的家长制构成了整个社会的基础。更大的社会单位是氏族部落，它们或以血缘为基础，或以地缘、信仰为基础，构成大的社会团体。

在传统阿拉伯社会中，氏族是贝都因人社会的基础，一个贝都因人可能遭遇的祸患，再没有什么比丧失部族关系更严重的了。① 部落氏族中的决策机制靠谢赫和阿拉伯协商制度舒拉（Shura）执行，部落成员共同

---

① 《贝都因人以劫掠为职业的生活方式》，http：//www.lsgushi.com/word/2023.html。

劳作、征战和劫掠，财产共同分配。奥斯曼帝国时期的约旦河东部地区部落盛行，大部分贝都因人逐水草而居，依靠放牧、经商为生。

约旦传统社会价值由四方面构成，即宗教价值、家庭价值、社会价值和生活方式价值。宗教价值方面强调忠诚、诚实、向善、正义、信服等。家庭价值方面崇尚保守、传统、谦虚、女性名节等。社会价值方面普遍推崇竞争、透明、权力等。生活方式价值方面则提倡骑士精神、勇敢、理智消费、慷慨等。①

但随着现代化的出现，传统文化和社会制度发生了变化。现代化是一个毁灭与创造并举的过程，它以人的错位和痛苦的高昂代价换来新的机会和新的前景。现代化比以前任何时代都更是一个谋杀的时代，一个国内战争、宗教战争、国际战争的时代。② 它带来现代文明、科技、教育、生活方式，却也失去了传统文化与价值观，过去重伦理的传统向现代国家不断强调法理转变。约旦社会开始出现新的文化观，强调进步和改善、幸福和自发地表现自己的能力和感情，也强调个人价值的发展和效率；③ 人们深受西方文化、价值观的影响，在传统与现代的冲击下，人的错位和痛苦日益加剧。

自20世纪90年代至今，约旦社会发生了巨大的变化，传统社会规范、君主制制度、伊斯兰制度对社会成员的约束力减弱，社会整体凝聚力降低。此时，社会处于新旧规范交替之际，传统的伊斯兰、阿拉伯社会规范与西方社会规范发生冲突，人们失去了行为准则，个人尤其是青年在精神上与其周围社会相分离或对立。此时，现代化最深层次的内容，即人的现代化成为社会主要问题，人的心理、价值观、思想意识和生活方式在大变革和错位的形势下发生翻天覆地的变化，如何平衡人内心的矛盾和彷徨成为难题。

同时，约旦社会腐败现象增多，人们道德水平普遍下降。20世

---

① 〔约旦〕穆罕默德·塔里布·阿比达：《约旦爱国主义文化与认同探析》（阿文版），http://www.thoriacenter.org/cms/webimages/524731.doc。
② 〔美〕C. E. 布莱克：《现代化的动力》，段小光译，第80页。
③ 〔美〕西里尔·E. 布莱克：《比较现代化》，杨豫、陈祖洲译，第137页。

纪后期，由于经济科技领域的巨大发展变化和全球化浪潮的波及，约旦社会结构与当时流行的价值体系都发生了变化，由此引发社会结构的变化。约旦家庭及家庭制度、结构丧失了传统职能，从扩展延续型的传统大家庭转变为以核心成员为主的小家庭。社会单位不再以家族、氏族部落关系为纽带，而是以工作单位、街道、社区、独立的小家庭为单位。约旦人口分布也发生改变，产生此现象的原因是经济活动的多元化以及文明程度、受教育水平的提高和大量移民的涌入。

人们传统的社会价值观也发生极大的变化，反对和歧视女性接受教育、就业的现象减少，改变过去多生育的观点，提倡优生优育。约旦传统约旦家庭人口众多，由于生活、教育成本的增加和人们优生优育观念的影响，现在城市或农村受教育程度较高的家庭一般生育4个孩子左右。截至 2009 年，约旦避孕普及率达 55.8%。[1]

通信、传媒的发达缩小了人与人之间的沟通，传统的亲缘关系淡化，学习、工作等社会化活动构成的人际关系更普遍。人们更加广泛地使用现代化的机器、设备和技术，代替传统的手工工艺和技术。人们普遍追求西方的生活方式和价值观，视"西化"为时尚，如自由恋爱、在酒店举行婚礼、离异和不婚主义者增多。

约旦在国家层面的社会保障制度日趋完善，教育、医疗生活水平提高；更多的女性参与国家和社会生活；人们从农村迁徙到城市，传统家庭转变成核心家庭。约旦政府提高了社会福利，改善住房、医疗、卫生、基础设施，1978 年，约旦还颁布《社会保障法》，改善民生。[2]人们开始被要求实现政治制度方面的价值观，如爱国、成为优秀的公民、负责任的自由、理智的归属、高贵、尊重、人权、公正等。[3]

---

① WHO Library Cataloguing-in-Publication Data, *World Health Statistics 2009*, p. 18.

② 李茜：《约旦民族国家构建演进历程及其特点》，《科学经济社会》2015 年第 1 期。

③ 〔约旦〕穆罕默德·塔里布·阿比达：《约旦爱国主义文化与认同探析》（阿文版），http://www.thoriacenter.org/cms/webimages/524731.doc。

二　社会问题凸显

社会变化是一种普遍现象，是人类在传统与变化发展的趋势间调整的过程。约旦在推进社会现代化的过程中，也遭遇了现代化的负面影响，不可避免地出现了世界现代化进程中的通病：社会解组（Social Disorganization）、病态社会（Pathology Social）和行为偏差（Deviant Behavior）现象。

传统社会的约旦人世代以农牧业生产为生，过着简单的贝都因式的游牧生活。工业化和城市化使人们定居，人们纷纷涌入大城市，生活方式受西方影响严重。传统社会以家庭为中心，有特定的生活目标，以伊斯兰价值观主导人们的精神世界，但现代年轻人逐步放弃了伊斯兰价值观，做出许多违背伊斯兰道德观与价值观的事情。

首先是社会解组。随着现代化的兴起，工业化和城市化将传统的伊斯兰社会秩序打乱，传统知识与价值体系无用，家庭的管理、教育等伦理功能渐渐丧失，人际关系淡漠，人们的日常行为规范被打乱。约旦社会解组首先以家庭解组为表现。近年来，约旦社会中离婚率上升，家庭迁徙频繁，造成社会基本结构解组。传统伊斯兰社会的道德观强调包容、融合、平衡、积极向上、平等、理想的现实主义等，但西方主流价值观的以自我为中心、追求自由化和物质化、追求及时享乐主义等思想对约旦青年人形成极大冲击，造成青年人的思想混乱，引发社会问题。

其次是病态社会。赫伯特·马尔库赛认为，"病态社会"是一个社会的基本制度和关系使该社会不能使用现有的物质和精神手段使人性发挥出来，这个社会就是有病的。[①] 伊斯兰教自公元7世纪起未经历过彻底的宗教改革，其信条和教义仍停留在7世纪，用一千多年前的思想准则约束和衡量21世纪人的行为，其结果必然导致人性的压

---

① Herbet Marcure, *Negations: Esseys in Critical Theory*, Boston: Beacon Press, 1969, p. 251.

抑和扭曲，进而引发社会病态。约旦在享有后发展效应的同时也受西方发达国家价值观的负面影响，贪婪、享乐、挥霍、欺诈、拜金主义、道德扭曲、伦理丧失等现象时有发生。

再次是行为偏差。一些不能在外部世界变化和自我内心间实现平衡与调节的人在面对社会剧烈变化时产生了行为偏差，出现偷盗、奸淫、杀戮、叛逆、厌世等行为，毋庸置疑的事实是约旦犯罪率不断上升。

最后是国家认同和部落、氏族、家庭的社会凝聚力下降。这个问题是社会现代化过程中最严峻的问题。约旦人尤其是青年人对国家的认同降低，盛行个人主义和享乐主义，追求个性张扬。家长不再是唯一的权威，部落谢赫和领袖的影响力也在下降。部落虽然仍是约旦社会的主要模式，是约旦社会基本单位，但基于血缘和部落氏族的家庭凝聚力减弱，基于同一语言、同一文化、同一种族、同一宗教的社会凝聚力减弱和包容同情减少，一些传统的美德，如慷慨、骑士精神、正直等道德行为减少，东西岸利益冲突、民生问题、腐败现象等同样导致国家凝聚力与社会团结力减弱。

在此形势之下，约旦为给在社会变化中迷茫彷徨的人们指明方向，着手强化国家认同，用正确的爱国主义思想和健康的社会价值观引导人们，完成人的现代化转变。2005年，约旦针对安曼宾馆爆炸案而爆发的反恐运动，借机兴起爱国主义运动，国王提出"约旦优先"和"我们都是约旦人"观念，约旦认同得到强化。根据此观念，约旦人民具有共同的社会认同，不分种族、来源、地域，共同致力于实现国家稳定。国家大力投资发展人力资源，强化了公民概念，在尊重宪法和国家优先的前提下发展多元化社会与政治。

而对非本国居民的外国移民和难民群体，构建约旦国家认同的方式有两种。第一种是对大量巴勒斯坦难民的强迫式认同。在这些难民中，1948年和1967年前往约旦的早已获得约旦国籍，1973年和以后到达的巴勒斯坦人也已获得约旦护照或居留权，这些人享受国民待遇，理应具有约旦国家认同。第二种方式是自愿式认同，这些人主要为伊拉克、黎巴嫩和叙利亚难民，他们因强化对约旦认同可以获得约旦政府提供的益处。

三　社会分层加剧

约旦传统社会的阶层分为统治阶层、贵族、地主商人、社会贫民与奴隶。统治阶层以哈希姆家族为首；贵族包括部落贵族、宗教教长、富商等；地主商人阶层包括拥有私人土地者，拥有骆驼、牛羊等的牧民和从事商业活动的商人；社会贫民主要包括无地的农民、牧民和手工业者；社会最底层为奴隶，他们来自战争，或来自部落间的买卖，也有一部分是破产的农民和手工业者。传统社会阶层之间有不可逾越的沟壑，阶层向上流通的机制关闭，整个社会阶层封闭固化，即使不同阶层通婚也不能改变其身份，奴隶所生子女仍是奴隶。

在从封闭的亲选体制向开放的选贤体制转变、从扩展型的亲缘单位向核心型的亲缘单位转变过程中，约旦产生了社会分层，打破固化的阶层，产生一些新贵和新阶层。约旦社会分层经历了几个大的阶段。

第一阶段是 1916 年大革命至 20 世纪 40 年代。此次革命使许多底层农民和贝都因人参军，获得正式职业。此后，在这些士兵中有些人晋升为军官，有些人成为阿拉伯军团的主力。这些士兵还有带动作用，在他们的示范作用下，更多的贝都因人和农民参军，通过这种方式获得了新的身份和地位。

第二阶段是 20 世纪 40 年代至 70 年代的工业化阶段。此阶段，由于教育的兴起和工农业的发展，许多人通过读书获得了教师、医生、政府职员和军队警察部门的职位。50 年代社会民主化程度提高，开放的政治制度使平民获得晋升和参选的机会，一些有为青年、实业界人士、新晋升军官、警察和知识分子成为社会中坚力量，出现政治新贵。20 世纪 50 年代的约旦政府也被约旦人称为"最民主的政府"。

第三阶段是 20 世纪 70 年代至 90 年代。此阶段中东石油发现并大规模生产出口，阿拉伯产油国的石油地租型经济带来了丰厚的利润。

许多约旦人赴阿拉伯产油国从事教师、医生等技术性工作，为约旦带来大量侨汇。随着经济增长和产业结构的变化，约旦社会阶层也发生重大变化。新的中间阶层和技术人员阶层取得显著增长，白领职业者进入现代社会，许多新的社会群体正在形成中，整个社会是开放的。

富庶的阿拉伯产油国也刺激了约旦旅游业的发展，兴旺的旅游业带动了约旦以服务业为主的第三产业的发展。侨汇和服务业收入的增加改变了约旦家庭经济状况，提高了国民生活水平，改变了原有社会阶层，出现了新贵，中产阶级日益壮大，这标志着约旦社会日趋成熟，社会结构更加稳定。

以上是按纵向进行的社会阶层划分，如按横向划分，则约旦社会阶层呈现多种模式。

第一，根据社会结构标准，约旦社会可划分为家庭、咨询团体、氏族、部落。当今的约旦氏族部落观念相对淡化，传统的大家庭向核心小家庭转变。

第二，根据年龄结构，约旦可分为年龄小于 15 岁的青少年、15~64 岁的中青年和 65 岁以上的老年人。[①] 20 世纪 50 年代以前，由于卫生、科学条件较低，约旦呈现低生育率、高死亡率，社会以中青年为主。50 年代以后，出现了高出生率，人均寿命延长，因而在 50~70 年代的社会结构中，青少年、中青年和老年人口比例最合理。80 年代至今，由于高出生率和整体生活水平的提高，20~35 岁的青年占总人口比例极高，由此带来失业和犯罪问题。

第三，根据人口环境可将社会分为城市人口、农村人口、定居贝都因人和游牧部落。[②] 20 世纪 40 年代以前的外约旦农村人口和游牧部落人口占绝大多数。50 年代后，随着城市化的推进和部落定居制

---

① 〔约旦〕穆罕默德·塔里布·阿比达：《约旦爱国主义文化与认同探析》，http://www.thoriacenter.org/cms/webimages/524731.doc。

② 〔约旦〕穆罕默德·塔里布·阿比达：《约旦爱国主义文化与认同探析》，http://www.thoriacenter.org/cms/webimages/524731.doc，（طالب عبيدات، إطلالة على الهوية والثقافة الوطنية الأردنية، محمد）。

的推行，约旦城市人口数量大于农村人口数量，尤其集中在安曼、杰拉什、亚喀巴等核心城市，农村凋敝，游牧部落大多定居在城市附近或较富庶的村庄。

四　宗教瓦克夫作用减弱

约旦的国教是伊斯兰教，大部分约旦人信奉伊斯兰教逊尼派。约旦哈希姆家族属于先知穆罕默德的后裔哈桑一支的达维奥恩部落，因而在世界穆斯林心目中占据崇高地位，拥有潜在的宗教权威性。[①] 鉴于哈希姆家族的圣裔属性，约旦历任君主都充分知晓其统治合法性与伊斯兰教的关系，均从伊斯兰教圣裔中寻找统治合法性。虽然外约旦时期实行二元制的君主立宪制，未像沙特那样将伊斯兰沙里亚法作为国家宪法，但伊斯兰教信条与传统价值观仍是约旦社会的主流。人们普遍崇尚宗教教义，严格按照教法规定的"五功"践行，清真寺和教长具有无可替代的社会作用和号召力量。穆斯林的生老病死、婚丧嫁娶都按照伊斯兰教的要求执行。宗教法官和法庭判决人们的一切事务。

但随着现代化的推进和西方思想、价值观的渗透，自由主义和民族主义等思想在整个阿拉伯社会兴起。约旦青年人出现新的人格定向和品征，他们对自身进步和流动的评价日益提高，日益强调作为人类存在的有意义的世俗领域；加强对他人尊严的认识且尊重他们的意向；不断增进对个人的认识。[②]

新一代青年人不再严格遵照伊斯兰教的规定，出现吸烟、喝酒、赌博、婚外恋、同性恋等伊斯兰教禁止的行为。许多青年人不再按时礼拜，很少进入清真寺，宗教更多的是其思想层面的信仰，其行为不受宗教约束。由伊玛目教长主持的传统婚礼被在酒店举办的西式婚礼所取代，许多妇女在公共场所不再戴头巾，吸烟、在公开场合与异性

---

① 王铁铮：《中东国家通史·约旦卷》，第 74 页。
② 〔美〕西里尔·E. 布莱克：《比较现代化》，杨豫、陈祖洲译，第 137 页。

同处、穿短裙成为普遍现象。

在政治层面上，伊斯兰教虽然是约旦的国教，但由于约旦实行君主立宪制政体，实行政教分离政策，宗教对政治的影响有限。国家虽设立了宗教局和宗教法庭，但仅限于管理宗教事务，应人们请求处理与宗教相关的日常事务，宪法仍然是国家法律的根本。约旦多元化的文化发展也使该国更宽容地对待不同宗教信仰的人们，一段时期内实行的党禁限制了伊斯兰政治力量的发展。约旦国内虽有穆斯林兄弟会等伊斯兰团体，但在 20 世纪 90 年代以前，这些团体的政治参与有限，不足以左右政权，宗教在约旦的整体影响力下降。

伊斯兰社会的另一大特点是存在瓦克夫。宗教基金"瓦克夫"（الوقف）是阿拉伯语音译，是伊斯兰教中独有的一种形式，意为"保留""扣留"，"保留"安拉对人世间一切财富的所有权或能产生收益价值的土地产业，专门用于符合伊斯兰教法规定的宗教与社会慈善事业。

哈乃斐派认为宗教基金属出借性质，其产权仍归原主，收益用于公共慈善事业。大部分教法学者认为瓦克夫属穆斯林公有，其物权归于安拉，用于修建清真寺、学校、医院、浴室、陵园及桥梁路面等公益慈善事业。伊斯兰教法规定瓦克夫的土地不得被占为己有，不准擅自出借、典押或蚕食。投入瓦克夫者，一经投入后不得反悔和收回，逝世后其家人不得继承或转让此土地。瓦克夫是伊斯兰教的专项经济制度，约旦专门设立了瓦克夫基金及基金管理部门对此依法管理。

瓦克夫是伊斯兰国家重新组织社会关系、规范穆斯林经济道德行为的重要经济手段，有利于实现社会公正、获得集体利益。自 1949 年至 1999 年，约旦瓦克夫在土地分配和经济增长方面都取得了一些成就。1949 年，约旦建立了"瓦克夫与伊斯兰宗教事务部"，负责约旦河东西两岸的瓦克夫管理，此后瓦克夫在慈善事业和社会公共服务方面产生了一些影响。

首先，瓦克夫有利于促进就业。在与瓦克夫相关的清真寺、宗教管理局等部门有一定数量的伊玛目、宣教者、宣礼人以及普通服务人员、门卫及其他相关宗教从业人员。根据约旦东部地区的统计，该地区的伊玛目、宣教者人数从 1989 年的 520 名增至 1998 年的 1296 名；宣礼人从 1989 年的 1487 名增至 1998 年的 1770 名，与宗教相关的职员人数从 1989 年的 2437 名增至 1998 年的 3068 名。[①] 约旦河西岸情况与此大体相同。

其次，瓦克夫有利于消除贫困，实现社会公正。设立瓦克夫的初衷便是发展慈善事业，公平分配社会收益。它允许很多机构和组织照顾穷人利益，从宗教范围内提供保障，有利于减轻政府的社会责任，防止社会贫富差距扩大。它还为穷人提供教育机会，有利于促进其就业，通过教育使人们加强阶层流通，提高社会地位。

但瓦克夫也有一些消极影响，不利于整体经济发展。瓦克夫的一部分土地用于建造清真寺或其他宗教用途；另一部分土地用于农业耕种，但约旦的瓦克夫对国内生产总值的贡献并不大，经济参与度低。约旦水资源短缺，未能充分利用此土地资源，也缺乏科学的农业生产技术指导机构帮助提高产量。约旦农产品销售系统也不完善，总体瓦克夫收益与其他阿拉伯国家相比较低，造成大量土地闲置或开发利用不足。未来如何合理利用瓦克夫宗教土地使收益最大化将是约旦面临的重要问题。

作为一个宗教机构，瓦克夫运行的基本原则是通过固定资产尤其是土地投资，平衡财富，实施人道主义救助，但在一些地区，该机构成为部落贵族和宗教权势的敛财工具。约旦是一个介于世俗与宗教性之间的国家，宗教只关乎民众精神信仰，对国家政治干涉甚少，近年来宗教与瓦克夫的影响逐步下降。因此，纵观整个约旦瓦克夫发展状况，其利大于弊，虽未推动经济快速发展，为社会稳定做出了贡献。

[①] 〔约旦〕亚西尔·阿卜杜·卡里姆·胡拉尼：《约旦瓦克夫与发展》（阿文版），国家高等宣传委员会，2002，第 96~97 页。

第三节　传统部落变迁及其与
现代化的关系

部落是共享同一利益、包含一定比例群体的大家庭，即很多家庭的大集合，其大多数成员属于同一祖先，靠亲戚关系维持。[①] 部落也是阿拉伯社会的基本构成单位，是约旦哈希姆家族依靠的重要力量。各部落用部落法解决争端和纠纷，此部落习惯法有许多条例虽未成文，却通行于部落社会。在传统的贝都因游牧社会中，部落成员属于上层阶级。

17 世纪中期，巴尼·萨克哈（Beni Sakhr）部落来到外约旦，[②]直到 20 世纪初，外约旦仍然是一个典型的部落国家。当时外约旦的主要部落有巴拉卡地区的阿德旺（Adwan）部落、阿杰隆地区的巴尼·萨克哈（Beni Sakhr）部落和卡拉克地区的马贾利（Majali）部落。汉志等边境地区也有一些沙特、叙利亚、伊拉克的部落等。1921年外约旦酋长国成立时游牧民占国内总人口数量的一半左右，一直是哈希姆家族统治最可靠的支持力量。[③]

约旦部落无论是结构、生活方式还是人的意识，随着现代化的推进都发生了重大变化，但约旦仍然在各领域基本生活事务的运行中注重贝都因部落的事务和影响。尽管社会、经济、政治等各方面条件发生了变化，但新一代贝都因人和与老一辈贝都因人之间的联系仍旧存在和持续。尽管有了法律法规、法院、议会和立法权的存在，部落习惯法仍旧存在并发挥作用，未成文的部落法填补了现代法律的空白。约旦至今仍有许多法官来自于部落的酋长，其决定力甚至强于法院的决议，部落法在约旦具有较高的认可度和权威。

---

① 〔约旦〕纳伊夫·艾哈迈德·巴黑特：《约旦国民对部落特质相关问题的观点》（阿文版），《安全研究》2011 年第 5 期。

② Benjamin Shwadran, *Jordan: A State of Tension*, p. 84.

③ 王林聪：《当代中东伊斯兰国家民主化若干问题研究》，中国社会科学院研究生院博士学位论文，2003。

一　部落在国家建立、发展中的作用

约旦哈希姆家族从外约旦建立之初就从部落力量中寻求支持，贝都因人从一开始就与哈希姆家族建立了联系。首先，约旦哈希姆家族具有圣裔属性，阿卜杜拉、塔拉勒、侯赛因和阿卜杜拉二世均从伊斯兰教圣裔中寻找统治合法性。圣裔家族所在的部落成为国家支持者和权力的来源。其次，约旦历代领导者均具有统治合法性，并非通过非法政变获得统治权，在部落中具有很强的号召力，通过掌控部落贵族获得了约旦部落力量。约旦每一任国王均与贝都因部落关系密切，国王甚至被认为是部落领袖，是"超谢赫的谢赫"，以上合法性因素是约旦获得部落支持的重要因素。

自 1916 年阿拉伯大革命起，部落便是军队的主要参与者和兵源。格拉布到达外约旦后组建了沙漠流动军团（Desert Mobile Force），后发展成阿拉伯军团，该军团主要力量为南方贝都因部落成员，包括胡伟特（Huwaytat）部落、巴尼·萨克哈（Bani Sakhr）部落、斯尔汗（Sirhan）部落、沙马儿（Shammar）部落、巴尼·哈桑（Bani Hassan）部落等。二战时北方的部落和一些定居的居民也加入到该军团。参军的部落成员通过升迁等途径，完成了身份角色的第一次转变，成为职业军官。这些军官是除部落贵族外最有权势者，可谓是部落新贵，他们同时推动部落朝着现代化方向发展，传播了现代性。

约旦独立后，部落在国家构建和发展方面也起到一定的推动作用。约旦是一个世袭君主制国家，在国家的政治结构在行政领域中，王室和国王拥有很多权力，包括外交政策、经济发展、科技投资等。传统约旦部落成员认为这种王室和国王的权力是其部落权力的外衍，是传统权力的象征，因而支持王室和国王便是现代社会保持部落中兴的途径。相应地，部落从以王室、国王为首的政府中获益不少。部落从政府获得了有形和无形的利益，有形利益包括财政支持、武器和基础设施发展方面的支持，如给予土地、修筑道路、开挖水井、修建医院等。无形的利益包括国王定期访问、视察部落，部落成员在政府中具有象征性的地位，甚至有时政府决策时还咨询征求部落谢赫的意见等。①

二 部落社会变迁

传统社会的贝都因人从未想过改变其职业和居所，即使一些人逐水草而居，也会选定大概的范围，人们在特定的生活环境中形成了传统习惯和生活意识。20世纪后，随着外约旦地区现代化的推进，贝都因社会发生了翻天覆地的变化，传统的封闭社会被现代化打开，社会发生剧烈的变化。按照阿拉伯学者纳伊夫·艾哈迈德·巴黑特的观点，② 部落问题主要受图4-1所列因素影响：

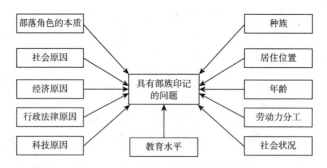

图4-1 部落问题构成因素

从图4-1可知，部落角色的本质、社会、经济、科技、行政法律和教育水平、社会状况、种族、居住位置、部落成员年龄、劳动力分工等诸多因素均对部落变迁产生影响，其中最主要的当为以下几方面。

第一，殖民时期大量贝都因人参军，他们受现代化制度、思想影

①　Paul A. Jureidini，R. D. McLaurin，*Jordan: The impact of social change on the role of the tribes*，p. 39.

②　〔约旦〕纳伊夫·艾哈迈德·巴黑特：《约旦国民对部落特质相关问题的观点》（阿文版），《安全研究》2011年第5期。

响。贝都因人受现代化思想与制度的影响主要开始于格拉布到来后。格拉布通过训练培养了贝都因人的时间观念和遵守制度、服从权威的意识，通过军队生活培养了贝都因人的文明习惯，贝都因人养成良好的个人卫生习惯，修养也得到很大提升。英国的先进制度、新生事物对贝都因人也造成不小的冲击，使他们从器物文明方面意识到现代性。

第二，教育的兴起极大地削弱了贝都因人的特性，提高其现代意识与文明程度。英克尔斯认为在任何社会和时代，人都是现代化进程中最基本的因素。只有国民在心理和行为上都发生了转变，形成了现代的人格，现代的政治、经济和文化机构中的行政人员都获得了人格的现代性，这个社会才能称作是真正的现代社会。① 教育在传播知识的同时，改变了人们的思想意识和行为习惯。外约旦建立后，随着学校的出现和教育的普及，部落整体受教育水平不断提高。游牧部落中15~19岁的男子受教育率超过80%，其中多数人接受了小学、初中和高中教育。② 通过教育，贝都因人更多地参与现代农业、工业生产，传统的放牧、经商等谋生方式改变，其生活方式和思想意识也随之改变。教育使贝都因人逐步具备了现代人格。

第三，城市化和定居工程彻底改变了部落社会结构。城市化是促进现代约旦发展的一个重要力量，外约旦时期，安曼、萨拉特、卡拉克、伊尔比德等城市兴起，大量部落和游牧民族成员向城市靠拢。在城市化的过程中，他们开始定居，从事农耕和工业生产活动，打破了传统贝都因人的游牧生活方式。阿卜杜拉自外约旦建立之初便推行部落定居计划，通过几十年恩威并施的制度，约旦部落人口数量大大减少，定居村庄和城镇进程发展迅速。在1973~1975年的三年计划和

---

① 〔美〕英克尔斯、史密斯：《走向现代化》，坎布里奇，1974，第13页。转引自《比较现代化》，译者前言第15页。

② Paul A. Jureidini, R. D. McLaurin, *Jordan: The impact of social change on the role of the tribes*, p. 5. See Kamel Abu Jaber et al., *Bedouins of Jordan: A People in Transition*, Amman: Royal Scientific Society Press, 1978, p. 12.

1976～1981 年的"五年计划"时期，约旦政府都关注部落福利和其在现代经济中的参与性。至 2010 年，约旦城市农村结构发生重大变化，城市人口占国家总人口的 62.7%。[1]

第四，现代交通与通信工具颠覆了贝都因传统，传播了现代性。传统贝都因社会依靠骆驼运输，马匹和毛驴是主要的交通工具。20世纪后，随着现代化在外约旦地区的推进，汽车、摩托车等现代交通工具进入该地区，摩托车代替了骆驼，改变了游牧经济形态。20 世纪 40 年代后，外约旦出现了空军和飞机，进一步缩小了与世界的差距，亚喀巴港口的修建大大增加了贸易额。这些现代交通工具不仅给约旦带来便利，创造收益，最重要的是从改变了贝都因传统，传播了现代性。

现代社会与通信设施也密切关联。约旦作为一个发展中国家深受现代通信的影响，报纸、杂志和广播逐步出现在游牧民的帐篷和定居点。卡迈勒·阿布·贾比尔（Kamel Abu Jaber）在 1978 年对约旦贝都因人做了一项人口研究，他发现即使在贝都因人的帐篷里，电视天线、录音机和半导体收音机也无处不在。[2] 他认为"我们无法评估通信工具和设施在约旦人的政治意识觉醒方面起到多大作用"。[3]

进入 21 世纪后，随着信息革命的爆发，通信工具与设施在约旦社会变化中起到更重要的作用。电脑、互联网的出现加速了信息传递，改变了人们的生活方式。近年来，脸书、推特网的兴起和阿拉伯语卫星电视频道的开通、电台的普及，为约旦青少年了解外界、与外界交流提供了平台，对青少年造成深刻影响。网络和网站在传播健康知识的同时，充斥大量暴力、色情和谣言信息，甚至成为极端分子的

---

① 〔约旦〕纳伊夫·艾哈迈德·巴黑特：《约旦国民对部落特质相关问题的观点》（阿文版），《安全研究》2011 年第 5 期。

② Paul A. Jureidini, R. D. McLaurin, *Jordan: The impact of social change on the role of the tribes*, p. 40.

③ Paul A. Jureidini, R. D. McLaurin, *Jordan: The impact of social change on the role of the tribes*, p. 40.

宣传工具。智能手机的出现使人与人之间的沟通与信息传播更便捷，各种可视、可听的信息引发电子革命，即使最传统的贝都因部落也出现了手机，贝都因特性被逐步消除。

三　部落引发的社会矛盾和部落力量的衰落

约旦哈希姆家族与部落的关系密切，部落成员在国家机构中长期把持重要职位。约旦社会稳定主要依靠部落，部落也反作用于社会稳定。控制了约旦军队的部落成为威胁国家稳定和国家安全的分离因素，部落精英用部落成员的忠诚与国家进行利益交换，各个部落的成员担任政府部门要职后开始分配权力，一些部落实权人物开始利用其部落背景谋求个人特权，让其直系亲属担任要职，置那些普通的自发忠诚于部落的成员利益于不顾。1923 年的部落联合抗税运动更是威胁到外约旦政权。[①]

政府，特别是国王的关心使部落首领更加支持统治者，同时也向社会中的巴勒斯坦人和其他群体传达了不平等和差别待遇的信息。约旦与巴勒斯坦解放组织发生冲突时，国王首先考虑到部落的利益，严厉打击巴勒斯坦人。同样，政府也对一些小部落进行关注，以防止某一部落或组织集权。近一个世纪内在卡拉克发挥重要影响的马贾利（Majali）部落在国家范围内既非最大的部落，也非最强的部落，但作为一个被王室重视的部落，马贾利部落成员现在仍是政府中最活跃分子之一。在部落内部，政府也是通过任命制来加强统治，政府与部落首领、贵族之间关系紧密。

约旦政府在政策制定方面对东部部落的偏袒态度助长了部落的分权现象，部落成员滋生了居功自傲的心态，东部部落与巴勒斯坦难民间的矛盾加剧。尽管约旦给予了巴勒斯坦难民国籍，声称他们同本土约旦人一样享有平等权利，但都是东部约旦人把控着公共部门（民用、军事警察、武装部队和政府情报部分），巴勒斯坦裔约旦人大多

---

① 李茜：《约旦民族国家构建演进历程与特点》，《科学经济社会》2015 年第 1 期。

在私有行业或承包行业内工作。虽然一些东部约旦年轻人在当前经济私有化政策形势下也开始到私有部门工作，但他们进入私营行业是为获得更多的财富和资源，而巴勒斯坦裔约旦人则希望进入公共部门，拥有更多的政治影响力。[①] 长期的地位不平等和差别待遇使巴勒斯坦裔约旦人和代表东部传统部落势力的本土约旦人时有矛盾发生。

矛盾的另一方，代表东部传统部落势力的部落成员也对西部巴勒斯坦难民不满。1948 年后，大量巴勒斯坦难民涌入约旦，尤其是"黑九月"事件后，巴解游击队在约旦建立了"国中国"，使巴勒斯坦难民成为约旦国家安全与稳定的威胁。此外，中东和平进程停滞后，约旦人担心以色列把约旦变成巴勒斯坦人的替代家园。其他国家难民涌入致使约旦人担心这些难民可能成为永久的难民群体，进一步削弱东部约旦人的地位。部落实权人物开始成为约旦统治阶层，他们必然排斥巴勒斯坦人，以维护其利益。[②]

随着约旦现代化程度的提高和其他社会力量的发展，部落的重要性逐渐减弱，约旦部落逐步走向没落。造成这种现象的原因是多方面的。

首先，随着全球化的普及和各种迁徙形式的出现，新文化的融入促使新的社会价值体系产生，代替社会原有价值体系。约旦部落成员在全球化的潮流中，并非其忠诚性降低，而是因为时代不再依赖于其忠诚性，许多部落成员接受了高等教育后在国外或者安曼定居。

多元化社会思想潮流的传播也对传统部落文化与观念造成冲击。更多的约旦人仍然认为现在充满了部落荣誉感，但这与他们的日常生活无关。[③] 城市化过程中的贝都因人大部分融入现代经济、社会体系，虽然对于老一代人而言，部落权威与传统不容挑战，对年轻一代而言，部落作为一个象征概念其重要性明显降低。

[①] 李茜：《约旦民族国家构建演进历程与特点》，《科学经济社会》2015 年第 1 期。

[②] 李茜：《约旦民族国家构建演进历程与特点》，《科学经济社会》2015 年第 1 期。

[③] Paul A. Jureidini, R. D. McLaurin, *Jordan: The impact of social change on the role of the tribes*, pp. 40-41

其次，约旦乡村和部落的贫困加剧了传统社会的解体。随着约旦城市化和工业化发展，乡村和部落定居点的就业机会、教育水平、医疗机构等均与城市有巨大差别，越来越多的贝都因人和定居的部落成员涌入城市谋生，加剧了农村和定居城镇的凋敝和恶性循环。在此情况下，贝都因特性更多的是成为一种文化符号，不再存在于人们的日常生活之中，传统社会在现代化的冲击下加速了解体。在内外因的同时作用下，约旦部落没落的趋势不可逆转。

第四节　约旦女性社会地位的改变

约旦传统社会女性严格遵守伊斯兰教法，出门须戴头巾，不得穿着暴露的服装，不得独自出门，也不得与家庭成员之外的男性共处。传统观念坚决奉行男女"授受不亲"的原则，反对女子接受教育、参政、工作及融入当代社会。约旦传统社会还提倡女童早婚早育，部分部落对女童实施割礼，严重摧残其身心健康。女性因没有经济来源，婚前依靠父亲、兄长生活，婚后依靠丈夫、儿子生活，家庭暴力、虐待和遗弃妇女现象时有发生。在社会生活方面，女性没有基本的署名权，传统社会不登记女性姓名，只登记其父亲与丈夫的姓名。

19 世纪末 20 世纪初，随着西方女权主义运动的兴起，一些开明人士允许其妻女在外接受教育、参加社会活动。一些妇女和女童通过在家从事手工纺织工作，获得了经济来源。约旦女性正式开始参与公共领域的学习与工作始于 20 世纪初期。1921 年外约旦酋长国建立后，英国的思想、制度也随之传入这一落后的地区，女性开始接受教育。1923 年，外约旦颁布关于土地解放制度第 16 号决议中要求该地区已婚妇女以其父、夫姓名登记，无论其父、夫在世与否。[①] 一些资

---

① 《阿拉伯东方报》1923 年 12 月 3 日，第 27 期。

料中还提到伊尔比德地区有 19 位女性获得产权。①

自此，约旦女性开始觉醒，正式参与社会生活，具体体现在教育、医疗、社会团体、体育、就业、政治参与和婚姻家庭等方面。20世纪，约旦共经历了三次女性运动，1944~1955 年是约旦女性运动的第一阶段；1958~1974 年是第二阶段；1974~2008 年是第三阶段。经过此运动的洗礼，约旦女性自身意识苏醒，积极参与社会事务，改善女性整体状况。

一 教育医疗方面

1922 年，外约旦出现第一所女子学校和女教师。随着现代化的开启，现代教育开始在外约旦出现。教育使妇女们适应技术性、管理性以及文案性职业，② 获取了生活保障，为妇女独立和地位的提高提供了基础。1922~1923 年，外约旦共有 318 名女学生，有 12 名女教师与行政管理人员；1939~1940 年，此数字剧增，有女生 874 名，女教师和行政管理人员 35 名。③

1946 年，约旦首位女大学生毕业并获得学士学位，是约旦女子教育划时代的事件，标志着女子开始系统接受高等教育，也标志着约旦妇女解放运动的开始。1953 年，约旦出现首位女医生。约旦妇女的法律地位和社会地位发生了实质性转变，她们被赋予与男人同等的机会与责任，具备自力更生的能力，通过参与社会工作获得经济来源，摆脱了过去受男人养活、依附于男人的状况。

二 约旦女性社会团体的建立与女性运动的开始

约旦女性个人参与社会活动始于约旦第二任国王塔拉勒的母亲，

---

① 〔约旦〕杏德·艾布·沙阿拉：《约旦经济社会历史研究（1894~1934）》（阿文版），安全出版社，2009，第 283 页。
② 〔美〕C.E. 布莱克：《现代化的动力》，段小光译，第 30~31 页。
③ 《半岛报》（阿文版）1940 年 6 月 12 日，第 982 期。

她组织参与了为巴勒斯坦妇女募捐的活动。① 此后一批女性精英组建了巴勒斯坦妇女委员会，专门募捐和反对英国与犹太复国主义。1936年，此委员会已覆盖整个巴勒斯坦地区。虽然此组织诞生于巴勒斯坦，但其发起者却是外约旦王室贵族。

1944年，约旦成立了第一个女性组织"妇女团结协会"（Women's Solidarity Society），女性开始从事有组织的社会活动。该组织旨在为有需要的女性提供经济援助。1945年，外约旦成立了"妇联会"，该协会是在埃及"妇联会"（Women's Union Society）负责人的倡议下成立的，是埃及总协会的分支机构，受到了阿拉伯世界女权运动的影响。

此外，随着女性觉醒和妇女解放运动的推进，1950年6月，约旦发行了第一本女性杂志《明日的女孩》（فتاة الغد）。此杂志是一本文化、社会、文学性的月刊，由当时的拉马拉市的女生协会发行。该刊物一直办到1955年，共发行了48期。②

这两个组织共同致力于帮助妇女、儿童、孤儿、难民和穷人，具有慈善机构的性质，得到塔拉勒王妃的支持。1949年，这两个机构合并，但合并后出现许多矛盾。总体而言，上述机构在约旦成立之初为妇女解放运动和女性社会地位的提高做出了贡献，也改善了妇女、儿童的医疗健康和福利状况，是女性参与社会团体活动的成功尝试，标志着约旦女性运动正式开始。

进入50年代后，随着阿拉伯国家民族主义运动的广泛兴起，女权主义发展迅速。1954年，约旦成立了阿拉伯妇女联合会（Arab Women Federation）。该组织由约旦第一位女律师艾米丽·比沙拉特（Emily Bisharat）领导，提出了一些政治诉求。自此，女性开始由关注自身利益与问题转入到政治领域。该组织要求政府给予女性选举权和投票权，女性要求担任政府工作和职务，发挥实际性作用。

① 《阿拉伯东方报》（阿文版）1936年6月29日，第681期。
② 〔约旦〕传媒部：《约旦报业产生与发展》（阿文版），阿拉伯百科全书出版社，1982，第23页。

在妇女争取自身利益和要求提高社会地位的呼声中，约旦政府也开始象征性地关注女性，给予女性一些权利。1952 年，约旦宪法第二章第二十三条第二款第四点规定："对妇女和青少年的权利予以特殊照顾。"

三　参与体育事业

1958～1974 年是约旦女性运动的第二个阶段。随着约旦国家工业化战略的实施和教育水平提高，越来越多的女性参与社会活动，她们的家庭社会地位有所提高，经济独立能力增强。但此阶段约旦女性解放和社会地位提高最有代表性的事件集中体现在女性广泛参与体育运动、参加赛事。

伊斯兰教禁止妇女在外露出身体部位和头发，禁止妇女参加社会活动。体育运动由于其独特性，参与者或运动员须穿短袖，参与公共活动或比赛，与伊斯兰教教义相违背。1956 年，约旦首位女乒乓球运动员随团赴埃及亚历山大参加第二届阿拉伯锦标赛。[①] 1961 年，首位手球女运动员赴摩洛哥参赛，1968 年，约旦组建了第一支女子篮球队，并于 1970 年赴叙利亚参赛。[②] 首位约旦女运动员参加了第 22 届莫斯科夏季奥运会。[③]

约旦妇女可以参与公共体育活动，是约旦妇女解放运动的一大成果。但直至当前，这些女运动员们的专业水平不高，参赛也仅为了表现约旦社会的开放性，女性整体参与运动和锻炼的比率不高，甚至被认为有伤风化。

四　就业

传统约旦女性主要从事家庭手工纺织业和简单耕种，就业能力

---

① 〔约旦〕拉瓦德：《约旦体育与青年》（阿文版），赛米尔·詹卡特与鲁特福·安拉·萨阿德·达威里出版社，1999，第 41 页。

② 〔约旦〕拉瓦德：《约旦体育与青年》（阿文版），第 41 页。

③ 〔约旦〕拉瓦德：《约旦体育与青年》（阿文版），第 41 页。

低，获得劳动收益差。由于观念制约，即使 20 世纪 40 年代后约旦开设了许多工厂，女性仍然被家庭和世俗观念束缚禁止外出工作。只有上层社会或接受过良好教育的家庭允许其女儿学习医学、教育等专业，毕业后从事相对体面的工作。自 20 世纪 50 年代起，随着工业化的实施，约旦女性就业形势改善，但直到 80 年代，整体就业率仍然低下。

五 政治参与

自 1975 年以来，约旦女性运动达到了新的高度，组织体系规范，开始正式进入政治层面。1992 年 3 月，约旦成立了"妇女事务约旦国家委员会"（اللجنة الوطنية الأردنية لشؤون المرأة），由约旦巴萨玛公主（الأميرة بسمة بنت طلال）担任委员会主席和理事。该委员会旨在协调各妇女团体与组织的活动，照顾女性，提高其社会地位，评估、监督上述团体的活动与行为，帮助女性实现社会与经济发展，为女性提供培训与学历教育，使其参与经济活动，为职业女性提供帮助。

1993 年，该委员会鼓励、帮助约旦女性参与选举，是约旦女性参加国家重大政治活动的开始。此协会的成立标志着约旦国家层面对女性运动的支持和认可，由巴萨玛公主担任委员会主席，客观上扩大了影响，增强了组织凝聚力与执行力。1995 年，约旦举行了市政选举，女性首次可以参加竞选，拥有席位。艾伊曼·艾哈迈德·侯赛因·法提玛（أيمان أحمد حسين فطيمات）成功当选阿杰隆省哈勒巴·瓦哈达纳市（خربة الوهادنة）市长，同时选出 10 位女性担任市长委员会成员。在 2012 年约旦选举中，妇女的代表人数比例从以往的 25% 增至 36%。[1]

---

① 联合国大会人权理事会第二十五届会议议程项目 6 普遍定期审议：《普遍定期审议工作组报告：约旦》。

六 女性发展面临的问题

经过半个多世纪的发展，约旦女性运动取得了很大进步，女性整体状况得到很大改善，消除了一些性别歧视，整个社会与团体努力促进妇女就业、教育、参政。政府还设法降低 15～18 岁结婚儿童的人数，纳入了多项措施，确保为妇女和家庭提供最佳保护。[①] 至 2009 年，约旦 15～19 岁的女孩青春期生育率为 2.8%，[②] 改变了女孩早婚早育的陋习。2013 年，阿拉伯世界妇女地位研究结果显示，约旦排名为第 4 位，[③] 在阿拉伯国家位居前列。但由于传统观念中对女性的歧视，约旦女性在 21 世纪的今天仍然面临着一些问题。

首先，在婚姻家庭方面。政府为了进一步增强妇女权利，提高妇女在公共生活中的参与度，进一步促进平等，约旦颁布了多部法律，如《防止家庭暴力法》和有关禁止贩卖人口的法律。[④] 2010 年约旦颁布的《个人地位法》用法律的手段保护妇女和儿童权利。约旦还修订了《刑法》，以杜绝妨碍有效落实人权的习俗，如所谓的名誉罪。为了提高妇女地位并确保消除一切形式的暴力行为，立法修正案加大了对人身暴力罪、强奸、猥亵罪、绑架和性骚扰等罪行的处罚力度。[⑤]《个人地位法》还赋予妇女离婚和自主结束婚姻的权利。

约旦撤销了对《消除对妇女一切形式歧视公约》的保留，批准了关于防止家庭暴力的法案，允许强奸作案人通过与受害人结婚逃避

---

① 联合国大会人权理事会第二十五届会议议程项目 6 普遍定期审议：《普遍定期审议工作组报告：约旦》。

② WHO Library Cataloguing-in-Publication Data, *World Health Statistics 2009*, p. 19.

③ 《阿拉伯世界妇女地位研究结果出炉：埃及排名垫底》，中国新闻网中心，http://news.china.com.cn/world/2013-11/15/content_ 30609541. htm。

④ 联合国大会人权理事会第二十五届会议议程项目 6 普遍定期审议：《普遍定期审议工作组报告：约旦》。

⑤ 联合国大会人权理事会第二十五届会议议程项目 6 普遍定期审议：《普遍定期审议工作组报告：约旦》。

起诉和"名誉犯罪"。① 此举实质上仍将女性看作男权社会的附属，未从根本上保护妇女免遭侵犯。

尽管一夫一妻制的观念被普遍接受，阿拉伯传统社会的一夫多妻制观念仍对约旦人有深刻的影响，一夫多妻现象仍然存在，其中一夫两妻居多。约旦农村家庭一般生育8个孩子左右，城市家庭生育4个左右，高生育率为就业、环境、粮食安全等带来挑战。此外，尽管近亲结婚现象减少，晚婚晚育现象增多，在农村偏远地区和一些观念正统的家庭中仍然存在近亲结婚问题，导致一定比例的不健康婴儿诞生。

其次，社会中仍然存在性别歧视。传统社会禁止女性抛头露面，受此观念影响，许多家庭不允许女子参加社会工作。许多接受过中高等教育的职业女性毕业后仍然留在家中，或临时参加工作，一旦结婚后便辞去社会工作，成为全职家庭主妇。这样的情况在约旦非常普遍，女性失去工作便失去了经济独立，其社会价值得不到体现，常常依靠丈夫生活。

约旦人对高知职业女性持双重标准：约旦人一方面对其敬重，认为她们是女性精英，但在谈婚论嫁时绝不将其纳入选择范围；另一方面认为这些高知女性难以驾驭，结婚后仍然抛头露面在外工作不利于家庭稳定，有失家庭体面。约旦大部分人，无论男女，均严重歧视离异女性。因此，约旦的大学、行政机关、银行、律师事务所等存在许多高知单身女性，或一直未婚，或离异独身。②

最后，约旦女性就业率低，同工不同酬。约旦女性一直面临着低就业率和经济贫困的问题，在政治、经济领域参与度低。2004年，约旦部级领导中女性占14.3%，外交机构中女性占17.2%，参议院中女性占12.7%，众议院中女性占6.4%，在专业协会中女性占22.7%。③ 从男女就业比例上看，女性占比从2013年的14.7%下降到2014年的14%。

---

① 联合国大会人权理事会第二十五届会议议程项目6普遍定期审议：《普遍定期审议工作组报告：约旦》。
② 此观点源自笔者2015年7月在约旦访学期间的访谈与调查。
③ 约旦总统计局：《2008年统计数据汇总》（阿文版），2009。

在约旦大部分领域中女性参与率低于 20%，承担一些象征性的、不重要的工作岗位，成为约旦政治开放、社会多元化的象征。教育、医院、政府、银行、服务行业等即使接纳女性就业，也有同工不同酬的现象，女性工资低于男性一半甚至几分之一。在约旦私立教育机构中，27% 的女教师收入低于约旦最低工资标准（268 美元/月），女教师平均月收入为 359 美元，男教师平均月收入为 614 美元，工资性别差异高达 41.6%。[①] 值得重视的是，约旦女性就业率低，不仅因为性别歧视与社会提供的合适就业岗位少，许多女性不愿工作或外出就业意愿差是主要原因，改变她们的观念和意识是提高女性就业的重中之重。

本章小结

经过一个多世纪的发展，约旦社会发生了翻天覆地的变化，处处充斥着现代化。约旦大学文学院历史系教授阿里·穆哈发扎认为，"相对而言，约旦整个现代化进程中最成功的是社会方面的现代化"。[②] 按照中国科学院中国现代化研究中心发布的《2003 年世界社会现代化指数》，约旦在第一次现代化中的指数为 90，第二次现代化中的指数为 33，综合社会现代化指数为 43，属于初等发达国家水平。[③] 但人的现代化是整个社会发展的关键因素，在此方面很难用量化的指数来衡量。虽得益于晚近现代化迟发展的优势，但对具备现代文化、掌握高科技、具备高度文明程度的现代人的塑造仍然是跳跃式发展的约旦社会不可回避的难题，经历了器物文明到制度文明的转变，迈向思想文明才是约旦社会发展的终极目标。

---

① 《约旦私立教育机构男女教师收入差别悬殊》，东方网，http://news.eastday.com/eastday/13news/auto/news/china/u7ai4721801_K4.html，上网时间 2015 年 10 月 11 日。

② 源自 2015 年 7 月 22 日笔者对约旦大学文学院著名历史学家阿里·穆哈发扎的访谈。

③ 参见《2006 年世界和中国现代化指数》《2006 年 25 个中等发达国家的现代化指数》，http://www.cas.cn/zt/kjzt/bg09/gbx/200910/t20091027_2637093.shtml。

第五章

约旦现代化面临的问题与挑战

21 世纪的约旦，其现代化发展达到了中等发展中国家水平，政治、经济、科教文卫等方面与 20 世纪初相比发生了翻天覆地的变化。但因特殊的地理因素，这个国家自成立之初便面临着严峻的挑战与危机。进入 21 世纪后，由于地区发展不平衡和大国介入，约旦深受外部因素影响，现代化发展面临严峻的挑战与问题。

第一节　外部因素对现代化的影响

约旦作为国家实体出现始于 1921 年。奥斯曼帝国统治时期的旧制度在外来因素冲击下逐渐崩溃，英、法等国家开始在中东地区实施委任统治。自此外约旦地区政治上受英国左右，经济上因接受外援而具有殖民地依附经济特点，导致产业结构和经济发展失衡，在对外政策上唯西方大国马首是瞻。

约旦和以色列拥有漫长的边境线，约旦在历次中东战争中直接或间接受损。约旦现代化还深受中东和平进程与中东局势影响，来自巴勒斯坦、伊拉克、叙利亚的难民大量涌入约旦，不仅增加约旦的资源、环境压力，还引发一些社会危机。约旦虽然是非产油国，但约旦半食利经济的性质决定了其经济及其他方面的发展受国际油价波动的影响严重。进入 21 世纪以来，恐怖主义也对约旦的安全、稳定及现代化发展构成威胁。

一 殖民主义和外援对约旦的负效应

自 20 世纪初期英国进入约旦以来，约旦的发展便具有明显的殖民主义印记。根据马克思的观点来看，殖民主义具有建设性和破坏性的双重使命，但从长远来看，弊大于利，殖民国家对殖民地的建设、投资、援助都为其整体殖民战略服务，为满足宗主国的政治、经济利益。

英国在外约旦时期投入了大量的人力、技术援助，并提供巨额的经济援助，但相应的外约旦沦为英国事实上的半殖民地，阿卜杜拉几乎没有自主决策的权力，外约旦失去民族自决权和政治外交上的独立。在此期间，外约旦的政府、军队及安全部门中的核心职位均由英国人担任，无论是政策制定还是执行均以英国利益为重。

美国在二战后渗透到该地区，阿卜杜拉逝世后，王位继承人的选择都是在英美的妥协中进行，最终英国胜出，选择塔拉勒为新任国王。塔拉勒体弱多病，性格懦弱，其妻也是亲英派，便于英国掌控。

20 世纪 50 年代后，美国将约旦作为阻止阿拉伯民族主义思潮蔓延和苏联势力扩大的屏障，将叙利亚、伊拉克等亲苏联世俗国家和沙特、科威特、卡塔尔等君主国隔开，为此，自 50 年代起，美国取代英国成为约旦的最大援助国。

此间，杜鲁门时期、艾森豪威尔时期、肯尼迪时期、约翰逊时期美国对约旦外交政策虽各有不同，但其整体战略目标一致，通过经济援助影响、控制约旦政治外交发展，将约旦扶持成美国的"代理国""伙伴国"。侯赛因时期约旦重大决策制定几乎都与美国有关，国王本人的温和政策也是在强势外部因素作用下的选择。

约旦长期受制于英、美，不仅使国家失去独立发展的机会，也使经济发展具有依附经济的特点，导致产业结构不合理。20 世纪八九十年代后经济发展过度依赖听命于美国主导的世界货币基金组织和世界银行，致使 80 年代末期约旦发生严重的经济危机。

二　数次战争与难民问题

约旦因其特殊的地理位置，深受历次中东战争的影响。尽管在1948年第一次中东战争中，约旦获得了约旦河西岸和东耶路撒冷地区，但大量涌入的难民导致的后续社会、政治问题消耗了此次战争的果实。1967年后，约旦失去耶路撒冷和约旦河西岸，因此，战争对其负面影响居多。数次中东战争一方面导致约旦现代化受阻甚至停滞；另一方面严重削弱了约旦在阿拉伯国家的威信，自阿卜杜拉以来统一阿拉伯世界的梦想彻底破灭。失去宗教圣地耶路撒冷，使约旦在伊斯兰世界的地位被大大削弱。

历次中东战争导致的难民问题引起约旦国内族群危机。自1948年起巴勒斯坦难民大量涌入约旦，给约旦社会、资源、安全带来挑战。巴勒斯坦难民与约旦河西岸、巴勒斯坦解放组织、哈马斯等均有千丝万缕的关系，巴勒斯坦地区的政治动向也影响到约旦本国的形势。

尽管约旦给予了这些巴勒斯坦人国籍，并声称他们同本国约旦人一样享有平等权利，但历史上都是东部约旦人把控着公共部门（民用、警察、武装部队和政府情报部分），而巴勒斯坦裔约旦人大多在私有行业或承包行业内工作。

在海湾战争中，约旦迫于国内压力支持伊拉克，引起美国和海湾国家的强烈不满，导致海湾国家驱逐了30万约旦劳工。此举中断了约旦三大经济支柱之一的侨汇，回国的约旦人给国内就业形势增加了巨大的压力。部分劳工未得到妥善安置，致使其受90年代伊斯兰复兴潮的影响，被国内"圣战"萨拉菲组织吸纳为成员，成为极端力量，严重危及约旦的安全与稳定。由于约旦支持伊拉克，美国也减少了对其经济援助，使严重依赖外援的约旦经济突然中断输血，引发经济危机。

在2003年伊拉克战争中，约旦也间接地遭受了严重的经济损失。伊拉克是约旦的重要出口国，战争爆发导致出口中断，影响约旦财政平衡。伊拉克政府的垮台使伊拉克失去对抗什叶派的能力，将约旦推向对抗什叶派的最前沿。战争难以避免地影响到约旦经济发展，据约旦《舆论报》报道，约旦经济专家们估计，美英对伊拉克发动的战争将给约旦造成 25 亿美元经济损失。① "阿拉伯之春"以来，随着"伊斯兰国"的兴起，约旦面临恐怖主义之患。

自 2013 年叙利亚内战爆发以来，约旦出于人道主义立场，允许叙利亚难民入境，至今已有超过 50 万叙利亚难民涌入约旦。约旦国王阿卜杜拉告诉联合国，"损害和危险还在增加之中"，他还说："这些难民不仅仅是数字。他们是人，他们需要食物、水、避难所、卫生设备、电力、医疗，以及更多。就连全球最强大的经济体也不能完全负担这些难民对基础设施和资源的需求。"②

美国大学教授阿克巴·艾哈迈德说，"叙利亚内战使约旦国内动荡不定，而约旦已经处于区域危机的十字路口"，叙利亚内战"迟早会影响到巴勒斯坦人，引入真主党，然后又回到什叶派和逊尼派的对抗以及区域大国介入的局面。这对约旦来说，是场噩梦"。③ 在叙利亚内战中，伊斯兰极端力量发展迅速，约旦面临恐怖分子向其境内渗透的危险。

三 国际油价波动

严重缺乏石油资源也使约旦受制于产油国政策。约旦 97% 的能源依赖进口，其中石油占 51%，天然气 46%。1985 年，约旦与伊拉克签订了第一个石油交易协议，拉开了约旦石油进口的序幕。④ 2003

---

① 《伊拉克战争将给约旦经济造成 25 亿美元损失》，新华网，http://www.people.com.cn/GB/guoji/23/88/20030329/957354.html。

② 《约旦受到叙利亚内战和难民危机的挑战》，美国之音网，http://www.voachinese.com/content/syria-challenges-20131010/1767152.html。

③ 《约旦受到叙利亚内战和难民危机的挑战》，美国之音网，http://www.voachinese.com/content/syria-challenges-20131010/1767152.html。

④ 《约旦踏上能源自主之路》，人民网，http://paper.people.com.cn/zgnyb/html/2013-06/03/content_1251059.htm。

年，以美国为首的国家发动伊拉克战争，使约旦和伊拉克的石油协议中止，约旦能源结构的脆弱性暴露无遗，不得不按国际油价进口石油。国际石油价格的波动牵动约旦各经济部门，致使其经济市场更加脆弱。此外，约旦虽非产油国，但国内相当一部分劳动力在海湾产油国务工，约旦长期依靠劳务输出换取巨额侨汇。一旦国际油价下跌，海湾产油国经济形势下滑，势必影响到约旦劳工收入，侨汇减少间接影响到约旦经济的发展。自 20 世纪 50 年代以来，约旦长期受到阿拉伯产油国的经济援助，石油价格波动必将影响到产油国对约旦经济援助的数额，约旦现代化发展与石油价格波动密切相关。

四　恐怖主义的威胁

20 世纪下半叶，随着阿拉伯民族主义思潮的消退，部分人士开始对民族主义失望，政治伊斯兰开始复苏。迄今为止，阿拉伯世界已兴起三次政治伊斯兰潮，第一次政治伊斯兰潮兴起于 20 世纪 70 年代末，第二次兴起于 90 年代，第三次为 2010 年以来的"阿拉伯之春"。约旦面临的最大伊斯兰极端势力是"圣战"萨拉菲组织。约旦萨拉菲主义由来已久，现代约旦建立时第一任国王阿卜杜拉便与萨拉菲派有密切联系。[①]

20 世纪 60 年代，"圣战"萨拉菲主义的原初理论形成于埃及，其领导者赛义德·库特卜领导了自 1957 年以来埃及的伊斯兰思想变革，其书籍为相关思想奠定了基础。70 年代，许多埃及人受赛义德·库特卜、阿布·阿拉·毛杜迪书籍的影响，形成了新的萨拉菲主义思想，出现了一些有影响的理论家，如欧麦尔·阿卜杜·拉赫曼、艾曼·扎瓦希里、阿布·叶海亚·利比等。一些"圣战"组织形成了组织框架，其中最重要的为"圣战"组织，该组织由艾曼·扎瓦希里领导。在萨达特时代，"圣战"萨拉菲主义作为一种独具特色的

---

① 穆萨·扎伊德·凯拉尼：《伊斯兰运动史》（阿文版）、《萨拉菲主义者与政治家》（阿文版）。

思想潮流出现，80 年代以来发展成为将"圣战"作为口号的政治伊斯兰团体，开始涌现出一些理论家，如阿布·穆罕默德·迈格迪西、阿卜杜·卡迪尔·阿卜杜·阿齐兹、阿布·卡塔德、阿布·穆萨卜·扎卡维，约旦"圣战"萨拉菲主义开始兴起。

阿卜杜拉·阿扎姆于 1987 年第一次使用"'圣战'萨拉菲主义"，其目的是统一阿富汗的阿拉伯人与非阿拉伯人组成的"圣战"萨拉菲主义阵线。① 自此，该思想传播到阿富汗。90 年代，约旦"圣战"萨拉菲主义首次作为思想路线出现，随后传播到全世界，发展成威胁约旦安全的最大武装势力，约旦成为世界基地组织运动与圣战思想的发源地。

20 世纪 90 年代，随着迈格迪西、扎卡维等人的出现，约旦"圣战"萨拉菲主义正式形成，其标志是"巴亚特伊马姆"组织的建立。自此，"圣战"萨拉菲主义形成统一的思想、领导和组织框架。此阶段，迈格迪西和扎卡维就圣战的内涵、组织等相关问题发生分歧，组织内部形成温和派与激进派，约旦"圣战"萨拉菲主义从此进入一个发展的转折点。

2010 年"阿拉伯之春"后，"圣战"萨拉菲组织开始与"基地"组织勾结，在伊拉克和叙利亚地区制造事端，在全世界范围内制造恐怖袭击。"圣战"萨拉菲主义者坚持"政治抵制"的原则，拒绝政党政治，认为它不会促成根本性的转变。② 因此，他们拒绝像埃及萨拉菲主义那样组建光明党、参与竞选。因此，该派别仍对约旦与地区非传统安全构成巨大威胁。面对"伊斯兰国"的威胁，约旦地方和国家都提高了警觉，开始研究制定反击和遏制其扩张的战略。

---

① 〔摩洛哥〕萨米尔·哈马德：《对"圣战萨拉菲主义"术语的思考》（阿文版），摩洛哥伊斯兰网站，http://www.islammaghribi.com/。
② 穆罕默德·艾布·拉马努：《关于约旦圣战萨拉菲主义意识形态》（阿文版）。

第二节　约旦政权的世俗性与保守性

整体而言，约旦自建国后是一个世俗国家，而非宗教国家，但也具有一定的保守性。约旦实行君主制及世代沿袭，宗教成为其统治合法性的来源之一，哈希姆家族的圣裔身份成为统治约旦甚至成为阿卜杜拉统一阿拉伯地区的思想武器。1923 年 5 月 15 日，阿卜杜拉在外约旦的独立庆典上说："我宣布值此独立之际（指摆脱奥斯曼帝国统治），外约旦将颁布基本法，修订选举法，以与国家精神、阶层和环境相一致。"在此段讲话中，阿卜杜拉突出了国家的世俗性质，强调以西方的君主立宪制和法律为基础，但又充分意识到约旦的伊斯兰社会基础，即"约旦的国家精神、阶层和环境"。

一　世俗主义与宗教保守主义

世俗主义（Secularism）是一种在社会生活和政治活动中摆脱宗教控制的主张。在某种意义上，世俗主义维护了人们受教育的权利并摆脱宗教条例，让人们拥有更多的宗教自由，保持对信仰实体中立的状态，不给宗教任何特权和补贴。换句话来说，世俗主义认为人们的活动和做出的决定，尤其是在政治方面，应根据证据和事实进行，而不应受宗教偏见的影响。[①]

宗教保守主义试图保存特定宗教的教义，试图传播这些教义的价值观，或将这些价值观写入法律条文。宗教保守主义也可能会支持现世的传统。宗教保守主义可能会感到其自身与当地的文化产生冲突。在一些国家，两个或多个宗教的保守主义者也会产生冲突，两派都宣称自己的观点才是正确的，并指责对方的观点。

---

① Barry A. Kosmin，"Contemporary Secularity and Secularism"，*Secularism & Secularity: Contemporary International Perspectives*，Ed. Barry A. Kosmin and Ariela Keysar. Hartford，CT: Institute for the Study of Secularism in Society and Culture（ISSSC），2007.

世俗主义和宗教保守主义在政权层面可以理解为宗教与国家的关系框架。世俗国家保护宗教自由，坚持政教分离。约旦基本上是一个世俗性的世袭君主制国家，国家政治生活受宗教的干预较少，实行事实上的政教分离。① 尽管伊斯兰教是约旦国家建立的根本，国家政权建立之初曾从中获取统治合法性，但它从未成为国家政权核心。伊斯兰教仅作为立法的来源之一，它所控制的只是个人的精神领域，不涉及政治，统治约旦的是国王，而非宗教人士，宗教机构的官员由政府任命。在现代化过程中，国家意识形态必然从宗教意识形态转向世俗意识形态，国家统治合法性依据也必然从早期的宗教方面转向世俗。

二 宗教、地理因素对国家政治认同的作用

宗教、地理因素在构建约旦国家政治认同中起到一定作用。约旦人认为民族国家认同包括以下认同指数：出生地、祖辈关系、部落归属、遵守传统习惯、遵守约旦法律、居住地、着传统服装、长期居留、姓名、教育、成长、方言、外貌。② 在一个国家认同发展研究的调研中，构建国家政治认同指数所占比例如下：宗教名称23.2%，个人名称22.3%，与约旦地理相关的名称19.1，家庭名称5.7%，国家名称2.9%，与全球化相关的名称1.8%，与巴勒斯坦地理相关的名称1.3%等，这意味着约旦核心社会认同围绕公共宗教名称和与约旦地理相关的公共名称，宗教和地理因素在构建约旦社会认同方面起一定作用。③

---

① 王林聪：《当代中东伊斯兰国家民主化若干问题研究》，中国社会科学院研究生院博士学位论文，2003。

② 〔约旦〕穆罕默德·阿卜杜拉·扎里布尔：《国家认同研究初探：约旦国家认同的研究——社会学的角度》（阿文版），《非洲政治》2014年2月22日，http://176.32.230.18/bchaib.net/mas/index.php?option=com_content&view=article&id=126：-identite-&catid=9：2010-12-09-22-52-31&Itemid=2。作者为约旦萨拉亚研究咨询培训中心成员，该机构为独立的非政府、非营利性学术机构，创建于2005年，主要研究社会、政治、经济、环境的全面可持续发展。

③ 〔约旦〕马赫穆德·阿瓦德·达巴斯：《约旦国家认同发展研究》（阿文版），约旦《明日报》2013年5月21日，http://www.alghad.com/index.php/portal/default/article/627262/دراسه-في-تطور-مظاهر-الهويه-الوطنيه.html。

三　约旦的保守世俗主义

约旦大部分人信奉伊斯兰教，伊斯兰教是国教，这使阿卜杜拉在现代国家与传统伊斯兰教之间寻找一个平衡点，而且其政权具有相对保守性，可称之为保守世俗主义。约旦的保守世俗主义体现在宪法、宗教和文化方面。宪法方面不存在灰色地带，宪法第二条规定"伊斯兰教是约旦国教，阿拉伯语是其官方语言"，[①] 清楚地说明了约旦在世俗主义与保守主义间寻找平衡。宪法第1~9条声明："宗教团体委员会应根据法律组建，宗教法官只对与日常生活相关的穆斯林的行为做出裁决，不干涉政治。"[②] 从此内容可知约旦政治制度不具有宗教性质，宗教只关乎人们的精神层面。同样宪法第1~6条规定："约旦人民在法律面前不分种族、语言和宗教，享有同等权利和义务。"[③] 此宪法内容既没有明确规定宗教对政治制度有影响，也未对宗教和沙里亚法持敌视态度，国家具有典型的世俗性特点，奉行世俗主义。与埃及、叙利亚不同，约旦哈希姆王国从未被指控为"世俗主义"或"不忠于宗教"。[④]

约旦政治制度具有相对保守性是一种战略选择。1923年，外约旦曾设立舒拉，当时的谢赫赛义德·卡拉米担任长老。但此机构1927年被撤销，组建了国家临时会议和议会，由此实质性的确立了约旦的世俗性特质。[⑤] 但阿卜杜拉尽可能尊重宗教仪式与宗教感情，与宗教保持非敌对关系，将许多宗教人士纳入议会，如卡米尔·卡索布、穆罕默德·哈达勒·撒戈式和赛义德·卡拉米等。[⑥] 在司法方面，约旦实施彻底的政教分离政策，国家继续使用奥斯曼帝国法律尤

① 约旦参议院网站，http://www.representatives.jo/pdf/constitutions.pdf。
② 约旦参议院网站，http://www.representatives.jo/pdf/constitutions.pdf。
③ 约旦参议院网站，http://www.representatives.jo/pdf/constitutions.pdf。
④ Joseph. Nevo, Ilan. Pappe, *Jordan in the Middle East: the making of a pivotal state*, 1948-1988, and Routledge, 1994, p.4.
⑤ 〔约旦〕哈尼布·马盾、苏莱曼·穆萨：《20世纪约旦史》（阿文版），第208页。
⑥ 〔约旦〕哈尼布·马盾、苏莱曼·穆萨：《20世纪约旦史》（阿文版），第208页。

其是奥斯曼帝国家庭法，后颁布了一系列现代法律和宪法。

侯赛因时期同样奉行世俗保守主义，在国家构建和保持国家稳定方面起了很大作用。这一阶段，约旦社会西化思想与伊斯兰思想并存，但二者并无严重冲突。侯赛因在应对激进世俗主义浪潮时明显地借助于保守主义思想，并与穆兄会达成协议，以确保国家统治的合法性和稳定性，避免民众对政府亲西方的立场不满或怀疑。

自20世纪50年代至70年代，约旦政府与左派世俗主义者的冲突严重，促使约旦为应对民族主义浪潮和共产主义思潮而开启宗教对话，这种对话影响到社会、文化和主权领域。约旦军队中曾一度出现了穆夫提，在军队与安全机构从事宣传、解释教法及其他宗教事务。宽松的环境使约旦宗教机构前期倾向于哈乃斐派，后期倾向于沙斐仪派阿什阿里信条中的苏菲派。这些宗教因素使法特瓦在军队甚至学校产生了一定影响。

在重大事务面前，侯赛因仍然将政权安全置于首位，虽然伊斯兰教法特别明确禁止与犹太人结盟，约旦依然与以色列签署了和平协定。约旦政府在宗教方面奉行中立政策，并未倾向于或支持某一派别，也未直接表明其态度，这导致80年代初期的萨拉菲派崛起，并日益壮大。起初约旦国家政权与苏菲派和萨拉菲派的关系是中立的，不干涉这两派间在教法信条等事务间的分歧，80年代后，由于约旦与沙特接壤，萨拉菲主义极易对其渗透，在约旦社会中的影响扩大，追随者众多，使约旦政府不得不奉行更为保守的政策。

90年代中期，约旦作为宗教对话和政治开放的典型，开设了什叶派的阿勒贝特大学，以显示约旦政府允许不同教派存在的宗教宽容政策，体现出国家中间主义和开放、温和的宗教政策。但这所大学后来遭到国内民众的反对，他们强烈反对什叶派的态度使约旦建立了公共情报机构，抵制什叶派在其境内传播。2005年安曼爆炸案后，约旦重新考量其宗教政策，开始实施防御性打击，同时实施文化防御战略，构建文化的内部免疫力，对抗伊斯兰极端主义，颁布反恐法和总穆夫提法。

约旦政府与其境内最大的政治伊斯兰组织穆斯林兄弟会的关系也保持在可控范围内,以温和的安抚政策为主。20 世纪 50 年代至 70 年代,穆兄会与约旦政府是共处关系,穆兄会将约旦视为避风港。1970 年 9 月爆炸事件后,约旦对穆兄会进行象征性的支持,防止左派组织一家独大。阿卜杜拉二世上台后,约旦开始限制各种宗教力量的发展,国家与宗教间的关系开始紧张。此时的约旦更倾向于世俗性,由于恐怖主义的兴起,政府不得不对伊斯兰极端主义持更加谨慎的态度。正如美国学者戴维·E. 阿普特(David E. Apter)所言:"工具传统主义社会中的任命机制确定国王为权威的核心来源,在这一体系中,宗教位于第二等的地位,其主要价值是服务于国王或国家"。[①]

第三节　约旦政党及其与国家政权的关系

关于政党的起源与形态,美国学者戴维·E. 阿普特认为"现代社会中的政党从形态学分析,始于宗派,终于宗派","宗派最初起源于提出申诉或救济的部族的、综合性的组织,例如部落团体。不同宗派结盟以实现最大的利益,这种联盟经过制度化后变为政党,最终目的是进入政府"。[②] 约旦作为一个伊斯兰国家,其政党一方面源自部落团体性的宗派;另一方面源自伊斯兰教,伊斯兰教在现代化的过程中发展出政治合法性的体系,通过动员社会实现其世俗目的。

一　约旦的政党与宗派

外约旦建立以前,该地区不存在政党。1921 年之后,出现了一些小范围的群体,但其力量弱小。现代化的过程产生了新的社会角色,也造就了新的社会团体,并在旧的社会集团中创造了新的社会和

①　〔美〕戴维·E. 阿普特:《现代化的政治》,陈尧译,第 65 页。
②　〔美〕戴维·E. 阿普特:《现代化的政治》,陈尧译,第 149 页。

政治意识。① 随着 20 世纪初阿拉伯民族主义在中东的蔓延，外约旦一些先进的知识分子成立了政党，但这些初期的政党是在君主立宪制政体下出现的，是一些缺乏影响力和组织力的弱小团体。

1928 年 3 月，外约旦成立了"约旦人民党"，是外约旦的第一个合法政党。该政党的纲领出自 1909 年制定的《奥斯曼社团法》的规定，由哈希姆·哈伊利、沙姆斯·丁·萨米、塔希尔·扎尔、努祖米·阿卜杜·哈迪、阿卜杜·哈迪·沙玛伊拉、陶菲格·纳吉达维、苏莱曼·瓦迪等人创建，其领导人是阿卜杜·哈迪·沙玛伊拉。该政党号召成立众议院委员会和负责任的政府，具有一定的政治影响力，但其存在时间不长，后来由于成员内部分歧而解散。尽管如此，这个政党对于扩大民众参与、普及现代政治意识仍具有一定作用。

1928 年 4 月，外约旦成立了"约旦国家会议执法委员会党"。该党是外约旦第一个反对党，其领导人是侯赛因·塔拉瓦纳，宗旨是在外约旦实施国家宪法。该党曾经反对英国委任统治和犹太复国主义在外约旦的渗透，在爱国主义运动方面具有进步作用。但该党反对立法选举，甚至鼓动人民抵制选举，此举不利于外约旦政治现代化的推进，具有时代局限性。该党还发行过《宪法周报》，宣传其政治主张。整体而言，尽管这个党作为反对党存在，不利于国家稳定，但其爱国主义性质、要求实施宪政和发行报纸的措施证明该党在组建纲领、宣传造势方面均比"约旦人民党"更成熟。

约旦的政治制度被认为在阿拉伯国家中最公正、最具有包容性，在其王国的建立过程中并未出现较大的伊斯兰政治运动，大部分伊斯兰运动都是后来从国外传入约旦。1923 年，奥斯曼帝国的哈里发制度终结后，伊斯兰运动开始在伊斯兰世界出现并盛行。约旦此时虽出现了零星的伊斯兰集会和运动，但影响较小，并未发展壮大。1946 年外约旦独立后，阿卜杜拉一世在位期间开始形成伊斯兰运动。由于他开放包容的态度，约旦穆斯林兄弟会宣告成立，成为约旦第一个伊斯兰

---

① 〔美〕塞缪尔·P. 亨廷顿：《变化社会中的政治秩序》，王冠华、刘为等译，第 138 页。

政党。此后约旦陆续兴起一些伊斯兰政党组织和其他团体与宗派。

随着二战后民族解放运动的兴起和民主化的扩展，约旦政党发展较快。塔拉勒国王继位之后，积极实施民主化政治改革，发展与美国的关系，推动民主建设。在此背景下，1952年4月9日，约旦正式允许建立政党。二战后纳赛尔主义、复兴社会主义等思潮盛行，约旦受叙利亚、伊拉克政党影响，政局不稳，政府与王室面临威胁。1957年4月，侯赛因国王因此实行党禁，解散国内所有政党，约旦的政党活动转入地下。20世纪80年代，在国际民主化浪潮的推动下，约旦逐步开启政治民主化进程，政党活动逐步公开，一些政党甚至参加了1989年11月举行的议会选举。

冷战结束后，世界民主化浪潮日益高涨。受西方多党制影响，一些国家被迫开放党禁，实行多党制。[①] 1991年6月9日，侯赛因国王正式宣布解除长达33年的党禁，实行多党制。1992年8月23日议会通过了新的《政党法》，对政党活动进行规范。此后，约旦政党政治日趋活跃，陆续出现多个政党。但约旦君主制政权的性质决定了所有政党均为在野党，国家权力仍然集中在国王手中，各政党监督、协助执政能力有限。因各个政党指导思想和意识形态不同，这些党派中又分为伊斯兰政党和左翼政党。

1. 伊斯兰政党

1945年，约旦穆斯林兄弟会（The Jordanian Muslim Brotherhood）成立。约旦穆斯林兄弟会具有伊斯兰性质，是一个通过政治途径达到伊斯兰目标的伊斯兰组织，由阿卜杜·拉兹夫·艾布·古拉创建。1928年由哈桑·班纳在埃及建立的穆斯林兄弟会，是20世纪最早和最有影响的宗教激进主义派别组织。[②] 约旦穆兄会是埃及穆兄会的分支与延伸，1945年11月在安曼正式成立。此后约旦穆兄会都处于埃

---

① 唐海军：《当代亚洲政党政治演进的主要特点》，中共中央对外联络部网站，http：//www.idcpc.org.cn/sjzdn/201506/t20150622_75179.html，2005-12-31。

② 赛勤、孟金霞：《浅谈约旦穆斯林兄弟会与政府的关系》，《阿拉伯世界研究》2009年第5期。转引自雷钰、苏瑞林《中东国家通史·埃及卷》，商务印书馆，2003。

及穆兄会的遥控之下，直到 1958 年才颁布第一部章程，选出第一届协商委员会舒拉，取得完全独立。

该组织因遵循传统伊斯兰教教义，不干涉政治，帮助政府协调教育、慈善等方面事务，因此发展迅速，成为约旦最具影响力的伊斯兰党派。约旦穆兄会宗旨是号召保卫伊斯兰信条和伊斯兰历史、文化与文明，使新一代人们正确了解伊斯兰教，更广地宣传伊斯兰教，对青年一代实施正确的伊斯兰教化，以使其形成正确的伊斯兰价值观，将伊斯兰文化作为阿拉伯国家学校的基本教学内容。约旦穆兄会自成立之初就具有极大的温和性，未反对国家、挑战国家政权，只提倡以伊斯兰信仰规范人们的思想和行为，这对约旦哈希姆家族而言具有一种辅佐作用。

1992 年 12 月，该组织发展成伊斯兰行动阵线党（The Islamic Action Front），倾向于宗教激进主义。伊斯兰行动阵线党是约旦最大的反对党，也是影响最大的党派，由穆斯林兄弟会和穆斯林独立人士组成。该党反对阿以和谈，反对约以和约。[1] 约旦另一个宗教政党是阿拉伯民主伊斯兰运动党（The Arab Democratic Islamic Movement Party），其影响力不及前者。穆斯林兄弟会以伊斯兰思想为指导原则，但伊斯兰行动阵线党鼓励参政，提倡民主。

2. 马克思主义左翼政党

随着二战结束后民族民主运动的兴起，受叙利亚、伊拉克复兴社会主义思潮影响，1948 年，约旦共产党（Hizb al-Shuyu'iyah al-Urduni）成立。该党出版刊物《群众》，总部位于安曼，是共产党和工人党国际会议的成员，属左翼党派，1953 年被禁解散后于 1993 年 1 月重建。1991 年 6 月 9 日侯赛因国王宣布解除 33 年的党禁，提倡政党多元化，1992 年议会通过《政党法》，陆续出现更多的党派。左翼党派还包括自由人士党（The Freemen Party）、约旦民主左翼党（Democratic Party of the Left）。

3. 民族主义政党

自阿卜杜拉一世起，便奉行君主民族主义，期望实现整个阿拉伯

---

① 《一带一路 65 国：约旦》，中国一带一路网，http：//www. yidaiyilu. gov. cn。

世界的统一。约旦阿拉伯社会复兴党（Jordanian Ba'ath Arab Socialist Party）是叙利亚阿拉伯复兴党的分支机构，1950 年成立于安曼，服从大马士革总部领导，1993 年重建。该党的宗旨是实现阿拉伯国家的"统一、自由、社会主义"，反对封建专制、帝国主义和犹太复国主义。该党也是左翼政党，但影响有限。此外，约旦还成立了阿拉伯进步复兴党（Arab Ba'ath Progressive Party）、约旦民族党（The Jordanian Nation Party）、约旦进步党（The Jordanian Progressive Party）、约旦人民民主党（The Jordanian People's Democratic Party）、民族行动党（The National Action Party）、人民民族民主运动党（National Popular Democratic Movement）等党派，但这些党派影响力有限。

4. 自由中间党派

随着阿拉伯世界的觉醒和西方思想的传入，一些约旦人追求自由、民主，成立了一些具有中间党派，如约旦阿拉伯宪章阵线党（The Jordanian Arab Constitutional Front Party）、未来党（The Future Party）、约旦民主人民统一党（The Jordanian Democratic Popular Unity Party）、约旦阿拉伯救援者党（The Jordanian Arab Ansour Party）、约旦和平党（The Jordanian Peace Party）、阿拉伯土地党（The Arab Land Party）、国家改革阵线（National Front for Reform）和由"誓约党""祖国党""觉醒党""约旦全国联盟党""阿拉伯民主统一党""进步正义党""约旦人民运动党""约旦人民统一党""约旦阿拉伯群众党"九个政党合并而成的约旦工党（The Labour Party）。这些党派追求西方式的自由、民主，提倡宪政，推动了约旦政治现代化的发展。

二 政党、宗派与国家政权的关系

由于约旦的君主立宪制特点，上述政党和宗派均为在野党，其中影响最大的当为穆斯林兄弟会、伊斯兰行动阵线党、国家改革阵线。国家政权与政党间的关系也随国际形势的变化而变化。20 世纪 50 年代，约旦受西方民主思想的影响，民族主义运动高涨，社会主义思想在其周边国家传播甚广。为防止更多的民众加入反对君主制的民族主义运动和社会主义运动，约旦政府与穆兄会之间达成利益共识，双方长期以合作和包容精神为基础解决了很多难题，镇压以激进民族主义思想为代表的极端政党。此后，由于六七十年代约旦政局不稳，国家与穆兄会一直维持着相互监督、依存的关系，一直持续到 80 年代。但后期穆兄会开始支持巴勒斯坦解放组织和哈马斯运动，引起约旦政府不满。

阿卜杜拉二世继位后，国家和穆兄会之间的关系并未改善，国家开始对穆兄会内部组织和机构监控，调查其最重要的经济组织"伊斯兰中心组织"，该组织在约旦的投资额达上千万第纳尔。此后国家与穆斯林兄弟会的关系趋于紧张，2007 年后，约旦开始限制穆斯林兄弟会的作用，减少其在议会中的席位（在众议院中占 6 个席位），关闭伊斯兰中心组织，逮捕其代表人物。约旦的措施是极其有效的，此后，穆兄会开始改变挑衅政府的态度。

"阿拉伯之春"爆发后，约旦虽未爆发大规模的动乱，但也受此浪潮波及。此时穆兄会内部因争夺领导权产生分歧和斗争，埃及革命爆发后，约旦穆兄会效仿埃及穆兄会，趁此发起运动要求改革，提倡用议会分散国王的权力，废除一票制的选举法。穆兄会试图通过推动新一轮非传统改革运动，从中受益。约旦政府却致力于以有限的节奏进行局部改革，消除内外部压力，同时又不失去对国家的控制权。此番博弈的最终结果是穆兄会力量被削弱，许多激进人士被逮捕。

伊斯兰行动阵线党是约旦最大的政党，大部分领导权被穆兄会所控制，时常对政府决策提出批评。该党于 1992 年 12 月成立，是约旦唯一有组织、影响最广泛的政党。在参与政治事务方面，伊斯兰行动阵线党扮演自由、基础的角色，协调约旦内外部事务，支持巴勒斯坦正义诉求。1993 年，伊斯兰行动阵线党参加立法选举，获得了国会80 个席位中的 17 个席位。1998 年约旦与以色列签署《怀伊协议》后，该党因反对政府立场而与国家领导人关系紧张，退出选举。2003

年，该党重新参加选举，与新国王阿卜杜拉二世关系缓和。

该党大部分成员为巴勒斯坦裔约旦人，尽管他们拥有约旦国籍，占约旦人口大部分，但他们常常被禁止担任政府公职和军队安全方面的职务，在议会中的席位很少。2011 年，该党发表演讲，要求增加议会中的席位。该党还参与了一些游行活动，主动对一些针对政府的暴力事件负责，以增加其影响力。目前，该党仍不时对政府政策和举措提出批评之声，由于约旦统治者为国王，任何党派均无实际统治权，伊斯兰行动阵线党仍然受政府监督、领导。

约旦伊斯兰解放阵线号召重返伊斯兰哈里发时代，以伊斯兰思想为意识形态工具。该党创始人是谢赫·塔基·乃布哈尼（1909~1979），巴勒斯坦裔约旦人，出生于海法的一个村庄。塔基曾进入爱资哈尔大学学习，后返回巴勒斯坦，先后在多个巴勒斯坦城市担任教师和法官。1948 年战争失败后，塔基转移到贝鲁特，后到达安曼。早在 1952 年塔拉勒统治时期，塔基就利用当时的民主氛围为建立政党打下基础，出版被认为是政党文化源泉的刊物和公告。

该党成立于黎巴嫩，起初主要活跃于巴勒斯坦、约旦、黎巴嫩，后扩展至大部分阿拉伯国家，最近它的活动范围拓展至欧洲国家，它在苏菲主义盛行的中亚国家势力中十分强大，并公开出现在一些欧洲国家。该党提出建立统一的伊斯兰共和国，在每个州建立州委会，委员会服从秘密领导大会的领导。

1979 年塔基去世后，阿卜杜·噶蒂姆凭借自身著作《这样哈里发毁灭了》而出名并成为该党领导。该政党实行秘密结社，其许多领导人不为人知。该政党至今仍被许多阿拉伯国家政府安全部门追踪，被视为非法政党。在当今伊斯兰复兴潮流背景之下，该政党对约旦安全与稳定构成极大威胁。

约旦国家改革阵线是较温和的政党，支持、赞同约旦进行整体改革。它成立于 2011 年 3 月 21 日，由伊斯兰工党、约旦人民统一党、进步党、共产党和职工工会、工人工会、新青年运动的许多独立政治人士组成，号召改革国家政体、惩治腐败。约旦政治家和观察家认为，国家改革阵线是约旦数十年内组织成员最广泛的政党。该党承诺依靠国家改革战略走上民主道路，保证宪法实行，号召以人民为统治基础进行宪法改革。该党派与国家间的关系基本为中立或独立，接受并支持国家的领导与统治。

第四节　"圣战"萨拉菲及"伊斯兰国"对约旦的威胁

"阿拉伯之春"后，随着阿拉伯世界政治伊斯兰势力的崛起，逊尼派萨拉菲势力异军突起，形成"萨拉菲派新月地带"，并得到沙特的大力支持，覆盖从海湾君主国到地中海东部诸国再到北非的广大地区。① 其中，"圣战"萨拉菲主义（Salafi Jihadism）自 20 世纪 90 年代以来急速兴起，历经兴起、发展、分化、全球化与式微阶段，在"阿拉伯之春"中又复苏，活跃在约旦与叙利亚。2014 年，由扎卡维领导的伊拉克"基地"组织发展而来的"伊拉克和黎凡特'伊斯兰国'"组织成功地从叙利亚进军伊拉克，恐怖主义势力再次崛起。约旦因临近极端势力肆虐的伊拉克、叙利亚，自 2014 年以来，"伊斯兰国"在伊拉克和沙姆地区盘踞，在伊拉克西部及叙利亚北部延伸，逼近约旦东北部地区。约旦本国的"圣战"萨拉菲势力复苏，与境外"伊斯兰国"势力遥相呼应，对国家安全与稳定构成极大的威胁。

一　"圣战"萨拉菲主义基本思想与发展

萨拉菲主义（Salafism）源于阿拉伯语中的"萨拉菲"（Salaf）一词，后者意为祖先。萨拉菲主义是伊斯兰教中区分于其他派别的一个信仰派别，它推崇经训，主张追随祖先的道路，即圣门弟子②、再

---

① 方金英：《中东政治伊斯兰的发展趋势》，《现代国际关系》2013 年第 3 期。
② 英语音译为 Sahabah，伊斯兰教对先知穆罕默德门弟子的称谓，主要指追随穆罕默德辗转征战、传播伊斯兰教并肩负重任的一批忠实骨干或核心人物，亦泛指接受过穆罕默德薪传的早期一批穆斯林。

传弟子①及三传弟子②的道路，坚持伊斯兰教原初教义，恪守经训，拒绝西方世界的一切事物与观念。③ 这一派思想的遵从者即萨拉菲主义者或萨拉菲人士。④

萨拉菲主义者号召以纯粹的伊斯兰教义、教规来规范国家的政治架构和社会秩序，坚决奉行男女"授受不亲"原则，反对女子参政、融入当代社会，男士效仿伊斯兰教先知穆罕默德蓄须。萨拉菲派主张偏激，不是伊斯兰教主流派别。该派别起源于中古的中东，18 世纪兴起了以该派思想为指导的宗教改良主义，20 世纪 20 年代发展为现代萨拉菲主义，⑤ 70 年代开始由埃及传播至沙特阿拉伯等阿拉伯国家，影响力逐渐扩大。

约旦学者马尔万·沙哈德认为"萨拉菲"是"一个十分模糊而容易混淆的概念"，并区分了萨拉菲主义的三个流派，即传统萨拉菲主义（科学萨拉菲主义）、政治改良萨拉菲主义和"圣战"萨拉菲主义。他认为，"尽管萨拉菲主义各派别的基础、原则相同，但其宣教的方向、战略、事务的优先性不同"，其中一些派别已假借"圣战"名义走上武装道路，有些派别选择了政治改良与和平变革的方法，另一些派别选择了文化改良与宣教的道路。⑥

约旦萨拉菲主义由来已久，现代约旦建立时第一任国王阿卜杜拉

---

① 英语音译为 Tibi，凡见过直传弟子，受其教益，并背记部分圣训，或在教法上有过决断的人，称为再传弟子。
② 英语音译为 Taba'al-tabi'un，凡见过再传弟子，同他们有过聚会，承前启后听记、传述过圣训，或加以整理、汇编，或在宗教学上有过建树的人，称为三传弟子。
③ 参见〔埃及〕穆斯塔法·本·穆罕默德·本·穆斯塔法《伊斯兰教派别的历史及其根源》（阿文版），索伊德·法瓦伊德出版社，2003。
④ 〔埃及〕艾哈迈德·佛里德：《萨拉菲主义的根源及其原则》（阿文版），索伊德·法瓦伊德出版社，第 30 页，http://www.saaid.net/book/7/1135.doc。
⑤ 包澄章：《中东剧变以来的萨拉菲主义》，《阿拉伯世界研究》2013 年第 6 期。
⑥ 〔约旦〕穆罕默德·达阿玛：《约旦与萨拉菲人士的问题》（阿文版），《中东报》第 11833 期，http://www.aawsat.com/details.asp? section = 45&article = 618311&issueno = 11833，上网时间：2014 年 5 月 14 日。

便与萨拉菲派有密切联系。① 自 20 世纪 80 年代起它分为四个流派：《古兰经》和圣训组织派，此为约旦出现的第一个萨拉菲组织；传统萨拉菲主义，以阿尔巴尼协会为代表，反对政党政治；独立萨拉菲派，该派积极参政，曾多次尝试建立萨拉菲政党，其领导人为伊哈桑·阿替比；"圣战"萨拉菲派（即"圣战"萨拉菲主义）。

"圣战"萨拉菲主义将"圣战"作为口号，宣称追随穆斯林先知进行"圣战"，专门研究该问题的学者阿布·鲁马努将其定义为："存在于包括约旦在内的阿拉伯国家的伊斯兰派别，该派别宣传反对政府组织、统治者、宪法、政治机构与政治家的极端政治观点，拒绝在政府部门工作，坚持将武装斗争奉为其战略思想，旨在实现以伊斯兰教法作为仲裁原则。'圣战'萨拉菲主义者认为任何不遵从于伊斯兰教法的制度都是非法的（异教徒的制度）。"② 他还认为，"圣战"萨拉菲主义力图实践伊斯兰教法的思想，与阿富汗塔利班对待个人自由、艺术、社会现代性等问题方面的思想极为接近，③ 该派中一些极端分子鼓吹以暴力手段打击没有照此办理的穆斯林，甚至以"圣战"消灭"异教徒"。④

此"圣战"萨拉菲主义已不是一般的伊斯兰教派别，它被一些人物以"圣战"即"吉哈德"为名加以利用，而成为恐怖主义组织，不断制造恐怖袭击。"我们应将打着萨拉菲旗号的极端、恐怖组织与萨拉菲派信仰和信徒，包括信奉萨拉菲主义的沙特、卡塔尔等国政府严格区分开来。"⑤ 约旦"圣战"萨拉菲主义把圣战作为其意识形态的中坚力量，号

---

① 穆萨·扎伊德·凯拉尼：《伊斯兰运动史》（阿文版）、《萨拉菲主义者与政治家》（阿文版）。

② 〔约旦〕穆罕默德·达阿玛：《约旦与萨拉菲人士的问题》（阿文版），《中东报》，2011年 4 月 22 日，第 11833 期，http：//www.aawsat.com/details.asp？section＝45&article＝618311&issueno＝11833，上网时间：2014 年 5 月 14 日。

③ 〔约旦〕穆罕默德·达阿玛：《约旦与萨拉菲人士的问题》（阿文版），《中东报》，2011年 4 月 22 日，第 11833 期，http：//www.aawsat.com/details.asp？section＝45&article＝618311&issueno＝11833，上网时间：2014 年 5 月 14 日。

④ 潘光：《欧亚大陆腹地极端与恐怖主义组织发展态势及对中国的威胁》，《国际展望》2013 年第 5 期。

⑤ 潘光：《欧亚大陆腹地极端与恐怖主义组织发展态势及对中国的威胁》，《国际展望》2013 年第 5 期。

召通过"圣战"建立纯粹的伊斯兰政教合一政权，反对世俗政权与异教徒，从而歪曲了伊斯兰教原初教义并走向极端，其思想特点如下。

（1）真主主权原则。该原则认为国家宪法和法律的唯一合法来源是伊斯兰教法沙里亚，统治与立法是真主的权力，任何其他的补充或立法来源都是对真主的背叛；主张建立政教合一的伊斯兰哈里发国家，强调教权至上，否认民主与议会，反对国家制度，拒绝参与国家框架内的社会工作。

（2）忠于与不忠原则。按照忠诚（الولاء，音译为 alwalau，英文为 loyalty）与不忠（البراء，音译为 albarau，英文为 Enmity）原则思想，国家应建立在伊斯兰教而非民族、人民基础之上，建立在对伊斯兰教与穆斯林的忠诚之上，敌视异教徒与多神教者；国家对内政策应以伊斯兰教思想为指导，穆斯林拥有崇高的地位；在对外政策方面，真主的话语至高无上，应建立一个世界性的、强大的伊斯兰哈里发国家，以反对敌对、不合法的政权。①

（3）圣战思想。"圣战"萨拉菲主义者曲解、歪曲了伊斯兰教中合法"吉哈德"思想的原初含义与目标，主张用武装圣战反对所谓的"非法政权"，尤其是"伊斯兰国"家的现行统治政权，反对外国占领与入侵，反对傀儡政权。

"圣战"萨拉菲派在反抗外国入侵、本国傀儡政权方面有一定积极作用，其反对压迫与不公正的思想符合伊斯兰教的"吉哈德"思想。但在随后的发展中，该组织与基地组织勾结，发展成基地组织的分支机构，制造了一系列恐怖袭击爆炸事件，违背了"吉哈德"的真谛，成为名副其实的恐怖组织。

（4）反对当代"蒙昧"（الجاهلية，英语音译为 Jahiliyah）政权。"圣战"萨拉菲派中主张暴力的分支将传统萨拉菲派一味地尊经崇古视为与社会日益脱节的"愚蠢行为"，②用"蒙昧"一词讽喻当今阿

---

① 根据萨拉菲教法学的观点，合法的政权是奉行伊斯兰教法的国家或与之有附属关系、缔约的国家。

② 包澄章：《中东剧变以来的萨拉菲主义》，《阿拉伯世界研究》2013 年第 6 期。

拉伯国家世俗政权如同伊斯兰教出现以前半岛所处的蒙昧无知状态，目的是为用武力推翻政权、建立一个政教合一的伊斯兰哈里发国家确立理论基础。

（5）否认偶像崇拜与多神教、异教徒。"圣战"萨拉菲派尊崇认主独一，反对偶像崇拜与多神教、一神教，将穆斯林和异教徒区分开。该思想的最终目的是剥夺现政权的宗教与政治合法性，建立排除一切"异教"的"伊斯兰国"家。

"圣战"萨拉菲主义思想在全球范围内经历了几十年的发展，历经合法性构建、思想认同、形成政治观点和执政理念几个阶段。约旦"圣战"萨拉菲主义源自埃及，从理论付诸实践，从本国走向世界，经历了如下阶段。

（一）萌芽阶段

20世纪90年代迈格迪西出现在约旦政坛前，约旦仅有零星的"圣战"萨拉菲团体，但其思想不清晰，缺乏共同组织体系，主要依赖萨拉菲主义思想和各种伊斯兰书籍，如赛义德·库特卜、阿布·阿拉·毛杜迪的著作，也依赖历史上萨拉菲主义思想的先驱和教长们的书籍，如伊本·泰米叶、瓦哈比、邵卡尼等。统领这些组织的是反对现行政治体制、反对穆斯林兄弟会和解行为的激进组织。1989年从阿富汗归国的"阿富汗约旦人"与海湾战争中30多万长期居住在海湾国家的侨民回国人员深受"圣战"萨拉菲主义的影响。在中东国家发生"第二次政治伊斯兰潮"[①] 时，约旦"圣战"萨拉菲主义初具雏形，产生初步思想理论，初具组织雏形。

（二）正式组建组织与思想传播

20世纪90年代，在迈格迪西、扎卡维等人的努力下，约旦"圣

---

① 笔者认为第一次政治伊斯兰潮兴起于20世纪70年代末，第二次兴起于90年代，第三次兴起于2010年。

战"萨拉菲主义正式形成，其标志是"巴亚特伊马姆"组织的建立。自此，"圣战"萨拉菲主义形成统一的思想、领导和组织框架。

1989 年，扎卡维开始学习伊斯兰思想，遵从宗教仪式，但他缺乏科学系统的宗教知识，没多久就取道白沙瓦加入阿富汗"圣战"，后又返回白沙瓦，在市郊的贾拉拉巴德定居。苏联撤军后，扎卡维于1993 年参加了一些阿富汗伊斯兰党派反对执政党人民党的战斗，他在白沙瓦结识了被誉为圣战理论家和法学家的迈格迪西，与迈格迪西共事。迈格迪西于海湾战争时离开科威特，前来白沙瓦。

迈格迪西说："我第一次见到扎卡维是在白沙瓦，他从阿富汗回来后拜访了我，他热衷于认主独一和宣教。我在约旦时把我的地址给了阿布·瓦利德，叮嘱他如果想在约旦从事宗教工作即可联系我。此后他俩在这家杂志共事，在全国各地讲课，印刷、传播我的书籍，于是年轻人们开始响应宣教，阅读宗教书籍，知晓使命。"① 自此，约旦"圣战"萨拉菲主义组织，即"巴亚特伊马姆"组织开始筹备建立，此时期成为该组织历史上的关键时刻。迈格迪西的理论能力与扎卡维的实践经验互补，在短期内招募到大批追随者，自称为"认主独一者"或"一神论"组织，但他们从未称其为"巴亚特伊马姆"组织。迈格迪西反对这个叫法，他说："我反对用与真主无关的名字命名或描述自己。"② 从一开始他们便将其组织赋予圣战的神圣合法外衣。

最初，"圣战"萨拉菲主义还缺乏战略眼光，该组织的宣传动员主要在社会底层中进行，成员接受赛义德·库特卜的观点，影响有限。随后几年，该组织迅速扩张，在萨拉特、马安、扎尔卡、伊尔比德及巴勒斯坦各难民营中均建立了分支机构。

---

① 〔约旦〕艾布·穆罕默德·迈格迪西：《扎卡维：倡导与建议》（阿文版），http：//www.tawhed.ws/r? i=dtwiam56，上网时间：2014 年 5 月 10 日。

② 〔约旦〕艾布·穆罕默德·迈格迪西：《扎卡维：倡导与建议》（阿文版），http：//www.tawhed.ws/r? i=dtwiam56，上网时间：2014 年 5 月 10 日。

（三）分化阶段

此阶段，迈格迪西和扎卡维就"圣战"的内涵、组织的相关问题发生分歧，形成温和派与激进派，约旦"圣战"萨拉菲主义从此进入一个发展的转折点。20世纪90年代初，扎卡维、迈格迪西及其追随者被关押在约旦的斯瓦卡监狱。在监狱中，他们公开宣传自己的思想主张，否认国家、议会和不具宗教合法性的阿拉伯组织，形成正式的思想体系，斯瓦卡监狱因此被称为"萨拉菲主义的学校"。监狱外也出现"圣战"萨拉菲活动，如1997年"改革与挑战"运动，阿布·卡塔德被指控为其领导人；"拉长舌头"行动（反对约旦政权及其领导人），该行动禁止人们在军事、安全部门工作，一些军人因此退役。1999年，阿卜杜拉二世上台后宣布大赦，迈格迪西和扎卡维等人出狱，前者希望留在约旦和平宣教，不参与武装袭击与境外的"圣战"阵线。扎卡维则在出狱后招募了大批信徒，在约旦境内外进行武装袭击，随后前往阿富汗，加入"伊斯兰反犹太人和十字军国际阵线"，自此扎卡维与迈格迪西二人分道扬镳。

二人分道扬镳的主要原因是两派领导人的思想倾向和对"吉哈德"理解不同，"吉哈德"一词的阿拉伯语原文为"جهاد"（英语音译为Jihad），西方错误地翻译为"圣战"。在阿拉伯语中该词义为"奋斗""努力"，伊斯兰法学定义是以言语、财产、生命为主道奋斗；为捍卫宗教信仰、生命财产，为抵抗外来侵略、保家卫国，为消除暴力、迫害而进行的正义斗争。多数伊斯兰教法学家将"吉哈德"义务的履行方式概括为心、舌、手、剑四类，其中"剑"的方式即武力吉哈德。

迈格迪西追求对宗教本身的理解和领悟，主张为实现"吉哈德"而宣教，寻求心灵、精神的内省，走"文治"之路，通过"心、舌、手"实现"吉哈德"；扎卡维则曲解了"吉哈德"的词义，以武力斗争为号召，作为斗争工具，满足个人权力与私欲，崇尚"武斗"。对"吉哈德"观念的不同解读——究竟是采用与内在"敌人"即人的私欲以及由此产生的一切恶性进行斗争的广义"吉哈德"观念，还是采用为抵御入侵同外在敌人进行战争的狭义"吉哈德"观念——是导致"圣战"萨拉菲派内部出现分裂的主要原因。[①] 迈格迪西和扎卡维不同的成长环境、心理结构、受教育程度、社会背景与经历也是导致双方分化的因素。尽管"圣战"萨拉菲主义发生内部分化，激进派和温和派的基本宗教思想和信条接近，最初的理论来源一致。

（四）恐怖主义的世界化与极端化

扎卡维出走约旦后，激进"圣战"萨拉菲组织的活动场所转向国外，但扎卡维在思想、理论、教法方面仍受迈格迪西影响。此阶段该组织活动更加专业、复杂，呈现世界化趋势。扎卡维到阿富汗后，建立了"赫拉特营"与"正义之剑组织"。"9·11"事件发生后，美国及其盟友和阿拉伯国家纷纷开始反恐行动，"基地"组织仅仅权势一时。阿富汗战争后"基地"组织开始淡出人们的视线，其中包括扎卡维。扎卡维到伊朗后建立了"沙姆士兵组织"，与当地库尔德武装派别结盟，脱离了阿卜杜拉·沙米与卡里卡尔毛拉的领导，建立了"伊斯兰辅助者组织"。

2003 年，美国占领伊拉克后扎卡维到巴格达寻求发展机会，其组织吸收了大批阿拉伯国家志愿者和萨达姆政权时期武装人员。此时伊拉克境内什叶派抵抗力量尚未形成，除扎卡维的组织外没有一个公认的、有战斗力的组织。同时，伊拉克军队被遣散，国家安全机构被解散，这使伊拉克的抵抗转而借助于扎卡维组织的武装和经验。他的组织在抵抗美军中的重要性日益上升，随着媒体的大力宣传，该组织成为反抗美军占领的逊尼派武装力量核心。在斗争中，扎卡维成功地在伊拉克建立了"基地"组织，于 2003 年 8 月 7 日制造了约旦驻巴格达大使馆爆炸事件，又于 8 月 19 日制造了联合国驻巴格达办事处总部爆炸事件。自此，约旦"圣战"萨拉菲主义走上了恐怖袭击的道路。

"圣战"萨拉菲主义发展至顶峰后对约旦安全构成巨大威胁，2005

---

① 包澄章：《中东剧变以来的萨拉菲主义》，《阿拉伯世界研究》2013 年第 6 期。

年安曼三家酒店的爆炸，标志着扎卡维领导的"基地"组织在恐怖袭击的技术、战略、规划方面都到达了更高水平。但这一系列恐怖袭击加深了"基地"组织与其他逊尼派力量的裂痕，其恐怖主义的本性暴露无遗。根据约旦皇家战略研究中心 2006 年进行的民意调查，"基地"组织居高不下的支持率开始急剧下降，约 3/4 的约旦人将扎卡维"基地"组织形容为恐怖主义组织。但在 2004 年，也就是系列恐怖爆炸事件发生前，67% 的约旦人曾将本·拉登的"基地"组织形容为"合法的抵抗组织"。在此次问卷调查中，本·拉登的"基地"组织支持率下降到 20%。至于伊拉克的"基地"组织，72.2% 的约旦人将其形容为恐怖组织，仅有 6.2% 的约旦人认为它是"合法抵抗组织"。[①]

（五）后扎卡维时代由式微到复苏

扎卡维的一系列暴力袭击招致阿拉伯各国的反对与美国的打击。2006 年扎卡维死于美军空袭，激进派"圣战"萨拉菲主义式微，但温和派"圣战"萨拉菲主义仍在传播，其人数与规模都保持稳定。扎卡维死后，该组织内部发生权力争夺，温和派支持由迈格迪西统领两派，激进派则继续追随"基地"组织，走"武装圣战"之路。随后几年，扎卡维的继任者发起针对美国的零星恐怖行动为其复仇，但影响不大。

2010 年"阿拉伯之春"后，随着阿拉伯国家第三次政治伊斯兰浪潮的兴起，约旦"圣战"萨拉菲主义势力开始复苏。迈格迪西领导下的温和派开始政治参与，甚至有人提出未来参与公民社会、组建政治伊斯兰党派。处于阿布·卡塔德秘密领导下的激进派则进行了一些静坐与游行示威活动。叙利亚危机使该派拥有更多的追随者，据估算目前其在约旦的成员人数达到 5000 人，但他们实际都属于"基地"组织，将本·拉登视为精神领袖。约有 1200 多名约旦激进派

---

① 〔约旦〕法里斯·布莱扎特：《安曼爆炸后：约旦公共舆论与恐怖主义》（阿文版），约旦大学战略研究中心舆论调查机构报告，2006，第 4 页。

"圣战"萨拉菲主义分子活动在叙利亚。① 叙利亚内战虽使该派取得前所未有的实战经验，但该组织在叙利亚缺乏统一监管机构和稳定的领导，因此现阶段约旦"圣战"萨拉菲主义者的宗旨是统一思想、建立协商会议（舒拉）。

二　约旦"圣战"萨拉菲主义兴起与发展的原因

约旦"圣战"萨拉菲主义兴起并发展成国际恐怖主义组织，是各种内外因素综合作用的结果。

（一）深刻的地缘政治原因。外约旦建立之初，作为王室的哈希姆家族就依靠其圣裔身份寻求宗教合法性，以获得宗教势力的支持与认可，其中包括萨拉菲派力量。此外，约旦素有中东"桥头堡"之称，与以色列拥有漫长的边境线，无论对阿拉伯国家还是西方国家而言都具有重要的战略意义。冷战时期，约旦更是美国与苏联争夺的阵地。冷战结束后，来自苏联的威胁消失，绿色和黑色危险开始笼罩约旦。绿色危险指政治伊斯兰运动，黑色危险来自西方。约旦为自保，不得不依赖国内政治伊斯兰力量适度对抗西方势力，这为"圣战"萨拉菲主义的兴起创造了客观条件。

（二）三次政治伊斯兰浪潮的兴起。20世纪70年代末，伊朗出现了什叶圣战政治伊斯兰主义，许多萨拉菲主义运动深受其影响。90年代是伊斯兰秘密武装组织前所未有的繁荣阶段，在全球范围内兴起了第二次政治伊斯兰潮流，"新瓦哈比"运动兴起，该运动"坚持圣战的目的在于建立实施伊斯兰教法统治的所谓伊斯兰教政权和国家"。② 该运动与阿布·阿拉·毛杜迪的运动相结合，对"圣战"萨拉菲主义的理论有启示意义，后来"圣战"萨拉菲主义的基本思想中就包括建立一个伊斯兰哈里发教权国家。真主党在黎巴嫩的执政尝

---

① 〔约旦〕马赫尔·艾布·塔依尔：《约旦圣战萨拉菲的统一组织》（阿文版），https://www.addustour.com/17080/تنظيم+موحد+للسلفية+الجهادية+في+الأردن.html，上网时间：2013年12月30日。

② 马福元：《浅析泛伊斯兰主义对我国穆斯林的影响》，《世界宗教研究》2007年第1期。

试和巴勒斯坦"圣战"伊斯兰主义运动也激励了约旦的伊斯兰运动，影响了青年人，使他们对"圣战"萨拉菲主义产生了崇拜心理。

"9·11"事件后，"基地"组织的影响不断扩大，扎卡维在伊拉克组建了"基地"组织，推动恐怖主义走向国际化。"阿拉伯之春"后，政治伊斯兰势力再次崛起，利比亚、叙利亚、伊拉克成为各方政治伊斯兰力量与武装组织的演练场。"圣战"萨拉菲派借民生问题发动游行、静坐活动，表达其政治诉求与宣教理念，反对约旦政府。

（三）国内因素。建国之初，约旦面临西方、苏联、以色列和阿拉伯国家的威胁，因而奉行中立自保政策，与以色列关系暧昧。因此，民众认为约旦是一个"失败国家"，中央机构羸弱，国家不能满足公民的基本诉求，民众无法通过合法的政治渠道表达自己的意愿，只能诉诸宗教势力或武力，这成为"圣战"萨拉菲主义崛起的条件。约旦自建国起即对宗教势力总体上持宽容的态度，统治者不时从宗教中寻求统治合法性，这成为伊斯兰力量兴起与发展的孵化器。对于"圣战"萨拉菲主义者与其他伊斯兰势力的挑衅，政府也仅仅是抓捕、囚禁其领导人，象征性地取缔其组织。1999年，阿卜杜拉二世继位后宣布大赦，释放了迈格迪西、扎卡维以及他们领导下的组织成员，等于宣告了政府对他们的放任态度。

约旦"圣战"萨拉菲主义研究专家哈桑·阿布·哈尼亚说："挑衅该潮流（"圣战"萨拉菲主义）并不符合政府的利益，不排除'圣战'萨拉菲派内部有一些休眠分子会进一步诉诸暴力，以实现他们的目标。"他补充说："约旦的'圣战'萨拉菲主义出现分化，一派通过宣教宣传'圣战'萨拉菲主义；另一派采取武装对抗方式。政府的挑衅会成为它进一步走向极端的借口。我们打赌该潮流会融入社会，但是政府似乎并不愿如此。"① 可见，约旦政府从未真正想要挑衅或消灭这些力量，纵容放任的态度与事实上的不作为使约旦成为恐

---

① 〔约旦〕穆罕默德·达阿玛：《约旦与萨拉菲人士的问题》（阿文版），《中东报》第11833期，http：//www.aawsat.com/details.asp? section = 45&article = 618311&issueno = 11833。

怖主义滋生和升级的温床。

（四）中东和平进程与巴勒斯坦难民引起的族群矛盾。1994 年，约旦与以色列的和解引起国内激进伊斯兰力量的不满，"圣战"萨拉菲主义者认为约旦政府是傀儡政府，它的中立乃至在中东和平进程中的积极作用是对阿拉伯世界的背叛。此外，自 1948 年起巴勒斯坦大批难民涌入，给约旦带来挑战。巴解组织游击队在约旦建立了"国中国"，使巴勒斯坦难民成为约旦国家安全与稳定的威胁。难民营的恶劣环境、难民的仇视心态、边缘化的社会处境，都使他们极易转向极端思想。"圣战"萨拉菲派的早期理论家阿布·卡塔德、领导人迈格迪西便是巴勒斯坦裔约旦人，他们的许多追随者也是巴勒斯坦裔。哈马斯领导人在约旦期间进一步激发了"圣战"萨拉菲主义运动和团体的斗志，并对约旦的伊斯兰运动产生了影响。大批巴勒斯坦裔约旦人的参与使"圣战"萨拉菲主义在巴勒斯坦难民营的影响力扩大，赢得更多支持。

（五）约旦乃至整个阿拉伯世界民主的缺失。约旦民主化进程的发展虽已取得一些成就，但权力仍掌握在国王和权贵手中，普通国民的参与程度有待提高。侯赛因国王时期曾实行党禁和高压政策，"圣战"萨拉菲主义以及其他伊斯兰团体没有发展成为辅佐国家的政治力量，没有政治参与的路径与前景，只能走向政府的对立面。1989 年后，约旦穆兄会发展态势良好，但它温和中庸的观点与"圣战"萨拉菲主义理念不同，它的成功在"圣战"萨拉菲派人士看来便意味着对后者的挑衅，于是"圣战"萨拉菲派介图通过不参政和反对政权的方式获得他们眼中的成功，逐步走向极端。

（六）数次战争及"阿拉伯之春"使"圣战"萨拉菲主义觉醒、复苏。从阿富汗回来的约旦人和海湾战争中 30 多万长期居住在海湾国家的约旦和巴勒斯坦侨民回国后没有得到政府的妥善安置与疏导，聚集在扎卡维周围，形成激进派"圣战"萨拉菲主义力量。"9·11"事件后，美国开始反恐，促使"基地"组织与扎卡维领导的恐怖势力以暴制暴。美国发动的阿富汗战争、伊拉克战争再次激发了"圣战"萨拉菲主义者的斗志,他们觉得自己的"圣战"更合理,恐怖主义和激进伊斯兰主义势力不减反增。2010 年后,第三次政治伊斯兰浪潮复苏,各方伊斯兰势力崛起。萨拉菲派是最反西方、反民主的伊斯兰民粹主义势力,它利用穆斯林民众情绪,妖魔化西方,反对民主变革,是影响阿拉伯社会稳定的重大消极因素。①

(七)高科技及领袖人物的作用。21 世纪网络媒体的快速发展为"圣战"萨拉菲主义传播提供了良好的媒介,它动员、宣传的手段不断更新,录像、电视讲话、网络新闻、卫星电话等成为高科技传教手段,该运动的行动能力也随着现代交通工具的普及大幅提升。此次"阿拉伯之春"甚至被称为"脸谱革命""推特革命",可见全球化背景下媒体的宣传与传导作用不容小觑。另外,由于媒体的宣传,约旦"圣战"萨拉菲主义"三大领袖人物"迈格迪西、扎卡维、阿布·卡塔德的影响持续扩大,大批约旦人因此参加了境内外的"基地"组织活动,视他们为精神领袖与英雄。

三 "伊斯兰国"的兴起及威胁

自 2013 年起,"伊拉克和大叙利亚伊斯兰国"(Islamic State of Iraq and al Shams)开始兴起,占领了伊拉克多个城市,迫使伊拉克政府向美国求援。该组织前身是扎卡维于 20 世纪 90 年代初创建的"一神论和圣战组织",2003 年后,该组织随扎卡维进入伊拉克,改称为"伊拉克基地组织分支"。2006 年,该组织又联合提格里特附近的逊尼派力量组成反美的"圣战者联合委员会";12 月,成立政教合一的"伊拉克伊斯兰国"。2013 年叙利亚内战爆发后,该组织进入叙利亚,成立"伊拉克和黎凡特伊斯兰国",吸收来自世界各地的"圣战"萨拉菲主义者,从事恐怖袭击。

"伊斯兰国"组织控制范围临近约旦边界,与约境内极端分子呼应,使约旦许多地区面临威胁。马安市已出现武装组织,反对国王统

---

① 方金英:《中东政治伊斯兰的发展趋势》,《现代国际关系》2013 年第 3 期。

治，扎尔卡和伊尔比德地区也出现了支持"伊斯兰国"的军队，并出现以"马安烈士旅"①为名的约旦军人录像带，通过自杀的方式来威胁政府。"伊斯兰国"还以鞭打和谋杀的方式袭击了约旦三名军人（易亚德·卡那比、艾敏·百勒、伊哈萨尼·艾伊莎）。2015年2月3日，"伊斯兰国"通过互联网发布的一段视频录像，显示2014年12月被俘的约旦飞行员莫亚兹·卡萨斯贝已经被活活烧死。②

惨剧的主要原因是约旦政府对恐怖主义漠视、容忍的态度。但自2015年约旦飞行员惨剧发生后，约旦国王对恐怖主义态度发生剧烈转变，处死"伊斯兰国"女囚莎维。阿布杜拉二世怒斥"伊斯兰国""懦弱恐怖"，约旦军方也表示将会采取报复行动。军方发言人马姆杜·艾马利（Mamdouhal Ameri）上校在电视转播的声明中说："报复的规模，将会和袭击约旦的这项灾难一样大。"③ 这标志着约旦进入严厉打击恐怖主义的阶段。

在当前形势下，约旦"圣战"萨拉菲主义内部保守派与激进派的斗争仍将延续，激进派与"基地"组织的联系也不会中断。未来约旦"圣战"萨拉菲主义运动最理想的发展方向应是发展保守派的和平宣教思想，约旦政府与这一派别的精英开启更广泛的对话机制，使该组织作为温和的政治伊斯兰力量服务于社会，促进国家稳定。约旦政府也应进一步推进民主化进程，扩大政治参与。但无论是约旦民主化进程的推进还是"圣战"萨拉菲主义思想的转变都是一个漫长的过程，深受中东及国际形势的影响。"伊斯兰国"不断制造恐怖活动有可能成为其他国家"圣战"萨拉菲主义者效仿的对象，这不仅危及约旦政府，也将影响整个阿拉伯世界的政治稳定。

---

① 马安烈士旅成立于约旦，宣誓效忠巴格达迪，http：//goo.gl/F21NRj。
② 《约旦飞行员被 ISIS 烧死生前受访自称难逃一死》，大公网，http：//news.takungpao.com/world/exclusive/2015-02/2911704.html。
③ 《约旦飞行员被 ISIS 烧死生前受访自称难逃一死》，大公网，http：//news.takungpao.com/world/exclusive/2015-02/2911704.html。

本章小结

约旦领土和统一国家形成的较晚，造成国民对国家认同程度低，部落社会长期存在，国民中部落价值观仍然较强，民族认同对国家政治认同构成威胁。巴勒斯坦及其他国家的难民是约旦不稳定因素之一，使得东西部矛盾有增无减，族群纠纷不断，甚至威胁到国家政权存亡。约旦现代化发展也时刻受中东和平进程及阿拉伯世界局势的影响，作为半食利国家，约旦亦深受国际油价波动影响。

进入 21 世纪后，约旦面临更复杂的地区与国际形势。在 2010 年"阿拉伯之春"中，约旦本土虽受冲击较小，但因其与叙利亚、伊拉克接壤，深受地区恐怖主义的威胁。"伊斯兰国"与约旦"圣战"萨拉菲派勾结，不利于国家安全构建与发展。随着世界伊斯兰潮的复兴，约旦伊斯兰党派的作用也会逐步加大，对约旦政权与政治产生一定影响。在此形势下，约旦是否还继续奉行保守世俗主义的发展方向？同时，约旦威权政治模式下政教合一的克里斯马式统治面临着统治合法性的质疑与挑战，君主专制统治受到人民质疑。[1]

---

① 李茜：《约旦民族国家构建演进历程及其特点》，《科学经济社会》2015 年第 1 期。

结　语

　　约旦地区自 19 世纪末出现现代化萌芽以来，在百年内经历了现代化的巨大发展，步入初等发达国家行列。纵观约旦现代化发展历程，它在政治和社会领域的现代化成就大于其他领域。在政治方面，经历四代君主统治后，约旦二元制君主立宪制体制日趋稳定，民主化程度逐步提高。但随着政治民主化的推进，约旦国王势必面临着政权合法性问题，这是现代化过程中难以避免的问题，正如亨廷顿所言："现代性孕育着稳定，而现代化过程却滋生着动乱。"[①] 彼时，约旦也将面临"国王的困境"，传统权威受到现代权威的挑战。

　　约旦作为中东君主制国家，很好地处理了伊斯兰教与国家的关系，宗教起初是统治合法性来源之一，后成为国家统治民众的意识形态工具。事实证明，约旦政治与社会现代化的前景走纯粹的西式民主道路是行不通的，必须结合其特点走一条介于世俗化与伊斯兰教之间、但偏向于世俗化的保守性道路。

　　在经济方面，约旦取得了巨大的成就，从半游牧半农业经济跨入现代市场经济。约旦以独立的民族国家为后盾，结合本国实际，在不

---

① 〔美〕塞缪尔·P. 亨廷顿：《变化社会中的政治秩序》，王冠华、刘为等译，第 31 页。

同阶段实施不同的措施。20 世纪前期经济发展模式采取先农业后工业的路径，独立后又实施进口替代工业化发展战略，以国家资本主义发展模式对经济实施国家干预。60 年代末约旦转向出口导向型经济，陆续实施"七年计划""三年计划""五年计划"，利用其地理优势，借石油价格上升之际发展半食利经济，使侨汇、旅游和外援成为国民经济支柱。80 年代后期，由于失业、腐败、通货膨胀等问题，约旦发生严重经济危机，国家经济几近崩溃，侯赛因采取新自由主义经济政策，与国际货币基金组织、世界银行合作，其间虽有弊端，但整体上挽救了濒临崩溃的约旦经济体系。

约旦又建立了资格工业区，继续奉行新自由主义经济政策，扩大贸易自由。进入 21 世纪后，阿卜杜拉二世励精图治，继续奉行新自由主义经济，分别实施了"七年计划"和"十年计划"，在全球化时代推行可持续发展战略，以实现经济与社会、环境的和谐发展。但约旦经济发展长期以来过分依赖外部因素，国内产业结构不均衡，国内资源未得到充分开发利用，假性失业、资源浪费、价格扭曲现象严重，高科技产业发展与创新不足，致使其经济极其脆弱，制约了约旦其他方面的发展。

在社会方面，自开启现代化以来，约旦科教文卫方面均取得了巨大发展。约旦自幼儿园至大学、社区学院体系完备，接受高等教育的学生占同龄人（18~23 岁）的 34.4%，居世界第三位，[①] 年轻一代几乎无文盲。完善的教育培养了知识技能密集型人才，为国家创造了大量外汇，促使社会分配更公平，但约旦教育也存在严重的问题。现代教育发展快，约旦教育体系和制度已赶不上国际社会发展程度。信息技术革命对高新技术的要求越来越严苛，约旦中等职业教育和高等教育都面临着缺乏掌握高新科技老师的问题，影响了教学质量。约旦的人才培养和高等教育以国外劳动力市场为导向，受经济危机、石油价

---

① 刘宝莱：《约旦发达的教育及其面临的挑战》，国际网，http://www.cfisnet.com/，上网时间：2013 年 10 月 11 日。

格波动等因素，劳动力市场需求逐步变小，造成许多接受过良好教育的大学生假性失业。长期的人才输出使国内技术人才缺乏，不利于国家长期可持续发展。

约旦的医疗卫生和保障体系也渐趋完善。截至 2007 年，约旦拥有 13460 名医生，护士和助产士 16770 名，牙科人员 4330 名。[①] 国家对医疗卫生事业投入比例加大，引入高科技以提高医疗水平。到 2013 年，约旦人口为 727.4 万人，国民预期平均寿命为 74 岁，15 岁以下儿童死亡率为 2.1‰，每千人拥有医生数为 2.5 人，医疗支出占各项公共总支出的 16.1%，[②] 整体医疗卫生水平居于阿拉伯国家前列。国家建立了完备的医疗社会保险体系，通过社会保障和个人参保方式提高国家整体医疗水平。

现代化过程中约旦社会也发生巨大变化。由以血缘关系为纽带的部落构成的传统约旦社会重视伦理和道德，以父权为中心的家长制构成了整个社会的基础。但随着现代化的出现，传统文化、社会制度和价值观发生变化，半游牧半农业社会向多元化现代社会转变，人们深受西方文化、价值观的影响，在传统与现代的冲击下，人的错位和痛苦日益加剧。自 20 世纪 90 年代至今，约旦发生了巨大的社会变迁，传统社会规范和君主制制度、伊斯兰制度对社会成员的约束力减弱，整体社会凝聚力降低。新旧规范交替之际，传统的伊斯兰、阿拉伯社会规范与西方社会规范发生冲突，人们失去了行为准则，尤其是青年在精神上与其周围社会相分离或对立，凸显出社会解组、社会病态和行为偏差现象，社会分层加剧。

经过一个多世纪的发展，约旦现代化取得巨大进步。约旦大学文学院历史系教授阿里·穆哈发扎认为，相对而言，约旦整个现代化进程中最成功的是社会方面的现代化。[③] 按照中国科学院中国现代化研

---

① World Health Organization ［WHO］, *World Health Statistics 2009*, p. 98.

② World Health Organization ［WHO］, *World Health Statistics 2013* （Geneva：WHO, 2013）, table 1, pp. 55-58.

③ 源于 2015 年 7 月 22 日本人对约旦大学文学院著名历史学家阿里·穆哈发扎的访谈。

究中心发布的《2006年世界和中国现代化指数》，约旦在第一次现代化中的指数为94，第二次现代化中的指数为56，综合社会现代化指数为43，属于初等发达国家水平。[①] 但人的现代化是整个社会发展的关键因素，在此方面很难用量化的指数来衡量。

纵观约旦现代化，除了具有迟发展、曲折、易受外部因素影响等特点外，还体现出以下特点。

首先，约旦现代化的实施从军事领域开始，扩展到政治、社会领域，以1916年阿拉伯大革命和后续的改革运动为先导，推动经济改革与技术更新，现代化的总趋势是自上而下。

其次，外源型现代化，尤其是延误了的晚近现代化，在其启动阶段非经济因素的作用大于经济因素的作用，最突出的是国家即中央政权在推动经济增长与社会变革中发挥了重大作用。[②] 无论是1921年外约旦政权的建立还是1946年独立后的现代约旦的建立，从根本上使现代民族国家这种规范的、有组织的社会力量在现代化进程中充当主导力量，通过强化人们对本国历史、领土和民族性广泛、有效的认同加强了民族国家构建。

再次，强大的中央集权机构的建立和完善是政治现代化的标志。约旦以国王为中心的统治形式，用高度集中的政治权力促进现代社会分化并平衡多元竞争，用强大的国家机器整合各种社会力量，在立法、执法、司法和安全部门建立起具有高度差异和功能专门化的一整套组织体制，实现了政府结构内部高度一体化，逐步扩大政治参与，政治角色的分配依据个人的成就而不是依据部落、王室亲属关系，完成了传统的部落强权政治向现代政治体过渡。一系列法律制度的建立和包括宪法在内法律的颁布和实施为国家理性化、世俗化的发展道路奠定了基础，完成了从器物层面到制度层面的现代化。

---

① 参见《2006年世界和中国现代化指数》表5-3、《2006年25个中等发达国家的现代化指数》，http://www.cas.cn/zt/kjzt/bg09/gbx/200910/t20091027_2637093.shtml。

② 罗荣渠：《现代化新论：世界与中国的现代化进程》（增订本），第197页。

最后，约旦现代化的发展奉行温和、渐进的路线。1946年现代约旦建立之前，外约旦的主要挑战是英国政府和内部的贝都因部落与民族主义者，为了维护政权，阿卜杜拉只能对殖民国家奉行温和路线，对国内的民族主义势力持支持态度，甚至其本人也体现为泛阿拉伯主义的民族精神。此外，外约旦在军事、政治、经济乃至外交方面又长期受西方国家的控制，被迫与西方国家结成军事政治联盟。

早期阿卜杜拉的统治推行渐进方针，不搞土地改革、国有化和激进的世俗化，与部落酋长、宗教阶层等保守力量维持较为和谐的关系。① 约旦对其境内的切尔克斯人、车臣人、基督教徒、非约旦籍的阿拉伯人（如叙利亚人、内志游牧部落等），以及其他少数民族（如德鲁兹人、库尔德人）也奉行温和方针。

纵观约旦现代化模式，其最大的特点便是以伊斯兰圣裔哈希姆家族为首的王室统治。从外约旦建立之初，阿卜杜拉便从伊斯兰圣裔哈希姆家族中寻求统治合法性，树立威权政治。伊斯兰教在早期民族国家形成中起到统一意识形态的作用，普世主义的伊斯兰教是国家意识形态和君主合法性的来源。② 伊斯兰教中认主独一的思想有利于国家统治者统一民众的思想和意识形态，同时伊斯兰教认为国家君主是真主在人间的代治。约旦国王成为抵御外来侵略保卫国家的民族主义的化身，伊斯兰教成为新爱国主义与旧传统价值观间的纽带。③

与发达国家相比，约旦的现代化仍处于较低水平，但相对于其自身而言，经过一百多年的发展，约旦整体现代化水平已发生翻天覆地的变化。在现代化过程中，宗教、部落等传统力量必将随着政治民主化的推进而削弱。约旦政治现代化已达到一定程度，君主制仍然稳定

---

① 黄民兴：《试析中东现代化的特点》，《西北大学学报》（哲学社会科学版）2003年第1期。

② 黄民兴：《论20世纪中东国家的民族国家构建问题》，《西亚非洲》2006年第9期。

③ 〔美〕塞缪尔·P. 亨廷顿：《变化社会中的政治秩序》，王冠华、刘为等译，2008。

存在，并非因为其本身的制度优越性，而是人的思想意识、施政能力尚未达到实现现代民主政治制度的程度，人的现代化是整个现代化进程中最难以实现的。如何实现人的现代化和国家转型，从而实现社会、政治、经济发展，从传统游牧民社会发展为多元现代国家是未来约旦长期面临的主要问题。

参考文献

一 中文文献

（一）中文译著

1. 〔英〕安东尼·史密斯：《民族主义：理论、意识形态、历史》（第二版），叶江译，上海人民出版社，2011。

2. 〔英〕伯纳德·路易斯：《中东：激荡在辉煌的历史中》，郑之书译，中国友谊出版公司，2000。

3. 〔美〕C. E. 布莱克：《现代化的动力》，段小光译，四川人民出版社，1988。

4. 〔美〕戴维·F. 阿普特：《现代化的政治》，陈尧译，上海人民出版社，2011。

5. 〔约旦〕侯赛因：《我的职务是国王——哈希姆约旦王国国王侯赛因》，孟早译，外语教学与研究出版社，1980。

6. 〔苏〕列·尼·科特洛夫：《现代约旦》，北京大学历史系翻译小组译，北京人民出版社，1973。

7. 〔苏〕列宁：《哲学笔记》，人民出版社，1961。

8. 〔德〕马克思、恩格斯：《马克思恩格斯选集》（第二卷），人民出版社，1972。

9. 〔美〕塞缪尔·P. 亨廷顿：《变化社会中的政治秩序》，王冠华、刘为等译，上海人民出版社，2008。

10. 〔美〕西里尔·E. 布莱克：《比较现代化》，杨豫、陈祖洲译，上海译文出版社，1996。

11. 〔英〕詹姆斯·伦特：《二十世纪军政巨人百传：约旦国王——侯赛因传》，张全先译，时代文艺出版社，2003。

（二）中文著作

1. 陈德成主编《中东政治现代化：理论与历史经验的探索》，社会科学文献出版社，2000。

2. 程皖：《美国对约旦外交政策研究（1946－1969）》，江西人民出版社，2011。

3. 冯璐璐：《中东经济现代化的现实与理论探讨：全球化的视角》，人民出版社，2009。

4. 黄民兴：《中东历史与现状十八讲》，陕西人民出版社，2008。

5. 冀开运：《二十世纪约旦史》，甘肃人民出版社，2004。

6. 梁国诗：《当代约旦哈希姆王国社会与文化》，上海外语教育出版社，2003。

7. 罗荣渠：《现代化新论：世界与中国的现代化进程》（增订本），商务印书馆，2009。

8. 吕祐编著《约旦人民在斗争中》，世界知识出版社，1958。

9. 宁骚：《民族与国家》，北京大学出版社，1995。

10. 彭树智主编《阿拉伯国家史》，高等教育出版社，2002。

11. 彭树智主编《伊斯兰教与中东现代化进程》，西北大学出版社，1997。

12. 唐志超编著《列国志·约旦》，社会科学文献出版社，2006。

13. 《伊拉克·黎巴嫩·约旦》，商务印书馆，1958。

14. 王建娥：《族际政治：20 世纪的理论与实践》，社会科学文献出版社，2011。

15. 王三义：《工业文明的挑战与中东近代经济的转型》，中国社会科学出版社，2006。

16. 王铁铮主编《世界现代化历程》（中东卷），江苏人民出版社，2010。

17. 王铁铮：《中东国家通史·约旦卷》，商务印书馆，2005。

18. 薛华明等《约旦》，科学普及出版社，1959。

（三）期刊论文

1. 陈鸿玺：《约旦新国王两年业绩不凡》，《瞭望新闻周刊》2001年第8期。

2. 陈双庆：《约旦动荡局势评析》，《国际资料信息》2011年第4期。

3. 陈天社：《约旦与巴勒斯坦问题》，《中国民族》2007年第4期。

4. 陈天社：《约旦对巴勒斯坦问题的政策及影响》，《郑州大学学报》（哲学社会科学版）2008年第4期。

5. 冯基华：《在夹缝中求生存的约旦外交》，《亚非纵横》2004年第4期。

6. 郭隆隆：《约旦的经济成就与发展战略》，《阿拉伯世界》1984年第3期。

7. 贺起：《约旦的经济概况》，《世界知识》1964年第18期。

8. 黄民兴：《从民族国家构建的视角析当代中东国家的社会整合》，《西亚非洲》2013年第4期。

9. 黄民兴：《论20世纪中东国家的民族构建问题》，《西亚非洲》2006年第9期。

10. 黄民兴：《试论20世纪中东君主制的变迁》，《西亚非洲》1997年第6期。

11. 黄民兴：《试析中东现代化的特点》，《西北大学学报》（哲学社会科学版）2003 年第 1 期。

12. 冀开运：《约旦国家民族主义形成的综合因素》，《世界民族》2006 年第 3 期。

13. 姜明新：《约旦的外资政策与工商、进口管理制度》，《西亚非洲》1995 年第 2 期。

14. 江文娟：《1955—1956 年英国与约旦的关系》，《山西师大学报》（社会科学版）2009 年第 52 期。

15. 金瑞琨：《约旦国王侯赛因·伊本·塔拉勒》，《现代国际关系》1987 年第 4 期。

16. 李洪涛：《外约旦的建立与巴勒斯坦问题》，《内蒙古民族大学学报》2010 年第 3 期。

17. 李智环：《民族认同与国家认同研究述论》，《西南科技大学学报》（哲学社会科学版）2012 年第 2 期。

18. 梁国诗：《约旦经济发展的重要因素》，《阿拉伯世界》2002 年第 2 期。

19. 刘云：《近十年国内关于伊斯兰教与中东现代化问题研究综述》，《史学理论研究》2005 年第 3 期。

20. 刘合波：《从对等平衡到威慑平衡——1970 年约旦危机与美国中东政策的转变》，《国际论坛》2011 年第 1 期。

21. 马福元：《浅析泛伊斯兰主义对我国穆斯林的影响》，《世界宗教研究》2007 年第 1 期。

22. 潘光：《欧亚大陆腹地极端与恐怖主义组织发展态势及对中国的威胁》，《国际展望》2013 年第 5 期。

23. 赛勤、孟金霞：《浅谈约旦穆斯林兄弟会与政府的关系》，《阿拉伯世界研究》2009 年第 3 期。

24. 孙守纪、黄念：《约旦社会保障制度改革及其启示》，《阿拉伯世界研究》2010 年第 5 期。

25. 田文林：《中东民族主义与中东国家现代化》，《世界民族》2001 年第 4 期。

26. 田文林：《对中东民族主义的多维思考》，《世界民族》2003年第3期。

27. 田文林：《抗拒与变迁：中东经济现代化的多维透视》，《阿拉伯世界》2001年第3期。

28. 晓林：《侯赛因：中东和平的秘密使者》，《当代世界》1997年第11期。

29. 王波：《教育在约旦国家建设中所起的作用》，《比较教育研究》1994年第5期。

30. 王三义：《中东近代经济转型的动力与条件分析》，《上海交通大学学报》（哲学社会科学版）2006年第5期。

31. 王铁铮：《关于中东国家现代化问题的思考》，《西亚非洲》2007年第2期。

32. 王维周：《约旦为何断绝与约旦河西岸的法律和行政关系?》，《国际展望》1988年第16期。

33. 严庭国：《资格工业区与约旦的经济开放》，《阿拉伯世界》2001年第3期。

34. 杨君：《亚喀巴特区：约旦的经济亮点——访亚喀巴经济特区特首 Nader Dahabi 先生》，《国际商报》2007年4月6日第J05版。

35. 杨雪冬：《民族国家与国家构建：一个理论综述》，《复旦政治学评论》2005年第00期。

36. 叶自成：《从大历史观看地缘政治》，《现代国际关系》2007年第6期。

37. 张士智：《约旦经济的飞跃》，《西亚非洲》1987年第4期。

38. 余适：《约旦人的家庭正在由大变小》，《阿拉伯世界》1987年第3期。

39. 赵文亮：《约旦黑九月事件对阿以冲突的影响》，《郑州大学学报》（哲学社会科学版）2012年第2期。

40. 赵文亮：《略论约巴战争的起因》，《河南师范大学学报》（哲学社会科学版）2008年第5期。

（四）学位论文

1. 王林聪:《当代中东伊斯兰国家民主化若干问题研究》, 中国社会科学院研究生院博士学位论文, 2003。

二 外文文献

（一）英文著作

1. Sami AL-Khazendar, *Jordan And The Palestine Question: The Role of Islamic and Left Forces in Foreign Policy-Making*, Reading, Berkshire, England: Ithaca Press, 1997.

2. Al-Tawalbah, Abdullah, *The Jordanian Democratic March Toward Rooting and Comprehensiveness*, Press & Publications Department, 1994.

3. Andrew Shryock, *Nationalism and the Genealogical Imagination: Oral History and Textual authority in Tribal Jordan*, New York: University of California Press, 1997.

4. Avi Plascov, *The Palestinian refugees in Jordan 1948 – 1957*, New York: Routledge, 1981.

5. Laurie A. Brand, *Jordan's Inter-Arab Relations: The Political Economy of Alliance Making*, New York: Columbia University Press, 1994.

6. Clinton Bailey, *Jordan's Palestinian Challenge 1948–1983*, Boulder: Westview Press, 1984.

7. Curtis. R. Ryan, *Jordan In Transition: From Hussein To Abdullah*, Lynne Rienner Publishers, 2002.

8. Russell E. Lucas, *Institutions and the Politics of Survival in Jordan: Domestic Responses to External Challenges, 1988 – 2001*, New York: State University of New York Press, 2005.

9. Warwick Konwles, *Jordan Since 1989: A Study in Political Economy*, London: I. B. Tauris & Company, 2005.

10. Mary C. Wilson, *King Abdullah，Britain and the Making of Jordan*, London：Cambridge University Press, 1990.

11. Joseph Nevo, Pappe, Ilan, *Jordan in the Middle East：The Making of a Pivotal State, 1948-1988*, London：Routledge, 1994.

12. Maan Abu Nowar, *The Development of Trans-Jordan 1929-1939：A History of the Hashemite Kingdom of Jordan*, England：Ithaca Press, 2006.

13. Maan Abu Nowar, *The History of the Hashemite Kingdom of Jordan. Vol.1：The Creation and Development of Transjordan 1920-1929*, England：Ithaca Press, 2006.

14. Maan Abu Nowar, *The Jordanian-Israeli War, 1948-1951：A History of the Hashmite Kingdom of Jordan*, England：Ithaca Press, 2006.

15. Russell E. Lucas, *Institutions and the Politics of Survival in Jordan：Domestic Responses to External Challenges, 1988-2001*, New York：State University of New York Press, 2005.

16. St. Leder, Brain James, *Comparative Analysis of the Relationship between Tribes and State in Modern Jordan and Yemen*, George Mason University, 2010.

17. Lars Wåhlin, *Tribal society in northern Al-Balqa', Jordan：An historical geographical survey*, Stockholm：Stockholm University, 1993.

18. Yoav Alon, *The Making of Jordan Tribes, Colonialism and the Modern State*, London：I. B. Tauris, 2007.

19. "Country Statistical Profiles", *Annual Report of the Regional Director*, 2011.

20. "Doing Business in Jordan：2014 Country Commercial Guide for U. S. Companies", *US Commercial Service*, 2014.

（二）英文论文

1. Gihane Tabet, "Women in Personal Status Laws：Iraq, Jordan, Lebanon, Palestine, Syria", *Social and Human Sciences Sector*, July, 2005.

2. Jeremy M. Sharp, "Jordan: Background and U. S. Relations", *Congressional Research Service*, October 3, 2012.

3. KIKKAWA Takuro, "A Turbulent Decade between the Jordanian Government and the Muslim Brotherhood", *Kyoto Bulletin of Islamic Area Studies*, 5-1&2 (February 2012).

4. Jan-Erik Lane, "Religion or Tradition: The Lack of Modernization in the Arab World", *International Journal of Politics and Good Governance*, Volume 2, No. 2. 2, Quarter II 2011.

5. Safwat Al-Rousan, "Where are we in the question of identity: Jordanian youth as a Model", *Journal of Sociological Research*, Vol. 4, No. 2, 2013.

（三）阿拉伯文专著

1 عصـام محمـد، الحركـة الوطنيـة الأردنيـة ، 1921-1946، دار أزمنة للنشر والتوزيع، عمان، الأردن،2011م.

2 غسان محمد دوعر، المستوطنون الصهاينة في الضفة الغربية، مركز الزيتونة للدراسات والاستشارات، 2012م .

3 فطين البـدّاد ، العلاقات الأردنية الفلسطينية، 2013م.

4 محـافظـة علـي، الفكـر السـياسـي في الأردن ، منـذ بدايـة الثورة العربيـة الكبـرى و حتـى نـهايـة عـهد الإمـارة ، 1916-1946، مكتبة الأسرة الأردنية،عمان، 2011م.

5 عبد المـجيد زيد، تاريخ الأردن و حضـارته، القراءة للجميع ووزارة الثقافة ومكتبة الاسرة الاردنية، 2012م.

6 السياسة الخارجية الأردنية وتطورها،

7 أبو الشـعر، دراسـات تاريخيـة في قصـبـات وقرى الأردن ، 1890-1946م، دار ورد الأردنية للنشر والتوزيع، 2013م.

8 محمد أبو رمان، الحل الإسلامي في الأردن: الإسلاميون والدولة ورهانات الديمقراطية والأمن، مركز الدراسات الاستراتيجية بالجامعة الأردنية ومؤسسة فريدريش أيبرت الألمانية في عمان، 2013م .

9 محمد أبو رمان ، السلفيون والربيع العربي، مركز دراسات الوحدة العربية، 2013م .

10 العلاقات السياسية الأردنية – العربية في ظل متغيرات النظام الإقليمي العربي: من أيديولوجيا القومية إلى النزعة القُطرية 1952-2004م، دار يافا العلمية للنشر والتوزيع في منتصف آب (أغسطس)2008م

11 اللاجئون الفلسطينيون في مفاوضات السلام1991-1999" ، اذاعة المملكة الاردنية الهاشمية الزميل عبد الحميد المجالي.

12 عبلة المهتدي : صلاح الدين وتحرير القدس، دار مجدلاوي للنشر والتوزيع، عمان ، الأردن ، 2001م.

13 عبد الله نقرش: التجربة الحزبية في الأردن، لجنة تاريخ الأردن، عمان، 1991م.

14 الوقائع والوثائق الأردنية1994، الربع الثالث، منشورات دائرة المطبوعات والنشر، عمان،1994م.

15 الوقائع والوثائق الأردنية1979، دائرة المطبوعات والنشر، عمان،1979م.

16 الوقائع والوثائق الأردنية1980، دائرة المطبوعات والنشر، عمان،1980م.

17 مختارات من خطابات جلالة الملك الحسين بن طلال ملك المملكة الأردنية الهاشمية، 1988-1994، المكتب الاعلامي الدولي، الديوان الملكي الهاشمي، عمان، الأردن، الطبعة الأولى، 1994م.

18 سلطان الحطاب، بصراحة: على ضوء فكر الحسين، قراءات في الواقع السياسي الأردني والتجرية الديموقراطية: الانتخابات النيابية والبرلمان، الميثاق الوطني، التعددية السياسية، دار العروبة، عمان، الطبعة الأولى، 1991م.

19 الوثائق الأردنية 1980، مراسيم تشكيل وزارة سيادة الشريفعبد الحميد شرف(1)، دائرة المطبوعات والنشر، عمان، 1980م.

20 أحمد يوسف التل، التطور نظام التعليم في الأردن، 1921-1977: مؤثرات وعوامل، وزارة الثقافة والشباب، 1978م.

21 فايز الطراونة، الدبلوماسية التفاوضية في التجرية الأردنية(من واشنطن إلى وادي عربة)، مركز دراسات البرلمانية (داميا)، عمان، 2005م.

22 د. سعد ابو دية،عملية اتخاذ القرار في سياسة الأردن الخارجية:الضوابط والمقومات، مركز دراسات الوحدة العربية، 1990م.

23 الوقائع والوثائق الأردنية1997، الربع الأول، منشورات دائرة المطبوعات والنشر، عمان،1997م.

24 د.صالح خصاونة، التعاون الأردنية الخليجي في ميادين التنمية، لجنة تاريخ الأردن، عمان، 1991م.

25 د. محمد علي أبو حمده، الأردن والمعالم الثقافية، مكتبة الرسالة الحديثة، عمان، 1988م.

26 الوقائع والوثائق الأردنية1983، دائرة المطبوعات والنشر، عمان،1983م.

27 ارسلان رمضان بكج، عمان: تاريخ وصور، منشورات أمان عمان الكبرى، عمان، 2002.

28 د.محمود الكيلاني، القانون التجاري الأردني: الأوراق التجارية(دراسة مقارنة)، الطابع التعاوني عمان، 1990م.

29 أحمد يوسف التل، التطور نظام التعليم في الأردن، 1921-1989: مؤثرات وعوامل، وزارة الثقافة والشباب، 1989م.

30 مصطفى الحمارنة، الإقتصاد الأردنية: المشكلات والأفاق، مركز الدراسات الاستيراتيجية، عمان، 1994م.

31 دور الإعلام في الديموقراطية، حالة الأردن، مركز الدراسات الاستيراتيجية، عمان، 1994م.

32 خالد الساكت، مرايا صغيرة، دار المستقبل للنشر والتوزيع، 1986م.

33 الثقافة، الجامعة الأردنية، عمان، العدد32، 1994م.

34 سائد درويش، المرحلة الديموقراطية الجديدة في الأردن، تفاصيل المناقشات وحكومة الثقة، دار دانه، 1990م.

35 هاني سليم خير، التطور العملي للنظام الانتخابي في الأردن، مطابع الإيمان، عمان، 1989م.

36 وزارة التخطيط، المملكة الأردنية الهاشمية: الخطة الاقتصادية والاجتماعية1993-1997، الطباعة المؤسسة الصحفية الأردنية "الرأي"، عمان، 1998م.

37 صفوان خلف التل، تطور المسكوكات في الأردن عبر التاريخ، مطابع الجمعية العلمية الملكية، عمان، 1983م.

38 د.سعد أبو دية، السياسة الأردنية في البيانات الوزارية، أمانة عمان الكبرى، عمان، 2003م.

39 البنك المركزي الأردني، التقرير السنوي الأربعون2003، دائرة الأبحاث، مطبعة البنك المركزي الأردني، عمان، 2004م.

40 فريق البحث: د. منى مؤتمن، ، تحقيق واقع ادماج: النوع الاجتماعي في القطاع العام في

الأردن، صدر باللجنة الوطنية الأردنية لشؤون المرأة، عمان، 2010م.

41 برنامج حوض البحر الأبيض المتوسط 2000: كيفية التعامل مع البنوك، دليل الائتمان التجاري قصير الأجل في الأردن2001، عمان، 2001م.

（四）阿拉伯文论文

محمد عبد الله الجريبيع، مدخل لدراسة الهويات الوطنية "دراسة سوسيولوجية لحالة الهوية الأردنية".

2 علاء العزة ، قراءة في الهويات الوطنية في الأردن وفلسطين، عام 2011، العدد آب، جريدة صوت الذين لا صوت لهم، فلسطين.

3 عبدالله الصباحين، ثوابت الهوية الوطنية الأردنية، موقع المستقبل، اليوم4 من 9 عام 2013.

4 محمد برهومة، القابلية للاحتضان: عوامل صعود السلفية الجهادية في بلاد الشام، السياسة الدولية، العدد 197يوليو 2014، المجلد 49.

5 تقرير الدمقراطي الدولي، تأثير الربيع العربي على الأردن: التغيير والإصلاح السياسي والإنتخاب النيابية المقبلة، اليوم 19 من كانون الأول 2012.

6 حسن أبو هنية، تقييم حالة: هل يشكل تنظيم "داعش" خطر على الأردن؟، المركز العربي للأبحاث ودراسة السياسات، سبتمبر 2014.

7 كاب الخورى، الملف الإحصائي(125):مؤشرات اجتماعية واقتصادية مختارة في البلدان العربية، مجلة "المستقبل العربي"، ص192-206.

8 محمد أبو رمان، أزمة الحراك الشعبي الأردني أسئلة الديمغرافي والايديولوجيا، يناير 2013 .

三　网站资料

（一）外文网站

1. 明日网：www.alghad.com。

2. 法退那·巴大德博士网：www.drfateenalbaddad.com。

3. 约旦宪法网：www.addustour.com。

4. 祖国之声：www.sawt-albalad.ne。

5. 未来网：www.almustaqbal-a.com。

6. 民主报告网：www. democracy-reporting. org。

7. 半岛网：www. aljazeera. net。

8. 阿拉伯观察网：www. arabiaholding. com/arabiamonitor/splashp-age-ch.php。

9. 约旦皇家伊斯兰战略研究中心网站：www. rissc. jo。

10. 海湾研究中心网站：www. grc. net。

11. 约旦扎德新闻网：www. jordanzad. com。

12. 美国中东研究所网站：www. mei. edu/region。

13. 多哈研究所（阿拉伯政策研究中心）网站：www. english. dohainstitute.org。

14. 科威特研究中心网站：www. crsk. edu. kw/PageModule. asp? Module = 1003。

15. 科威特战略与未来研究中心网站：www. csfsku. com。

16. 耶路撒冷公共事务研究中心网站：www. jcpa. org。

17. 阿拉伯时代网：www. arabtimes. cc。

18. 约旦国家统计局官网：www. dos. gov. jo/sdb_ pop/sdb_ pop _ e/index. htm。

19. 伊斯兰宣教网：www. tawhed. ws/r? i = dtwiam 56。

20. 《阿拉伯人》报官网：www. alarab. co. uk/? p = 11818。

21. 约旦阿卜杜拉二世官网：www. kingabdullah. jo/uploads/national _ agenda.pdf。

（二）中文网站

1. 中国一带一路网：www. yidaiyilu. gov. cn。

2. 中华人民共和国驻约旦哈希姆王国大使馆经济商务参赞处网站：jo. mofcom. gov. cn。

3. 中华人民共和国商务部网站：www. mofcom. gov. cn/。

4. 人民网：www. people. com. cn。

后　记

本书是在导师的悉心指导下完成，从选题计划到撰写完成，无不渗透着导师的心血。我尊敬的导师黄民兴教授在科研方法、专业知识、业务能力等各个方面给予我悉心的指导，使我的科研能力、理论水平、研究方法等方面得到提升。同时导师严谨治学的态度也对我产生了很大的影响。值此著作完稿之际，谨对导师的辛勤培育和谆谆教诲表示最衷心的感谢！

亦感谢王铁铮教授在我博士学习期间给予了很多的指导与鼓励。王老师时常教导学生培养问题意识，以问题为导向思考、写文章，对于我有重要的启示。

我还受到了韩志斌教授的帮助。韩老师在民族与部落问题、学术论文写作方面给予我指导，在参与韩老师国家社科基金重大项目的过程中，受益匪浅。

在撰写过程中，我受到约旦哈希姆王国驻华使馆的帮助，经约旦教育部安排，于 2015 年 7 月至 8 月赴约旦费城大学、约旦大学访学。在我访学期间，约旦费城大学文学院院长伊斯玛仪博士安排我对约旦著名历史学家阿里·穆哈发扎教授进行访谈，使我了解了约旦及阿拉伯国家的现代化情况。在此著作完成之际对上述单位与个人一并表示感谢。

我的父母始终给予我最大的精神支持，是我的坚强后盾，正是他们的支持和帮助使我得以顺利完成学业，在此本人谨将此著作献给养育我、始终关心支持我的父母和家人。

也感谢我博士阶段的三位同学贺婷、芦鹏、吕海军。在三年的学习生涯中我们互相鼓励，互相帮助，共同学习探讨，这种深厚、纯粹的同窗之谊是我人生中非常宝贵的财富。

还要感谢我的女儿，一直伴我前行。在我攻读博士学位期间，她还是幼儿园小班的孩子，由于我的照顾不周、陪伴过少，她自理能力较强，较同龄孩子心智成熟较早。2015~2016年，我公派在以色列希伯来大学攻读联合培养博士期间，女儿非常懂事、坚强，常常计算好5个小时的时差与我通话，并在地球仪上找妈妈所在的以色列和耶路撒冷的位置。

时间和地理上的距离更拉近了我们母女的感情，给予我最大的慰藉和精神动力，让我用三年时间完成博士学业。如今，女儿已读小学四年级，希望她能身心健康地成长，未来遇见挫折时能想起小时候陪同妈妈读书、共同成长的心路历程，坚强地面对自己的人生，做出正确的选择。

图书在版编目（CIP）数据

约旦现代化进程研究／李茜著. -- 北京：社会科
学文献出版社，2021.1
ISBN 978-7-5201-7959-1

Ⅰ.①约… Ⅱ.①李… Ⅲ.①现代化研究-约旦
Ⅳ.①D737.9

中国版本图书馆 CIP 数据核字（2021）第 027284 号

约旦现代化进程研究

著　者／李　茜

出 版 人／王利民

责任编辑／李明伟　叶　娟

出　　版／社会科学文献出版社·国别区域分社（010）59367078
　　　　　地址：北京市北三环中路甲 29 号院华龙大厦　邮编：100029
　　　　　网址：www.ssap.com.cn
发　　行／市场营销中心（010）59367081　59367083
印　　装／三河市尚艺印装有限公司

规　　格／开本：787mm×1092mm　1/16
　　　　　印张：16.25　字数：231 千字
版　　次／2021 年 1 月第 1 版　2021 年 1 月第 1 次印刷
书　　号／ISBN 978-7-5201-7959-1
定　　价／96.00 元